KRIEGE ENDEN NICHT IM FRIEDEN

Dieter Bach
Herausgeber

KRIEGE ENDEN NICHT IM FRIEDEN

Ein Arbeitsbuch zum deutschen Überfall auf die Sowjetunion 1941 und die Folgen

Peter Hammer Verlag

CIP-Titelaufnahme der Deutschen Bibliothek

Kriege enden nicht im Frieden: ein Arbeitsbuch zum deutschen
Überfall auf die Sowjetunion 1941 und die Folgen / Dieter Bach
Hrsg. – Wuppertal: Hammer, 1991
  ISBN 3-87294-444-4
NE: Bach, Dieter [Hrsg.]

**Copyright Evangelische Akademie Mülheim/Ruhr, 1991
Printed in Germany   Alle Rechte vorbehalten**

**Gestaltung und Bildauswahl: Jochen Leyendecker, Mülheim/Ruhr
Satz und Druck Contzen, Lünen**

**Sonderauflage Evangelische Akademie Mülheim/Ruhr
ISBN: 3-87294-445-2
Auflage Peter Hammer Verlag
ISBN: 3-87294-444-4**

Zum Buch

Nach 45 Jahren ist es 1990 mit der deutsch-deutschen Einigung und dem erfolgreichen Abschluß der "Zwei-plus-Vier Gespräche" zur friedlichen Verständigung in Europa gekommen. Dieses Ergebnis kann kaum hoch genug eingeschätzt werden.

Wenn wir unserem Buch dennoch den Titel gaben "Kriege enden nicht im Frieden", wollen wir damit zum Ausdruck bringen, daß zum äußeren Friedensschluß mehr hinzukommen muß. Sein Ende muß der Krieg finden auch in den Herzen und Köpfen der Menschen. Das erfüllt sich nur, wenn die einzelnen Menschen und die Völker auf vielfältigen Wegen zueinander finden.

Um einen weiteren Schritt auf diesem Wege zurückzulegen, dafür bietet sich das Datum des 22. Juni 1991 an. Mit ihm werden wir erinnert an den Überfall auf die Sowjetunion vor 50 Jahren. Vom Erinnern zur Verständigung soll die Brücke geschlagen werden.

Das veranlaßte nach Rücksprache mit dem Landeskirchenamt, dem Präses der Evangelischen Kirche im Rheinland, Peter Beier, dazu, eine Arbeitsgruppe von Frauen und Männern einzusetzen, zu der u. a. Pädagogen, Historiker, Theologen und Juristen gehörten. Sie erstellten das hier vorgelegte Buch für die Arbeit in den Sekundarstufen I und II in der Schule, für den Konfirmandenunterricht, für die Jugend- und Erwachsenenbildung.

Mehr als 40 Bausteine hat die Gruppe zum Thema erstellt. Mit Bildern, kopierfähigen Vorlagen, Angaben zur Plenums-, Gruppen- und Einzelarbeit sind sie so gestaltet, daß eine direkte und vielfältige Einsatzmöglichkeit gegeben ist. Inhaltlich wurde in allen Bereichen darauf geachtet, daß der Bogen geschlagen wird von der Vergangenheit zur Gegenwart, daß gemeinsame Schritte in die Zukunft möglich werden, daß ein positiver Friede wachsen kann in den "Herzen und Köpfen" der Menschen.

Dieter Bach

Inhalt

Peter Beier
Zum Thema   **9**

Johannes Rau
Zum Thema   **11**

Werner Lauff
Einführung

Zur Versöhnung mit den Völkern der Sowjetunion   13

I. Der Horizont der Fragestellung   13
II. Die Wirklichkeit Christi gegen die Wirklichkeit der Welt   14
III. Versöhnung und Aussöhnung   16

Otto Frederick, Gerda Koch, Klaus Kohl, Werner Völker
Für 12 – 16 Jährige / Sekundarstufe I/ Konfirmandenunterricht

Wie sie den Krieg sahen, erlebten und erlitten – und was uns das angeht   19

I. Wie sie den Krieg sahen, erlebten und erlitten   20
    Baustein 1: Was weiß ich über den Krieg gegen die Sowjetunion?
    Baustein 2: Wie schilderte die offizielle Propaganda den Überfall?
    Baustein 3: Wie sehen Überlebende in Deutschland den Krieg und wie haben sie den Überfall erlebt?
    Baustein 4: Ziele der Verantwortlichen
    Baustein 5: Die Perspektive der Mittäter
    Baustein 6: Wie haben die Menschen in der Sowjetunion den Krieg erlebt?
    Baustein 7: Was sagen die Überlebenden der Sowjetunion und die Nachkommen heute über den Krieg?
    Baustein 8: Was erleben deutsche Jugendliche heute, wenn sie in der Sowjetunion Gedenkstätten des Krieges besuchen?
II. Haben wir daraus gelernt?   29
    Baustein 9: Von der Aggressionshaltung zur Vertrauensbildung

Ute Kinne, Karl–Heinz Kunkel, Margot Nohr
Für Sekundarstufe I und II

Gegen das Vergessen – Für eine gemeinsame Zukunft   35

I. Das Europäische Haus – Mißtrauen zwischen den Bewohnern?   36
    Baustein 10: Das Europäische Haus – Mißtrauen zwischen den Bewohnern
    Baustein 11: "Blitzlicht"
    Baustein 12: Mißtrauische Nachbarn

II. Der Fall Barbarossa – der Rasse- und Vernichtungskrieg gegen die Sowjetunion   40
    1. Besatzungsalltag – Leben im eigenen Land
    Baustein 13: Als Kind im belagerten Leningrad
    Baustein 14: Die Gesundheits-, Schul- und Kulturpolitik im besetzten Land
    Baustein 15: Das Schicksal der sowjetischen Zivilbevölkerung
    Baustein 16: Der Kriegsgerichtsbarkeitserlaß und seine Auswirkung

2. Lebens- und Arbeitsbedingungen der sowjetischen Fremdarbeiter und Fremdarbeiterinnen
    Baustein 17: Sklavenarbeit für das Deutsche Reich
3. Behandlung der sowjetischen Kriegsgefangenen
    Baustein 18: Die Situation der sowjetischen Kriegsgefangenen
4. Befehlsnotstand – Handeln gegen die eigene Einsicht?
    Baustein 19: Befehlsnotstand – eine Situation ohne Lage

III. Erinnern – Ein Weg zur Verständigung mit den sowjetischen Nachbarn und eine Vorausssetzung für eine gemeinsame Zukunft in Europa 65
    Baustein 20: Wie wurde der Krieg gegen die Sowjetunion aufgearbeitet?
    Baustein 21: Gedenkmanifest 1981 und 1991
    Baustein 22: Die deutsche Vereinigung – Anlaß zur Sorge?
Literaturverzeichnis

Dieter Bach, Jörn-Erik Gutheil, Gerrit Heetderks, Klaus Rudolph
Für die Erwachsenenarbeit

Bilder und Begegnungen 73

I. Von der Propaganda zum Vernichtungskrieg 74
1. Vorbemerkung
2. Grundlagen der Kriegspropaganda
    Baustein 23: "Ich hatte keinen Zweifel an der Richtigkeit dieses Krieges"

II. Vorurteile als Leitbilder für das Handeln 79
1. Was sind Vorurteile?
2. Wie entstehen Vorurteile?
3. Vorurteile gegenüber der Sowjetunion
4. Vorurteile gegenüber der Sowjetunion und ihre Überwindung
    Baustein 24: Vorurteile als Leitbilder für das Handeln
    Baustein 25: Wie sind unsere Bilder über die Sowjetunion entstanden?
    Baustein 26: Vom Erlebnis zum Urteil
    Baustein 27: Das Bild von den Deutschen und von den Menschen in der Sowjetunion

III. Blind mit sehenden Augen? 85
Aufgezeigt am Beispiel von Jochen Klepper
1. Vorbemerkung
2. Blind mit sehenden Augen?
3. Sehend werden
4. Veranstaltungsvorschlag
    Baustein 28: Jochen Klepper – Sein Leben, sein Leiden, sein Tod
    Baustein 29: Der Krieg gegendie Sowjetunion – ein geplanter Eroberungs und Vernichtungskrieg
    Baustein 30: "Sind ihnen die Augen geöffnet..."
5. Literaturvorschläge

IV. Spurensuche 95
1. Kriege enden nicht im Frieden
2. Die Spuren des Vaters – ein Film von Christoph Boekel
3. Spurensuche
Baustein 31: Die Spur des Vaters
Baustein 32: Auf meinen und anderer Menschen Spuren
Baustein 33: Spurensuche vor Ort

Dieter Bach, Hans Joachim Barkenings, Elisabeth Boose
Ein Baustein für alle Altersgruppen

Pskov 103
Die Leidensgeschichte einer europäischen Stadt in Rußland
und Ihre Heimatstadt – Ein Vergleich

I. Die Stadt Pskov von ihren Anfängen bis zum Jahr 1945 103
    1. Die Geschichte der Stadt von 862 – 1941
    2. Die Eroberung der Stadt 1941
    3. Die Zeit der Okkupation
    4. Die Befreiung der Stadt

II. Die Geschichte Ihrer Stadt von den Anfängen bis 1945 110
III. Pskov und meine Heimatstadt – Ein Vergleich 111
    Baustein 34: Die beiden Städte bis zum Zweiten Weltkrieg
    Baustein 35: Pskov und meine Heimatstadt im Krieg
    Baustein 36: Verständigung durch Partnerschaft

Dieter Bach, Klaus Danzeglocke, Jürgen Schroer, Axel Schröder, Martin Weyerstall
Gottesdienst

Wer Gottes Position bezieht, kann eigene Positionen aufgeben 115
Gedenkgottesdienst zum 22. Juni 1941
    Baustein 37: Eröffnung
    Baustein 38: Offene Schuld
    Baustein 39: Fürbitten
    Baustein 40: Wer Gottes Position bezieht, kann eigene Positionen aufgeben
    Baustein 41: Alternativen zur Predigt
    Baustein 42: Lesungen und Lieder

Gerda E. H. Koch
Ideen zur Arbeit mit Bildern und Texten dieses Buches

Keiner muß sterben, damit wir leben können 125

I. Zur Arbeit mit Bildern, Texten und Karten 126
II. Keiner muß sterben, damit wir leben können 126
    Baustein 43: Arbeit mit mehreren Bildern und Texten
    Baustein 44: Aussuchen eines Bildes durch die Teilnehmenden
    Baustein 45: Auswählen eines Bildes durch die Leiterin bzw. den Leiter
    Baustein 46: Bilder, Karten und Texte von damals – Bilder, Karten und Texte von heute
    Baustein 47: Gruppierungen bilden
    Baustein 48: Bilder und Texte zur Herausarbeitung von Teilaspekten

Ergänzende Texte 131

Verzeichnis der Mitarbeiterinnen und Mitarbeiter 153

Versöhnung mit den Völkern der Sowjetunion zu wollen und zu erbitten, stellt hohe Anforderungen an uns Deutsche: Keiner unserer früheren Gegner hat so viele Menschenopfer zu beklagen wie die Sowjetunion, denn keinen unserer Nachbarn in Europa haben wir Deutschen mit so grausamer Härte überfallen und mit einem solchen Vernichtungswillen bekämpft. Kein Volk, von den Juden abgesehen, ist von deutscher Propaganda so verteufelt worden wie "die Russen", wie wir bis heute immer wieder vereinfachend sagen.

Es waren vor allem evangelische Christen in der Deutschen Demokratischen Republik, die uns schon vor Jahren daran erinnerten, daß Versöhnung mit den früheren Gegnern nur dann gelingen kann, wenn sie endlich auch mit denen gesucht wird, die nicht inzwischen zu unseren politischen Verbündeten geworden sind. Ihnen haben wir in der Bundesrepublik zu danken, und ich nutze die Gelegenheit, einige von ihnen mit Namen zu nennen: Werner Krusche in Magdeburg, Manfred Stolpe in Berlin, Heino Falcke in Erfurt.

Versöhnung zwischen den Tätern und den Opfern von damals soll deren Kinder und Enkel einschließen, soll von Kindern und Enkeln erfahren werden und politische Gestalt annehmen. Es wird viel davon abhängen, ob die Älteren von ihren Erfahrungen mit sich selber so zu sprechen lernen, daß Jüngere sie verstehen. Es wird viel davon abhängen, ob Jüngere so zuhören und so nachfragen können, daß sie lernen, die Älteren weder zu verurteilen noch zu bewundern. Eigene wie fremde Erfahrung ist zu oft schon vertan worden. Lassen Sie uns darum beten, daß wir als Kirche lernen, Erfahrung nicht zu vertun. Gelingt uns das, dann wird das von unschätzbarem Wert für unser Volk, für die Völker Europas sein.

Peter Beier

Präses der Evangelischen Kirche im Rheinland

Jahrestage helfen uns dabei, wichtige Ereignisse der Geschichte nicht zu vergessen. Neben dem 1. September 1939 gehört der 22. Juni 1941 zu den geschichtsmächtigsten Daten unserer jüngeren deutschen Vergangenheit.

Am 1. September 1989 lag der deutsche Angriff auf Polen, mit dem der Zweite Weltkrieg begann, genau ein halbes Jahrhundert zurück. Aus diesem Anlaß bin ich damals in Begleitung von jungen Frauen und Männern aus Nordrhein-Westfalen nach Warschau gefahren, um deutlich zu machen, daß viele Deutsche diesem Teil der Geschichte ihres Volkes nicht ausweichen.

Am 22. Juni 1991 jährt sich zum fünfzigsten Mal der Überfall des Dritten Reiches auf die Sowjetunion. Damals begann nicht nur ein imperialistischer Eroberungszug, sondern ein blutiger Vernichtungs- und Ausrottungskrieg der Nazis gegen "Bolschewismus und Judentum". Nationalistische Träumereien, Rassenwahn und ideologisch genährter Terror forderten Millionen von Opfern unter Kindern, Frauen und Männern. Die rücksichtslose Ausbeutung besetzter Gebiete der Sowjetunion, die mörderische Behandlung der Kriegsgefangenen, die Vernichtungsaktionen der Einsatztruppen von SS und SD, schließlich die Politik der "verbrannten Erde" – all das hat tiefe Wunden bei unserem östlichen Nachbarn geschlagen, die auch nach einem halben Jahrhundert noch nicht alle verheilt sind. Narben sind zurückgeblieben, und viele schmerzen immer noch.

Mit dem Ende des Kalten Krieges und der ideologisch zementierten Trennung in Ost und West ist die Nachkriegsära wohl endgültig zu Ende gegangen. An die Stelle von Mißtrauen und Feindschaft sollen gerade im deutsch-sowjetischen Verhältnis Vertrauen und Freundschaft treten. Das bedeutet aber nicht, daß wir Deutsche unsere Vergangenheit nun ad acta legen oder gar vergessen könnten. Gerade wenn heute ein neues und verheißungsvolles Kapitel der deutsch-sowjetischen Beziehungen aufgeschlagen vor uns liegt, geht es darum, daß wir im klaren Wissen um die Schrecken der Vergangenheit an einer guten, gemeinsamen Zukunft arbeiten. Bewußtes oder unbewußtes Verdrängen dessen, was Deutsche ihren Nachbarn angetan haben, wird uns nicht dabei helfen, wenn wir ein festes und tragfähiges Fundament für die Versöhnung zwischen unseren Völkern legen wollen. Wir dürfen der Vergangenheit nicht ausweichen, gerade weil wir heute die Chance haben, die Weichen für eine gute und friedliche Entwicklung in ganz Europa zu stellen.

Daß wir schon mitten in diesem verheißungsvollen Prozeß stehen, zeigen die Projekte der deutsch-sowjetischen Zusammenarbeit, die in den letzten Monaten konkrete Formen angenommen haben. Darunter sind viele, an denen das Land Nordrhein-Westfalen beteiligt ist. Ich denke zum Beispiel an die Internationale Bildungs- und Begegnungsstätte Minsk, die von der nordrhein-westfälischen Landesregierung wesentlich gefördert wird. Ich denke auch an das "Festival der Völker der Sowjetunion", das 1992 in vier Städten unseres Landes stattfinden wird. Ich bin sicher, daß es dem intensiven kulturellen Austausch zwischen unseren Ländern ein weiteres Glanzlicht aufstecken wird. Europa wächst immer enger zusammen. Dabei kann Deutschland eine Brückenfunktion zwischen Ost und West übernehmen und mithelfen, daß die Sowjetunion nicht "draußen vor der Tür" des gemeinsamen europäischen Hauses bleibt. Heute geht es darum, gemeinsam die Voraussetzungen für eine gute Zukunft zu schaffen. Wenn wir die deutsch-sowjetischen Beziehungen auf ein wirklich festes Fundament stellen wollen, müssen wir den Prozeß der Aussöhnung zwischen unseren Völkern mutig und unbeirrt fortsetzen. Das Geheimnis der Versöhnung heißt Erinnerung, wie die Weisheit des Talmud sagt. Deshalb stellen wir uns auch den dunklen Kapiteln unserer Vergangenheit, weil wir wissen, daß wir nur so die Zukunft gewinnen können.

Das vorliegende Arbeitsbuch kann bei dieser großen Aufgabe mithelfen. Es weiß sich dem christlichen Auftrag verpflichtet, an der Versöhnung von Menschen und Völkern mitzuwirken, die der Haß gegeneinander gehetzt hatte. So kann es ein Baustein an der Brücke sein, die über die Abgründe nationalsozialistischer Kriegspolitik in eine Zukunft führt, in der die Völker der Sowjetunion und Deutschlands sich begegnen, Vertrauen zueinander finden und die Herausforderungen meistern, die die nächsten Jahrzehnte für uns alle bereithalten werden.

Johannes Rau

Ministerpräsident von Nordrhein-Westfalen

Zur Versöhnung mit den Völkern der Sowjetunion

I. Der Horizont der Fragestellung

"Siehe die Weltkarte an: Wohin gehört Rußland? Zu Europa oder zu Asien? Zu beiden. Dem größten Erdstrich nach zwar zu Asien, sein Herz aber liegt in Europa."[1]

Joh. Gottfried Herder, 1797

"Kratzt den Russen ab und ihr werdet den Tataren sehen"[2]

Napoleon, St. Helena, 1817

"Wir Russen haben doch zwei Vaterländer: unser Rußland und Europa ..."[3]

F. M. Dostojewski, 1876

"... wozu sollen wir um das Vertrauen Europas werben? Hat denn Europa jemals vertrauensvoll auf die Russen geblickt, kann es das überhaupt: vertrauensvoll und nicht feindselig auf uns blicken? Wird es das jemals können?"[4]

F. M. Dostojewski, 1876

Die Zitate lassen sich beliebig vermehren. Sie variieren vielfältig. In unserem Jahrhundert werden der Ton schärfer, die Konturen holzschnittartiger. Die Sprache bekommt einen immer aggressiveren Klang. Vergessen scheint die gemeinsame Wurzel in der Antike, die tiefe Prägung durch den verbindenden und doch zugleich so schmerzlich trennenden christlichen Glauben. Der "Kampf zweier Weltanschauungen gegeneinander" bestimmt zumal im Deutschland Hitlers zunehmend das Denken und Fühlen. Wird der Bolschewismus zum Prototyp "asozialen Verbrechertums" stilisiert, so ist verständlich, wenn der "Beginn des Entscheidungskampfs im Osten" dem Geistlichen Vertrauensrat der Deutschen Evangelischen Kirche am 30. Juni 1941 gleichbedeutend mit dem "Waffengang gegen den Todfeind aller Ordnung und aller abendländisch-christlichen Kultur" wird. "Die deutsche Evangelische Kirche gedenkt in dieser Stunde der baltischen evangelischen Märtyrer vom Jahr 1918, sie gedenkt des namenlosen Leides, das der Bolschewismus, wie er es den Völkern seines Machtbereichs zugefügt, so allen anderen Nationen bereiten wollte ...". Die Gebete der Kirche rufen den "Allmächtigen Gott" um Beistand für Führer und Heer an, damit "eine neue Ordnung entstehe und aller inneren Zersetzung, aller Beschmutzung des Heiligsten, aller Schändung der Gewissensfreiheit ein Ende gemacht werde."[5]

Wen wundert es, wenn nun jeder, "der einmal einen Blick in das Gesicht eines der roten Kommissare geworfen hat", zu wissen glaubte, "was Bolschewiken sind, ... Es hieße die Tiere zu beleidigen, die Züge dieser zu einem hohen Prozentsatz jüdischen Menschenbilder tierisch zu nennen. Sie sind die Verkörperung des Infernalischen, Person gewordener Haß auf alles edle Menschentum. In der Gestalt dieser Kommissare erleben wir den Aufstand des Untermenschen gegen das edle Blut."[6]

Der am 22. Juni 1941 begonnene Rußlandfeldzug, erklärte Colonel Taylor am 7. Januar 1946 im Nürnberger Prozeß, war darum von Beginn an "nichts weiter ... als ein Mittel zur Durchführung der Rassenpolitik." Die Partisanenbekämpfung wurde zum Deckmantel für die Massaker an Juden und großen Teilen der slawischen Bevölkerung, die ... als unerwünscht betrachtet wurde."[7] Am 22. November 1945 faßt der amerikanische Hauptankläger Jackson seine Ausführungen zusammen: "Die Zuflucht der Angeklagten kann nur die Hoffnung sein, das Völkerrecht werde so weit hinter dem moralischen Bewußtsein der Menschen zurückbleiben, daß das, was vor dem sittlichen Empfinden als Verbrechen gilt, vor dem Gesetz nicht als Schuld betrachtet werde."[8] Den moralisch wie politisch durch die bedingungslose Kapitulation (2. Mai 1945) Desorientierten in dem in vier Besatzungszonen aufgeteilten ehemaligen Deutschen Reich blieb nur wenig Zeit, sich neu zu orientieren. Bald schon zerbrach die Allianz der Sieger. In den ersten

Märztagen 1946 warnte Winston Churchill vor einem weiteren Vordringen der UdSSR. Der Kalte Krieg begann. Die unter Chruschtschow einsetzenden Enthüllungen über den Stalinterror, den dann Solschenizyns "Archipel Gulag" literarisch breit ausführte, konnten wie eine Bestätigung lang gehegten Verdachts wirken, gaben jedenfalls tiefsitzenden Vorurteilen neue Nahrung. Die seit November 1989 in der DDR sich unblutig vollziehende Auflösung festgefügt scheinender staatlicher Ordnung wie die sich anbahnenden tiefgreifenden Veränderungen in dem östlichen Machtbereich wirkten wie die nachträgliche Rechtfertigung der westlichen militärischen Machtpolitik. In diesem Horizont steht die Frage nach der Versöhnung mit den Völkern der UdSSR.

sehr bald eingestehen müssen, daß es tatsächlich eine Überforderung ist: Den Gottesdienst unvermutet zu unterbrechen, nur weil einem plötzlich bewußt wird: da gibt es jemanden, der etwas gegen dich hat (Mt 5, 23f), das halten wir für unangemessen, unwürdig und unsinnig. Denn ist nicht der Gottesdienst gerade der Ort, wo die Schuld, das Zerwürfnis mit dem anderen bekannt, die Vergebung zugesprochen und das Gewissen dadurch so entlastet wird, daß man von neuem Mut hat, mit Hassenden und Fluchenden geduldiger umzugehen? Zeigt der Alltag nicht allzu schnell, wie eng die Grenzen dabei gezogen sind? Kann das alltäglich neu erfahrene Versagen einsichtig einem selbst angelastet werden? Sind denn nicht die anderen

Öffentliche Erhängung von Partisanen, Minsk 1942
Quelle: Bundesarchiv Koblenz

II. Die Wirklichkeit Christi gegen die Wirklichkeit der Welt

Die biblische Forderung, den Feind zu lieben, den zu segnen, der fluchend einen zum Teufel wünscht, dem gar wohl zu tun, der einen aus tiefster Seele haßt (Mt 5,44; Lk 6,27), das scheint eine Überforderung menschlichen Vermögens. Wer es dennoch versucht, wird sich

zumindest mitschuldig? Und die machen sich möglicherweise noch nicht einmal ein Gewissen daraus!

Das menschliche Vermögen, sich nach Frieden und Glück zu sehnen und durch diese Sehnsucht wesentliche Kräfte freizusetzen, soll nicht unterschätzt werden. Das hat gewaltige Bewegungen in Gang gebracht, Freiheiten erkämpft, Möglichkeiten eröffnet, von denen zuvor bestenfalls geträumt werden konnte. Enttäuschungen, Fehlschläge, Verkehrungen bis ins Gegenteil des Erstrebten blieben nicht aus. Und dennoch sind diese kein Gegenbeweis für das, was entschlossenes, auf Frieden und Glück ausgerichtetes menschliches Können vermag.

Opfer müssen gebracht werden, sagen wir. Sind sie es nicht wert, wenn dadurch Gutes und Friede geschaffen werden? Niemandem fällt etwas von alleine in den Schoß. Und wo gehobelt wird, da gibt es Späne. "Mein bester Sohn! Es ist nicht immer möglich, im Leben sich so kinderrein zu halten, wie's uns die Stimme lehrt im Innersten. In steter Notwehr gegen arge List bleibt auch das redliche Gemüt nicht wahr – Das eben ist der Fluch der bösen Tat, daß sie fortzeugend immer Böses muß gebären."[9]

Wir neigen dazu, unsere alltäglichen Erfahrungen zu rationalisieren. Nur das soll noch gelten, was sich als allgemein vernünftig und sinnvoll erweisen läßt. Zielvorstellungen werden analysiert, biografische Abläufe einsichtig gemacht etc. Die Zuweisung des so Erkannten an ethische Normen ist dann nicht mehr sonderlich schwer. Unter diesem Gesichtspunkt stellt sich die Versöhnung als die Aufarbeitung eines Konflikts oder das Abarbeiten der aus der Vergangenheit überkommenen Schuld und ihrer Verstrickungen dar. Die Methode bewährt sich je und je. Würde sie wirklich greifen, dann dürfte das alles nicht geschehen, was sich doch täglich vor unseren Augen abspielt. Daß es aber geschieht, ist das in der Tiefe Ungeheuerliche, das unerklärbar, unbegriffen bleibt und auf die Länge zur Resignation führen kann.

Wir werden das alles im Gedächtnis behalten müssen, wenn wir nach den theologischen Aspekten der Versöhnung fragen. Hier tut sich ein unüberbrückbarer Widerspruch auf. Unsere tägliche Erfahrung lehrt uns, Schuld und Sühne in der Welt dingfest zu machen, dann wächst die Hoffnung, sie auch zu bewältigen, ihrer Herr werden zu können. Die biblische Botschaft sieht im harten Gegensatz dazu die Sünde allein in Christus, den Gott "für uns zur Sünde gemacht" hat (2. Kor. 5,21), ja, er "ward ein Fluch für uns" (Gal 3,13). Wenn wir also begreifen wollen, was Versöhnung heißt, und in diesem Zusammenhang von Schuld, Sünde und Fluch reden müssen, dann müssen wir entschlossen dahin sehen, wo sie Gott hingelegt hat, und wo sie unsere alltägliche Erfahrung niemals suchen und unser religiöses Empfinden unter keinen Umständen vermuten würde. Im Zusammenhang der Auslegung des Galaterbriefes sagt Luther, "daß in der Tat keine Sünde in der Welt ist, weil Christus die Sünde besiegt hat an seinem Leib."[10]

Die biblische Botschaft von der Versöhnung meint kein Geschehen, das sich im menschlichen Bewußtsein abspielt, sofern, von Schuldgefühlen entlastet, dieses friedlich gestimmt wird. Vielmehr ist von einem Tun und Handeln Gottes die Rede, durch das eine Wirklichkeit geschaffen wird, die alle Utopien in den Schatten stellt, weil die kühnsten Träume der Menschen überboten werden. Denn Gott hat sich ein-für-allemal des Menschen angenommen und uns mit sich versöhnt (2. Kor 5,18ff). Das ist ein einseitiger Akt Gottes, der nicht aus der Welt herausruft, sondern in der Welt geschieht, ebenso wie das Kreuz auf Golgatha in dieser Welt aufgerichtet wurde. Wie immer die Geschichte des Jesus Christus erzählt werden mag, die Realitäten dieser Welt können dabei nicht übersehen werden. Aber sie werden von ihm nicht so zur Kenntnis genommen und für wert erachtet, daß dadurch die Würde des Vaters angetastet wird. Wird die Welt nicht verleugnet, so setzt der Vater seinen Willen in der Auferstehung des Sohnes durch, indem er in seiner Schöpfung allen Mächten anzeigt, wer der Herr im Hause ist. So wird Versöhnung zur Gewißheit. Denn der Sieg Gottes ist endgültig.

Diesem Handeln Gottes Glauben zu schenken, weil es uns zugute kommt, dazu lädt die Botschaft von der Versöhnung "in Christus" ein. Hier steht Wirklichkeit gegen Wirklichkeit. Wird mir die Wirklichkeit dieser Welt nur durch meine Erfahrung zugänglich, durch meine Analysen aufgeschlüsselt, dann wird am Ende der Skeptiker recht bekommen, der den Glauben doch nur als Illusion, d. h. im wörtlichen Sinn als Verspottung der Wirklichkeit begreifen kann. Die Religion ist dann "das Opium des Volkes".[11] Und die "Moral ist die Grammatik der Religion".[12] Wird inmitten bedrängender, notvoller Realitäten aber auf des Herrn Wort hin gehandelt, dann verlieren jene Realitäten ihre Macht und Kraft.

Der Ort der Versöhnung ist die Gemeinde, die Gott "durch unseren Herrn Jesus Christus" rühmt, weil sie aus der Versöhnung lebt (vgl. Röm 5,6ff). Sie ist nicht die Summe der Einzelnen, sondern die Gemeinschaft derer, die Gott preisen und anbeten.
Das, was hier anhebt, begründet und ermöglicht, was als Forderung der Bergpredigt sich für den Menschen als Unmöglichkeit erwies. Zugleich ist dieser Frieden nicht auf den Raum der Gemeinde beschränkt, sondern gilt dem ganzen Kosmos. Die Gemeinde kann nur bitten, zu

sehen und wahrzunehmen, daß Gott den Widerspruch des Menschen beim Wort nimmt und den Tod herrschen läßt, ohne doch seine Schöpfung preiszugeben. Jesus Christus bleibt bei den dem Tod Verfallenen. Er gibt Zöllner und Huren nicht einfach preis. Er gewährt ihnen in der Vergebung das Recht, begründet auf Gott zu hoffen.

Propaganda während des Rußlandfeldzuges
Quelle: Das Dritte Reich, München 1964

III. Versöhnung und Aussöhnung

Verstehen wir die Versöhnung in einem strengen theologischen Sinn, dann ist damit die in Gottes liebender Freiheit begründete Annahme des schuldig gewordenen Menschen gemeint. Darum ist die Versöhnung nicht einklagbar, kann in keiner Weise verdient werden und läßt sich nicht aufrechnen mit Widerfahrnissen des Lebens nach dem Motto: Es ist Gottes Amt zu vergeben. Das versöhnende Handeln Gottes erleuchtet aber alle Bezirke menschlichen Lebens. In diesem Licht gilt es, die uns gestellten Fragen zu bedenken, Lösungen zu erwägen, Entscheidungen zu treffen.13 Wird die Versöhnung im strengen theologischen Sinn verstanden, dann sollte man davon die Aussöhnung unterscheiden. Sie beschreibt die Möglichkeit wie Verpflichtung, zerstörte Verhältnisse, abgebrochene Beziehungen so wiederherzustellen, daß gemeinsames Leben in Frieden möglich wird, indem die Schuld gesühnt, der Lärm des Krieges zum Schweigen gebracht, für angerichteten Schaden Ersatz geleistet wird.14

In diesem Zusammenhang ist ein merkwürdiges Phänomen zu bedenken. Die Aussöhnung scheint in dem Maße besser zu gelingen, in dem der Abstand zwischen Schädiger und Geschädigtem räumlich wie zeitlich wächst. Die Wahrscheinlichkeit, einander nicht unmittelbar begegnen zu müssen, scheint die Bereitschaft zur Aussöhnung leichter zu machen, weil die Möglichkeit, Untaten zu vergessen bzw. zu verdrängen, wächst. Der Grenzbevölkerung fällt es darum sehr viel schwerer, weil es ihr nicht möglich ist, erlebte und erlittene Untat zu vergessen. Denn sie hat die Täter stets vor Augen. Schuld kann nicht vergessen, aber sehr wohl vergeben werden. Vergebung umschreibt in diesem Zusammenhang dann die Bereitschaft des Geschädigten, gemeinsam mit dem Schädiger in die richtige Richtung, d. h. auf den Frieden zuzugehen.

Welche Funktion hat dann aber die Tatsache, daß trotz der Vergebung begangene Untat nicht vergessen wird?15 Sie kann ja nun nicht mehr anklagend vorgehalten werden. Sie bewahrt aber die Erinnerung an die Zerstörung des ehedem guten, friedlichen Zusammenlebens, den Schmerz und das Leid, das jene Zerstörung zur Folge hatte, und macht so hellhörig. Gleich einem längst verheilten Knochenbruch, der die Wetteränderung schon frühzeitig schmerzend anzeigt, läßt die Erinnerung wachsam sein. Diese Wachsamkeit ermöglicht und erleichtert eine Aussöhnung, in der abgebrochene Beziehungen wieder aufgenommen werden können. Heilt die Geschichte auch nicht die Wunden, so läßt sie diese doch vernarben. Es gehört zur Klugheit menschlichen Lebens, besondere Sorgfalt gerade dort walten zu lassen, wo Wunden vernarben. Insofern wird die Erinnerung an den Rußlandfeldzug wie an seine propagandistische Vorbereitung Verständnis für die Russen wachhalten, die Angst vor erneuter Bedrohung haben. Gewiß ist längst eine neue Generation herangewachsen. Aber sie ist mitverhaftet in eine schuldverstrickte Geschichte, aus der keiner aussteigen kann. Erbt sie auch nicht die Schuld der Väter, so wird sie selbst doch schuldig, wenn sie die Narben mißachtet und übersieht, was sie anzeigen. Die Erinnerung an die propagandistische Vorbereitung und Begleitung des Überfalls auf die UdSSR zeigt auf, daß und wie Menschen verführt werden können. Das von Carl Schmitt16 angeregte "Freund-Feind-Denken" wurde in der nationalsozialistischen Propaganda zu dem beherrschenden

Prinzip ausgestaltet. Die z. T. tief sitzenden Ängste vor den anderen, den Fremden, die ja nicht unbegründet sein müssen und sich aus vielerlei Erinnerungen, gleich ob richtigen oder falschen, nähren, wurden zu dem jenes Denken antreibenden Motor. Nun ist es unstreitig die Aufgabe des Politikers, die mögliche Bedrohung des friedlichen Lebens eines Volkes rechtzeitig zu erkennen, die vermutlichen Feinde zu benennen, den möglichen Angriffen rechtzeitig zuvorzukommen. Indem die Propaganda diese Aufgaben in ein Szenarium apokalyptischen Zuschnitts – "Todfeinde aller Ordnung", "Entscheidungskampf" – stellt, nutzt sie die Ängste zu einem alle nüchternen Bedenken zur Seite wischenden "Freund-Feind-Denken". Damit aber ist die Möglichkeit einer Aussöhnung grundlegend verbaut.

Der Versuch einer Aussöhnung, die die Geschichte nicht aus den Augen verlieren will, wird darum nicht umhin kommen, die tatsächlichen oder vermeintlichen Ängste vor dem anderen, dem Fremden, zur Sprache kommen zu lassen. Zugleich aber gilt es, Mut zu machen, im Gegenzug den Fremden neu sehen zu lernen in einer erneuten Begegnung mit seiner Geschichte, seinen tatsächlichen oder vermeintlichen Ängsten.

Die Aufgabe der Aussöhnung mit den Völkern der UdSSR ist allenfalls in Ansätzen gelöst. Die Erinnerung daran, daß am 22. Juni 1941 ohne vorherige Kriegserklärung der deutsche Überfall auf die Sowjetunion begann, der unendliches Leid über unzählige Sowjetbürger brachte, ein zweifach verwüstetes Land hinterließ, um sich dann nicht weniger leidvoll gegen das deutsche Reich zu kehren, mahnt zumal den, der dieses Leiden heraufbeschwor, entschlossene Schritte zur Aussöhnung zu tun. Sie kann nicht eingefordert, aber erbeten werden.

Anmerkungen

1. vgl. J. G. Herder, Briefe zur Beförderung der Humanität. 10. Sammlung, 122. Brief, in: Sämtliche Werke, Berlin 1877 ff, hrsg. von B. Suphan, Bd. XXIII, S. 447

2. "Grattez le Russe et vous verrez le Tartar"
Dimitrij Tschizewskij fragt: "Wie und warum konnte man im Westen auch noch im 19. Jahrhundert die "europäisierten" Russen als "europäisch verkleidete Tartaren" empfinden, bei denen man die äußere Schicht der europäischen Kultur leicht "abkratzen" könne, um darunter einen Tartaren zu finden ..."?
(Russiche Geistesgeschichte, München 1974, S. 159 f)

3. F. M. Dostojewski, Tagebuch eines Schriftstellers, München 1977, S. 198

4. ebd. S. 211

5. Kirchliches Jahrbuch 1933 – 1945, Gütersloh 1948, S. 478

6. Mitteilungen für die Truppe, Juni Heft 1, 1941

7. zit. n. G. M. Gilbert, Nürnberger Tagebuch, Frankfurt 1962 S. 114

8. ebd. S. 45

9. Friedrich Schiller, Die Piccolomini, V, S. 1

10. Martin Luther, WA 40,I,29

11. K. Marx, MEW Bd. I, S. 378

12. L. Börne, Gesammelte Schriften, Leipzig 1899 Bd. 4, S. 192

13. vgl. dazu Röm 12,1 "vernünftiger Gottesdienst".

14. vgl. Kluge, Etymologisches Wörterbuch s. u. Sühne

15. Die Wendung "vergeben, aber nicht vergessen" geht wahrscheinlich auf eine Anekdote zurück, die Bismarck in "Gedanken und Erinnerungen" in einer Fußnote erzählt (Stuttgart 1928, S. 304). Der Feldmarschall Wrangel hatte ihn beim König mit den "gröbsten Injurien"bedacht. Das belastete ihr freundschaftliches Verhältnis schwer. Als sie bei einer festlichen Gelegenheit Tischnachbarn waren, fragt "der Feldmarschall verschämt lächelnd ...: "Mein Sohn, kannst du gar anicht vergessen?" Ich antwortete: "Wie sollte ich es anfangen, zu vergessen, was ich erlebt habe?" Darauf nach langem Schweigen: "Kannst du auch nicht vergeben?" Ich erwiderte: "Von ganzem Herzen." Wir schüttelten uns die Hände und waren Freunde wie in früheren Zeiten." – Arthur Schopenhauer (Parerga und Paralipomena I.6,5,29 "Verhalten gegen andere"): "Vergeben und vergessen heißt, gemachte kostbare Erfahrungen zum Fenster hinauswerfen."

16. vgl. Carl Schmitt, Der Begriff des Politischen, 1963 (Neudruck)

Werner Lauff

Wie sie den Krieg sahen, erlebten und erlitten
– und was uns das angeht

Vorbemerkungen

Zwölf- bis Sechzehnjährige wissen meist wenig über den Überfall der deutschen Wehrmacht auf die Sowjetunion und über das, was in diesem Krieg geschehen ist. Manche (oder sogar viele?) von ihnen tragen allerdings unbewußte Ängste und Schuldgefühle mit sich herum. Sie hängen, ohne daß die Jungendlichen dies ahnen, mit den Ereignissen und ihrer Verdrängung durch die Generation ihrer Großeltern zusammen.

In besonderen Situationen können diese Ängste und Schuldgefühle sichtbar werden. Schon oft habe ich bei Jugendbegnungen in der Sowjetunion folgende Situation erlebt: Beim Besuch eines Museums oder einer Gedenkstätte werden die Jugendlichen zum ersten Mal mit den Greueln des Krieges konfrontiert. Bis dahin haben sie nichts davon gewußt. Die Führerin erläutert die Darstellungen und erzählt von den damaligen Ereignissen, wobei sie immer, wenn sie von den deutschen Truppen spricht, "die Hitler-Armee" oder "die Faschisten" sagt. Einige der Jugendlichen wehren ab: "Warum will die Frau uns ein schlechtes Gewissen machen?" In diesen Situatonen ist es ganz deutlich: Die Führerin hat nüchtern und sachlich erzählt, ohne jeden Vorwurf, ohne jede Verallgemeinerung den "Deutschen" gegenüber. Trotzdem fühlen sich die Jugendlichen wie Schuldige angesprochen, sicher zu Unrecht. Doch das schlechte Gewissen ihrer Vorfahren haben sie gleichsam geerbt, haben es von zu Hause mitgebracht.

Eine Aufarbeitung dieser Ängste und Schuldgefühle, die auch ein guter Nährboden für rechtsradikales Gedankengut sein könnten, ist notwendig. Aber auch für Jugendliche, die nicht oder wenig an einer solchen "Erblast" zu tragen haben, kann die Beschäftigung mit den damaligen Ereignissen wichtig werden; denn für die Konfirmandenarbeit zum Beispiel geht es exemplarisch um eines der zentralen Themen: die Frage nach Schuld und Vergebung.

Damit dies deutlich wird und auch eine Auseinandersetzung mit eigenen Schuldgefühlen gelingen kann, reicht es nicht aus, den Jugendlichen nur "historisch gesichertes Wissen" und eine daraus abgeleitete Gesamteinschätzung der Ereignisse zu vermitteln. Vielmehr müssen sie Gelegenheit erhalten, den Krieg aus verschiedenen Perspektiven kennenzulernen und ansatzweise nachzuempfinden.

Die Jugendlichen sollten sowohl die Sichtweise der Täter als auch der Opfer differenziert wahrnehmen können: Die Mutter eines deutschen Soldaten etwa hat den Krieg ganz anders erlebt als ihr Sohn, und der wieder anders als die Regierung und die Generalität, deren Befehle er auszuführen hatte. Sie alle aber standen gegenüber den Völkern der Sowjetunion auf der Seite der Täter.

Die folgenden Vorschläge für die Arbeit mit 12 – 16 jährigen in Schule, Konfirmanden- und Jugendarbeit bieten die Möglichkeit, den Krieg gegen die Sowjetunion aus unterschiedlichen Perspektiven kennenzulernen. Es handelt sich dabei zum Teil um methodische Hinweise zur eigenen Erarbeitung, zum Teil um Texte oder Hinweise auf andere Materialien, in denen die Ereignisse aus einer bestimmten Perspektive beschrieben werden. Bei der Zusammenstellung einer Unterrichtseinheit können Unterrichtende selbst auswählen, welche Sichtweisen ihnen besonders wichtig sind. Ein Ziel sollte es in jedem Fall sein, daß die Jugendlichen sowohl die Sicht der Täter als auch die der Opfer kennenlernen, nachempfinden und in ihr eigenes Weltbild integrieren, damit sie nicht zu schnellen Verurteilungen, sondern zu einem klaren Urteil finden.

Dann kann – fünfzig Jahre nach dem Überfall – für sie die diffuse Angst: "Vielleicht war mein Großvater im Krieg auch ein Mörder?", ersetzt werden durch die Gewißheit: "Er war wohl ein kleines oder auch ein größeres Rad in einer riesigen Vernichtungsmaschinerie und ist dadurch schuldig geworden. Aber ich weiß, daß die Angehörigen der Opfer ihm vergeben haben. So kann ich ihm auch vergeben."

Flucht *Quelle: Das Dritte Reich, München 1964*

I. Wie sie den Krieg sahen, erlebten und erlitten

Vorschläge für die Konfirmanden- (und Jugend-) Arbeit

Baustein 1

Was weiß ich über den Krieg gegen die Sowjetunion?

Wortkarten

Es werden gleichgroße Zettel (in drei verschiedenen Farben) und Stifte verteilt.

Jeder Teilnehmer schreibt auf einen Zettel (auf die Farbe muß man sich einigen) einen Begriff, den er mit der Sowjetunion verbindet (möglichst spontane Einfälle); auf den nächsten farbigen Zettel wird ein Verb geschrieben und auf den Dritten ein Adjektiv.

Zunächst werden die "Begriffe-Zettel" eingesammelt und kreisförmig um ein Bild oder eine Landkarte der Sowjetunion gelegt.

Die Begriffe werden laut vorgelesen, Vergleiche können gezogen werden.

Wo tauchen ähnliche/gleiche Begriffe oder entgegengesetzte Begriffe auf?

Läßt sich ein "Positiv/Negativ-Bild" herausfinden?
Könnte man zu Gruppen ordnen?

Nun geschieht Vergleichbares mit den Verben. Hier kann überlegt werden, ob ein bestimmtes Verb einem bestimmten Begriff zugeordnet werden kann.
(Aufgabe: Lege dein Verb an einen Begriff an, zu dem es besonders gut paßt oder zu dem es in Spannung steht).
So kann auch mit den Adjektiven verfahren werden. Es kann sein, daß bestimmte Begriffe (von denen "Anlege-Strahlen" ausgegangen sind) isoliert bleiben, andere hingegen mehr als zwei Zettel dazu bekommen.

Sinn: Sehr schnell bekommt man ein Bild von dem, was an Vorwissen, Vorurteilen und Unwissen über die Sowjetunion vorhanden ist.

Weiterarbeit: Die zuletzt gefundene und erstellte (An-) Ordnung kann aufgeklebt werden, damit sie für weitere Stunden zur Verfügung steht.

Stichwortassoziationen

Einige Stichworte werden (einzeln) auf große Plakate geschrieben, z.B. Rußlandfeldzug, Stalingrad. Die Jugendlichen äußern ihre Assoziationen, die alle unter den jeweiligen Begriff geschrieben werden.

Für 12 – 16 Jährige / Sekundarstufe 1 / Konfirmandenunterricht

Bildassoziationen

Sitzkreis: In der Mitte werden großformatige Photos vom Krieg gegen die Sowjetunion ausgelegt (sind nicht genügend Photos vorhanden, kann man auch auf Bilder aus anderen Kriegen zurückgreifen).

Aufgabe: Sucht euch ein Bild heraus, das euch besonders anspricht, betroffen macht oder das ihr für charakteristisch haltet für den Krieg Deutschlands gegen die Sowjetunion.

Im Austausch über die ausgesuchten Bilder können die Jugendlichen viel von dem zum Ausdruck bringen, was sie über diesen Krieg wissen, vermuten oder auch nur ahnen.

Baustein 2

Wie schilderte die offizielle Propaganda den Überfall auf die Sowjetunion?

Die Archive der Kirchen- und Ortsgemeinden können nach Materialien über den Krieg mit der Sowjetunion durchforscht werden.
So kann man auch die Zeitungsherausgeber bitten, die Titelseite vom Tag des Überfalls auf die SU in Kopie zur Verfügung zu stellen (vielleicht auch interessante weitere Meldungen/Berichte, die möglichst mit dem eigenen Ort/den Menschen dort zu tun haben sollten).

Auf dieser Seite sind einige Beispiele aus dem Archiv des "Generalanzeigers" und des "Westdeutschen Beobachters"zu sehen, die im Archiv der Stadt Bonn aufbewahrt werden.

Statt des Arbeitsauftrags an die Konfirmanden und Konfirmandinnen, bei den Zeitungen oder in Archiven nachzufragen, kann natürlich auch mit diesem Material gearbeitet werden.

Baustein 3

Wie sehen Überlebende in Deutschland den Krieg gegen die Sowjetunion und wie haben sie den Überfall erlebt?

Befragung der eigenen Familie

Was wissen die Eltern, Onkel und Tanten?

Gibt es Menschen in der Familie, die den Juni 1941 bewußt erlebt haben? Wo waren sie damals?
Woran erinnern sie sich noch?

Die Jugendlichen sollten die wichtigsten Antworten aufschreiben und – evtl. ohne Nennung von Namen – in der Gruppe vortragen.

Interviews

Zunächst werden gemeinsam Fragen formuliert. Dann gehen die Jugendlichen zu zweit mit Cassettenrecorder und Mikrophon auf die Straße und bitten ältere Menschen um ein Interview. Solche Interviews können auch nach dem Gottesdienst, bei der Frauenhilfe oder einer anderen Gemeindegruppe, in einem Altersheim oder bei öffentlichen Seniorentreffs durchgeführt werden.

Nach den Interviews berichten die Jungen und Mädchen von ihren Erfahrungen. Sie können dabei Ausschnitte ihrer Interviews einspielen.

Wandzeitung

Besonders eindrucksvolle Passagen der Interviews, einzelne Kernsätze und Antworten aus der Familienbefragung werden auf einer Wandzeitung zusammengestellt. Denkbar ist auch eine Kombination dieser Texte mit historischen Bildern.

Baustein 4

Die Ziele der Verantwortlichen

Zu den Dokumenten, die sie deutlich machen, gehören der sogenannte "Kommissarbefehl" und die Ausführungen zum "Plan Barbarossa" (siehe ERGÄNZENDE TEXTE, und vergleiche GEGEN DAS VERGESSEN..,

Baustein 5

Die Perspektive der Mittäter

Der Film "Mein Krieg"

Dieser Film zeigt Ausschnitte aus Amateurfilmen deutscher Frontsoldaten und Gespräche mit ihnen, die im vergangenen Jahr geführt wurden. Er ist bereits in einigen Kinos gelaufen und kann über den Basis-Filmverleih in Berlin zur Vorführung ausgeliehen werden. Die Regisseurin des Films, Harriet Eder, ist sehr daran interessiert, daß Jugendliche diesen Film sehen. Sie ist auch grundsätzlich bereit, zu einer solchen Vorführung selbst zu kommen und von ihren Erlebnissen bei der Zusammenstellung des Films zu erzählen.

(Nähere Informationen hierzu bei Werner Völker, Ev. Jugendpfarramt, Kartäuserwall 24 b, 5000 Köln 1, Tel. 0221/315385).

Bericht über die Ermordung jüdischer Kinder in der Ukraine

Die Vorgeschichte:

Bjelaja-Zerkow (Bialacerkiew) ist ein ukrainischer Ort, 70 km von Kiew entfernt. Im August 1941 wendet sich der Feldkommandant von Bjelaja-Zerkow an das Sonderkommando (SK) 4 a mit der Bitte, die jüdischen Bewohner zu töten. Den Tötungsauftrag bekommt ein Teilkommando des SK 4 a und ein Zug der 3. Kompanie des SS-Bataillon zbV. (Waffen-SS) unter Führung von SS-Oberscharführer Jäger. Zwischen dem 8. und 19. August erschießt der Zug der Waffen-SS - mit Hilfe ukrainischer Miliz - mehrere hundert jüdische Männer und Frauen. Tatort: ein Schießplatz in der Nähe der Kaserene.

Die Kinder der Ermordeten sind zunächst in einem Gebäude am Ortsrand eingesperrt. Am Abend des 19. August wird ein Teil der Kinder mit drei vollbesetzten Lastkraftwagen abtransportiert und auf dem Schießplatz abgeknallt. Etwa 90 Kinder bleiben in erbärmlichen Umständen zurück. Am nächsten Tag, dem 20. August, sitzen der katholische Kriegspfarrer - so die damals übliche Bezeichnung - Ernst Tewes und sein evangelischer Kollege Gerhard Wilczek im Kasino beim Mittagstisch. Beide sind Soldaten im Offiziersrang. Ein völlig verstörter Unteroffizier bittet Tewes (nach dem Kriege Weihbischof in München), Abhilfe zu schaffen.

Die Kriegspfarrer besuchen die Kinder und informieren die Divisionspfarrer der 295. Infanterie-Division (I.D.), die für ein paar Tage am Ort ist. Nun besichtigen der katholische Divisionspfarrer Dr. Reuß (nach dem Kriege Weihbischof in Mainz) und sein evangelischer Kollege Kornmann (für tot erklärt) zusammen mit Tewes und Wilczek das Elend. Am Nachmittag unterrichten die Divisionspfarrer Dr. Reuß und Kornmann den 1. Generalstabsoffizier der Division, Oberstleutnant Helmuth Groscurth (gefallen).

Der weitere Verlauf - die Verhandlungen der Wehrmacht bis zur einvernehmlichen Ermordung der Kinder am 22. August - ergibt sich aus den Dokumenten.

Für 12 – 16 Jährige / Sekundarstufe 1 / Konfirmandenunterricht

Ein Kind an der Leiche seiner Mutter, umgekommen in einem KZ für Zivilisten nahe der Ortschaft Ozaritschi
Quelle: Praxis Geschichte 5/1990

SS-Obersturmführer August Häfner über die Tötung der Kinder:

(...) Daraufhin gab Blobel mir den Befehl, die Erschießung der Kinder durchzuführen. Ich fragte ihn: "Durch wen soll die Erschießung durchgeführt werden?" Er antwortete: "Durch die Waffen-SS". Ich erhob Einspruch. Ich habe zu ihm gesagt: "Das sind alles junge Männer; wie sollen wir es vor denen verantworten, wenn sie kleine Kinder erschießen"? Daraufhin sagte er: "Dann nehmen Sie doch Ihre Männer". Auch jetzt sagte ich wieder: "Wie sollen die das tun, die haben doch auch kleine Kinder". Dieses Tauziehen hat etwa 10 Minuten gedauert. (...) Ich habe vorgeschlagen, daß die ukrainische Miliz des Feldkommandanten die Kinder erschießen solle. Es wurde von keiner Seite gegen diesen Vorschlag Einspruch erhoben. (...) Ich ging raus an das Waldstück, ganz allein. Die Wehrmacht hatte bereits eine Grube ausgehoben. Die Kinder wurden in einem Zugkraftwagen angebracht. Mit dieser technischen Abwicklung hatte ich nichts zu tun. Die Ukrainer standen da rum und zitterten. Die Kinder wurden von dem Zugkraftwagen herabgenommen. Sie wurden oberhalb der Grube aufgestellt und erschossen, so daß sie hineinfielen. Wo sie gerade getroffen wurden, wurden sie eben getroffen. Sie fielen in die Grube. Es war ein unbeschreiblicher Jammer. Dieses Bild vergesse ich nie in meinem Leben. Ich trage sehr schwer daran. Insbesondere ist mir ein Erlebnis mit einem kleinen blonden Mädchen in Erinnerung, das mich an der Hand nahm. Es wurde später auch erschossen. (...) Die Grube war in der Nähe eines Waldstücks. Es war nicht in der Nähe dieses Schießstandes. Die Erschießung wird so nachmittags gegen 1/2 4 oder 4 Uhr gewesen sein. Die Erschießung fand am Tag nach der Verhandlung beim Feldkommandanten statt. (...) Manche Kinder wurden 4 bis 5 mal getroffen, bis sie tot waren.

Quelle: "Schöne Zeiten". Judenmord aus der Sicht der Täter und Gaffer, S. Fischer Verlag 1989, S. 132 u. 145

Aus Briefen von deutschen Soldaten aus der Sowjetunion

1. Brief

(Datum unbekannt)
(...) Wenn jetzt die Kälte einsetzt, brauchst Du Dich nicht zu wundern, wenn Du eines Tages ein Paket mit einer Gans erhältst. Wenn ein Kamerad auf Urlaub geht, nimmt er sie mit und schickt das Paket ab. Auch wenn Du ein Paket aus Ungarn bekommen solltest, nimm es ab. Ich habe Deutschen aus Ungarn, die freiwillig bei der SS dienen, Geld geliehen und ihnen meine Heimatanschrift dazu. Wenn sie auf Urlaub fahren, wollen sie daran denken. Du siehst, ich sorge für euch. Aus der Göring-Rede hast Du ja auch sicherlich entnommen, daß es uns gestattet ist, Päckchen zu schicken. Der Führer billigt es. Die letzte Konsequenz würde so weit gehen, daß das Volk hier vor Hunger krepieren kann, wir würden uns schon das Essen holen. Ganz so schlimm braucht es ja nicht zu kommen. Es wäre nur die letzte Härte. Hart müssen wir hier draußen sein, sonst verlieren wir den Krieg. *Mitleid in irgendeiner Form ist nicht am Platze.* Ihr Frauen und Kinder in der Heimat hättet, wenn der Feind sich durchsetzen sollte, keine Gnade oder Mitleid zu erwarten. Deshalb räumen wir auf, wo es not tut. Sonst ist der Russe willig, einfältig und gehorsam. *Juden gibt es hier nicht mehr.*
Bisher habe ich folgende Päckchen geschickt:
Für Euch:

    1. Fleischbüchse, Fische, Bonbons.
    2. Butterdose

3. 2 Ölsardinen, 2 Bonbons, 2 Bälle, 1 mal Tee
4. Butterdose
5. Butterdose
6. Ölsardine, 1 Fisch, 1 Seife
7. 1 Wurstbüchse
8. Volkmars Geburtstagspäckchen: 800 gr. franz. Schokolade
9. Päckchen Butterdose
10. Päckchen Butterdose

Quelle: ebenda, S. 156

2. Brief

Mittwoch, 7. Oktober 1942
Liebe Sonja, liebe Kinder!

Nun ist es schon einen ganzen Monat her, daß ich Euch verlassen mußte. Ich bin ganz traurig und einsam. Zur Zeit regnet es heftig. Da ist die Welt sowieso trübe. Die Stadt ist ein furchtbar trauriges Kaff. Nicht einmal die Fußwege sind in Ordnung. Beim Gehen muß man immer tüchtig aufpassen. Alles, was der Russe gemacht oder gebaut hat, ist nur halbe Arbeit, und alles nur äußerlich. Wir Deutschen werden hier später noch Jahrzehnte hindurch für Ordnung sorgen müssen. (...)

Quelle: ebenda, S. 156

3. Brief

Kursk, den 15.10.1942
Geliebte Frau, liebe Kinder!

Ihr werdet überrascht sein, von mir einen Brief aus dem Reich zu erhalten. Es kommt aber daher, daß ein Urlauber ihn mitnimmt und dann abschickt. Außerdem gebe ich dem Urlauber ein Paket (8kg.) mit, das er in Koblenz aufgeben soll. Es enthält 5 kg Butter, 2,5 kg Weizenmehl und 1 Stück Kernseife.(...)

Quelle: ebenda, S. 156

Aus einem "Aufruf" der Wehrmacht

In einem in deutscher und russischer Sprache verfaßten "Aufruf" (siehe unten) der Deutschen Wehrmacht vom 12. September 1941, unterschrieben mit "Der Oberbefehlshaber der Armee", wird deutlich, wie man den Kampf gegen die Partisanen in den besetzten Gebieten der Sowjetunion zu führen gedachte:

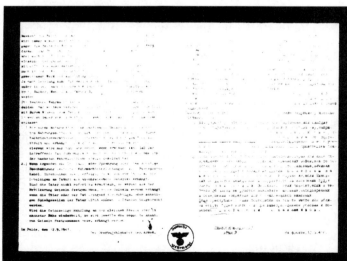

In diesem „Aufruf" der deutschen Wehrmacht vom 12. September 1941, unterzeichnet „Der Oberbefehlshaber der Front", heißt es:

„1. Wer einem Rotarmisten oder Partisanen Unterschlupf gewährt, ihm Nahrungsmittel aushändigt oder ihn sonstwie – zum Beispiel durch Nachrichtenvermittlung – unterstützt, wird mit dem Tode bestraft und erhängt. Dies gilt auch für weibliche Personen. Hiervon wird nur dann abgesehen, wenn erwiesen ist, daß der Betreffende das Vorkommnis sobald und so schnell wie möglich der nächsten Wehrmachtdienststelle gemeldet hat.

2. Wenn irgendwo ein Überfall, eine Sprengung oder eine sonstige Beschädigung deutscher Wehrmachtseinrichtungen, zum Beispiel Fernsprechkabel, Eisenbahnen usw., erfolgt, so werden vom 16.9. ab die Schuldigen am Tatort als abschreckendes Beispiel erhängt. Sind die Täter nicht sofort zu ermitteln, so werden aus der Bevölkerung Geiseln festgenommen; diese Geiseln werden erhängt, wenn die Täter oder der Tat dringend Verdächtige oder sonstige Spießgesellen der Täter nicht binnen 24 Stunden beigebracht werden. Wird die feindselige Handlung an der gleichen Stelle oder in nächster Nähe wiederholt, so wird jeweils die doppelte Anzahl von Geiseln festgenommen bzw. erhängt werden."

Quelle: Sowjetunion heute, 5/85

Für 12 – 16 Jährige / Sekundarstufe 1 / Konfirmandenunterricht

> **Baustein 6**

Wie haben die Menschen in der Sowjetunion den Krieg erlebt?

Aus Aufsätzen russischer Kinder

Die Kinder schrieben diese Aufsätze im Frühjahr 1943, kurze Zeit, nachdem die deutschen Truppen die Stadt Rschew (etwa 200 km westlich von Moskau) verlassen mußten. Sie beschreiben Ereignisse, die die Kinder in der etwa anderthalbjährigen Besatzungszeit erlebt haben.

..."Nachdem die Deutschen die Stadt besetzt hatten, begannen sie die unversehrt gebliebenen Häuser abzugehen und abzufahren und nahmen den Einwohnern alles ab, was ihnen gefiel. Als der Winter angebrochen war, zogen sie einem die warmen Stiefel direkt von den Füßen, egal, wo man sich gerade befand. Einmal hörten wir einen Schrei. Ich stürzte auf die Straße und sah, wie die Deutschen einen Greis mit Gewehrkolben schlugen. Der Alte ging in Filzstiefeln Wasser holen. Die Filzstiefel waren nicht mehr neu, die Deutschen freuten sich aber auch über diesen 'Fund'. Sie brauchten lange, um dem Alten, der ihnen Widerstand leistete, die Stiefel auszuziehen. Nachdem sie ihm die Stiefel endlich von den Füßen gerissen hatten, gingen sie lachend fort..."
"Als die Deutschen Rschew besetzt hielten, trieben sie unsere Mütter gewaltsam zur Arbeit. Einige von ihnen versteckten sich. Sie brauchten aber Wasser und etwas zu essen. Als die Frauen Wasser holen gingen, schossen die Deutschen auf sie. Einmal sah ich, wie sie mehrere Frauen auf einmal töteten. Unter den erschossenen Frauen befand sich die Mutter meines Bekannten, eines Jungen, der Witja hieß. Als Witja sah, daß seine tote Mutter auf der Straße lag, begann er zu weinen und lief auf sie zu. Ihm gelang es nicht, die Leiche seiner Mutter zu erreichen. Ein Deutscher schoß auf ihn, und er fiel nicht auf die Leiche seiner Mutter, sondern auf das Straßenpflaster".
"Im Januar 1942 kam ein Deutscher in unsere Wohnung und befahl meiner Mutter, arbeiten zu gehen. Sie weigerte sich aber. Der Deutsche schlug sie mit dem Gewehrkolben auf den Rücken, so daß sie hinfiel. Wir begannen leise zu weinen, weil sich der Deutsche in der Wohnung befand. Die Mutter lag eine Woche lang krank und starb dann. Wir blieben mit der Großmutter allein. Einen Monat nach dem Tode der Mutter gingen wir mit der Großmutter in ein Dorf, um Lebensmittel zu holen, weil wir nichts zu essen hatten.
Es gelang uns, ein wenig Roggen und anderes Korn zu bekommen. Auf dem Rückweg holte uns eine Frau mit einem Jungen ein, der noch kleiner als ich war. Wir gingen zusammen. Sie trug Kartoffeln auf dem Rücken. Am Ortseingang hielt uns ein deutscher Soldat an und wollte ihr die Kartoffeln wegnehmen. Er riß ihr den Sack aus den Händen und warf ihn in den Schnee. Der Junge stürzte sich auf den Sack, um ihn dem Deutschen wieder wegzunehmen. Der Deutsche schlug ihm mit dem Gewehrkolben auf den Kopf. Er fiel tot zu Boden. Die Mutter, die vor Kummer den Verstand verlor, ging auf den Deutschen mit den Fäusten los. Er erschoß sie".
"Die Deutschen hatten meinen Onkel, den Bruder meines Vaters, gefaßt. Der Onkel war Komsomolze. Die Faschisten brachten ihn in die Kommandantur. Beim Verhör antwortete er dem deutschen Offizier nicht auf dessen Fragen. Man führte ihn hinter eine Scheune und erschoß ihn. Die Leiche vergruben die Deutschen im Schnee. Meine Großmutter ging die Leiche ihres Sohnes suchen, obwohl die Deutschen es ihr verboten hatten. Lange grub sie heimlich auf der Suche nach der Leiche des Sohnes im Schnee. Die Deutschen ertappten sie aber dabei und erschossen sie in dem Augenblick, als sie schon mit ihren alten Händen die Leiche des Sohnes berührte".
"Im September 1942, als unsere Truppen auf Rschew vorrückten, befahl die Kommandantur, daß die ganze Bevölkerung ihre Häuser sofort verlassen müßte. Die Menschen wollten aber dem Befehl nicht Folge leisten. Man schlug auf sie mit Peitschen und Gewehrkolben ein, trieb sie gewaltsam aus den Häusern, lud sie auf Autos und verschleppte sie nach Deutschland. Unter ihnen befand sich auch mein Vater".

Quelle: ebenda, S. 34

Weitere Texte aus Rschew nach der Befreiung

Aus einem Brief von F. Masin an die Schriftstellerin Jelena Rschewskaja:

Ende Winter 1942 konnte man in Rschew keine Straßen mehr unterscheiden, die Menschen gingen wie durch eine Wüste, denn es waren nur noch Schornsteine und einige wenige Häuser übriggeblieben.
Zum erstenmal sah ich die Deutschen auf der Stariza-Autostraße unweit von Rschew. Sie

fuhren mit Motorrädern und in großen Kolonnen auch mit Fahrrädern. Sie fuhren nicht schnell, aber auch nicht gerade langsam, und unterhielten sich lebhaft miteinander. Ich dachte: Was veranlaßt sie, ihre Familien, ihre Werkzeugmaschinen – ich hatte deutsche Maschinen vor dem Krieg in einem Betrieb gesehen, den wir, damals Gewerbeschüler, besuchten – zu verlassen, ihr Deutschland zu verlassen und sich hierher, in die Kälte und auf die russischen Straßen zu begeben, dabei viele von ihnen vielleicht für immer? Weshalb taten sie das?

Ich schrieb Ihnen, wie die Deutschen in der Zeit kurz vor Weihnachten 1941 gründlich was abbekommen hatten. Sie hatten sich gerade von Moskau zurückgezogen. In Rschew sammelten sich, wie es hieß, an die hunderttausend Deutsche. Unrasiert und schmutzig, zogen sie ihre Hemden aus und begannen ihr Ungeziefer zu knacken. Unsere Truppen umzingelten Rschew in einem weiten Kreis. Die Eisenbahnlinie war irgendwo bei Wjasma abgeschnitten. Die Lebensmittel wurden für die Deutschen mit Ju-52-Flugzeugen gebracht.

Ich sah einen solchen Deutschen von Angesicht zu Angesicht. Er hieß Fritz, trug ein Schnurbärtchen, hatte schwarze Haare und war mittelgroß. Damals, im Winter, beschrieb er mit der einen Hand eine Schlinge um den Hals und sagte, daß man diejenigen, die diesen Krieg entfesselt hatten, aufhängen und daß man selbst nach Deutschland fahren sollte. Dieser Deutsche war wahrscheinlich schon Soldat im ersten Weltkrieg gewesen".

Quelle: ebenda, S. 35 – 36

Über die letzten Stunden der Besatzung schreibt Anna Kusmina:

"Ich begann den Fußboden zu scheuern und den Samowar zu polieren, weil wir unsere Soldaten erwarteten. Würden wir diesen Augenblick aber noch erleben?

Die Deutschen drangen in unser Haus ein. Einer von ihnen ergriff einen Stuhl und schlug damit den Tisch und gegen die Fensterscheibe: "Raus!", befahl er. Mein Mann wollte nicht gehorchen, da richtete der Deutsche seinen Revolver auf ihn. Wir verließen mit den Kindern das Haus, aus dem wir nur einen Sack Saatgut mitnehmen konnten. Die Deutschen steckten das Haus in Brand. Man trieb uns zusammen zur Kirche. In der Kirche wurden viele Leute zusammengepfercht. Es war kalt, die Fensterscheiben zerschlagen. Da hörten wir, wie sie die Türen von außen vernagelten.

"Die Bevölkerung in der Kirche zusammengetrieben. Die Kirchentür zugenagelt. Das Gelände ringsumher vermint. Wir räumen die Minen", diese Meldung wurde von den Angehörigen des Regiments, das als erstes zur Kirche durchgebrochen war, an das sowjetische Kommando durchgegeben. Das waren die letzten Stunden der Tragödie von Rschew".

Quelle: ebenda, S.37

Bericht einer Frau, die dem sicheren Tod entkommen konnte

Aussage der Lehrerin Fanja Simkin

Es war in Schamowo, am frühen Abend des 2. Februar 1942. Meine Schwester und ich küßten uns zum Abschied, denn wir wußten, daß wir in den Tod gingen. Ich hatte einen Sohn, Walerij. Er war neun Monate alt. Ich wollte ihn zu Hause zurücklassen, weil ich hoffte, daß jemand ihn zu sich nehmen und aufziehen würde. Aber meine Schwester sagte: "Tu das nicht! Er wird in jedem Fall umkommen. Laß ihn wenigstens mit dir zusammen sterben!" Ich wickelte ihn in ein Tuch, damit er es warm hatte.

Meine Schwester kam zuerst an die Reihe. Wir hörten Schreie und Schüsse. Dann war es wieder still. Wir waren in der zweiten Gruppe. Man brachte uns auf den Friedhof. Sie griffen die Kinder bei den Haaren oder am Kragen wie Katzen und schossen sie in den Kopf. Alle kreischten vor Entsetzen. Mein Junge wurde mir aus den Armen gerissen. Er rollte in den Schnee. Er fror, und es tat ihm weh. Er schrie. Dann warf mich ein Stoß um. Sie begannen zu schießen. Ich hörte Stöhnen, Flüche und Schüsse, und ich begriff, daß sie mich nicht getroffen hatten. Aber Walerij ... in meinem Kopf drehte sich alles. Dann schlugen sie auf jeden Körper, um zu kontrollieren, ob jemand noch am Leben war. Zweimal erhielt ich einen schrecklichen Hieb. Ich blieb still. Nun begannen sie, den Toten die Kleider auszuziehen. Ich trug einen schäbigen Rock. Sie rissen ihn mir vom Leib. Kommandant Krause rief die Polizisten zusammen, und alle gingen fort. Ich kroch hinüber zu Walerij. Er war kalt. Ich küßte ihn und sagte ihm Lebewohl. Was konnte ich machen? Ich stand auf und ging davon. Ich dachte, man würde mich töten. Warum sollte gerade ich am Leben bleiben?

Ich lief die ganze Nacht. Meine Hände erfroren. Ich habe keine Finger mehr. Aber ich erreichte die Partisanen.

Quelle: Wir haben es gesehen. Augenzeugenberichte über die Judenverfolgung im Dritten Reich, Hrsg. G. Schoenberner, Fourier Verlag Wiesbaden, S. ?? u. S. 411

Für 12 – 16 Jährige / Sekundarstufe 1 / Konfirmandenunterricht

Lesetip

Das Leben in der mehr als zwei Jahre von den deutschen Truppen eingeschlossenen Stadt Leningrad beschreibt aus der Perspektive eines dort lebenden Jungen L. Dementjev in seinem Buch "Eingeschlossen".

(in deutscher Übersetzung als dtv-Taschenbuch erschienen).

Baustein 7

Was sagen die Überlebenden in der Sowjetunion und die Nachkommen der Opfer heute über den Krieg?

Im September 1990 wurde Schülern und Schülerinnen in Moskau der folgende, in einer deutschen Schule entwickelte Fragebogen vorgelegt.

Bis zum Erscheinen dieses Arbeitsbuches dürften die Antworten aus Moskau vorliegen und ausgewertet sein. Die Ergebnisse sind zu bekommen bei Werner Völker, Ev. Jugendpfarramt, Kartäuserwall 24 b, 5000 Köln 1, Tel.: 0221/31 53 85

Fragebogen

Junge Deutsche fragen Jugendliche/Schüler aus der UdSSR:

1. Wann hast Du das erste Mal in Deinem Leben davon gehört?

2. Wer hat Dir darüber erzählt? (Eltern, Erzieher ...)

3. Wo war das? (zu Hause, in der Schule, an einem Ehrenmal...)

4. Was hast Du damals gedacht/gefühlt – wie hast Du das erlebt?

5. Was hast Du in der Schule darüber erfahren?

6. Hast Du Filme darüber gesehen (im Kino, im Fernsehen...)?

7. Was hat Dich an den Filmen besonders beeindruckt?

8. Gibt es in Deiner Familie Kriegsopfer (Gefallene, Verwundete...), was weißt Du darüber?

9. Glaubst Du, daß der deutsche Überfall auf die UdSSR das Verhältnis zu Deutschland und Deutschen beeinflußt?

10. Wie denkst Du über das Verhältnis von Jugendlichen in Deinem Land und in Deutschland?

11. Welche Fragen hast Du dazu an junge Deutsche?

12. Welche Wünsche hast Du für die (gemeinsame) Zukunft?

13. Was möchtest Du jungen Deutschen über dieses ganz Thema sagen, was sie unbedingt wissen müssen, um Dich zu verstehen?

Wir freuen uns auf Deine Antworten!

Herzlichen Dank für Deine Mühe!
Und viele gute Wünsche und liebe Grüße aus Deutschland

Baustein 8

Was erleben deutsche Jugendliche heute, wenn sie in der Sowjetunion Gedenkstätten des Krieges besuchen?

Die folgenden Texte wurden von Jugendlichen nach der Rückkehr von einer Begegnungsreise in die Sowjetunion verfaßt; der erste nach einem Besuch in Novgorod und Leningrad im Jahre 1986, die anderen nach einem Aufenthalt in Wolgograd (früher Stalingrad) und Minsk.

"Ihr habt ja auch eine ganz andere Geschichte als wir".

Nicht nur in offiziellen Reden, auch in vielen privaten Gesprächen spielten Friedensfragen eine große Rolle. Ein Ansatzpunkt ist z.B. der Zivildienst. Meist muß man erst erklären, was Zivildienst bedeutet, aber dann finden die Russen es sehr gut, den Wehrdienst zu verweigern.

Die Frage, wieso sie selbst denn nicht auch verweigern, können sie aber nicht akzeptieren. "Wir müssen zur Verteidigung bereit sein: unser Land ist so oft angegriffen worden, aber wir wollen und werden nicht selber angreifen. – Wenn Ihr verweigert, ist das etwas ganz anderes, denn Ihr habt ja auch eine ganz andere Geschichte als wir".

Wie eng verknüpft diese "ganz andere Geschichte" mit der Geschichte der Sowjetunion ist, erfahren wir an vielen Orten.
Im Stadtmuseum in Leningrad sehen wir Beispiele für den Alltag der Bevölkerung während der Blockade durch deutsche Truppen: Hunger, Schwäche, Tod, Kälte wegen Brennstoffmangel, Gemüseanbau auf jedem Fleckchen Parkerde. Und trotz aller Mängel, aller Angst und trotz der andauernden Bedrohung gab es kulturelle Veranstaltungen, Konzerte, Theateraufführungen, Zirkus und Varieté, sogar die Uraufführung eines Schaupiels, um den Mut nicht zu verlieren und die Hoffnung nicht aufzugeben.

Dann zieht ein kleines, deutsch beschriftetes Papier unsere Aufmerksamkeit auf sich; es ist ein Befehl an die Blockadetruppen: "....es besteht kein Interesse am Weiterbestehen der Siedlung Leningrad, eine eventuelle Kapitulation ist nicht entgegenzunehmen ..." Diese wunderschöne Stadt, von hervorragenden Architekten und Baumeistern aus ganz Europa geplant und mit viel Mühe in einer sumpfigen Landschaft erbaut – "die Siedlung Leningrad"?

Pskov, wohin wir einen Ausflug von Leningrad aus machen, ist eine kleinere Stadt mit vielen alten wertvollen Kirchen und Klöstern. Fast drei Jahre lang war es von der deutschen Wehrmacht besetzt. Als die deutschen Soldaten sich nicht mehr halten konnten und die Stadt verlassen mußten, kündigten sie an, daß Pskov dem Erdboden gleich gemacht würde und nie mehr aufgebaut werden könne. Aber sie legten die Stadt nicht etwa in Schutt und Asche, sondern verminten sie. Alle öffentlichen Gebäude, Schulen, Kindergärten, Krankenhäuser, die wertvollen Kirchen aus dem Mittelalter, den Kreml – alles haben sie vermint und dann die Stadt verlassen. Das bedeutete: Äußerlich war fast nichts zu sehen, aber bei Berührung explodierten die Minen, töteten die Menschen und zerstörten die Gebäude. Keiner von uns hatte jemals von Aktionen dieser Art gehört.

Auf der großen Gedenktafel des Piskarjevfriedhofs (für die Opfer der Blockade in Leningrad) sind die Worte zu lesen: "Nichts und niemand ist vergessen". Ein ungeheurer Anspruch – angesichts der 500 000 Toten, die hier in riesigen Massengräbern ohne ein einziges individuelles Kennzeichen begraben sind. Ein Anspruch aber auch, der mir Angst macht.

Nichts von den Schrecken der Belagerungszeit zu vergessen – geht das überhaupt ohne Haßgefühle? Keinen Toten, kein Opfer der Blockade zu vergessen – ist das möglich ohne Rachegedanken? Erstaunlicherweise begegne ich keinem Haß. Vielleicht deshalb, weil immer differenziert wird: Es waren "die deutschen Faschisten" oder nur "die Faschisten", die die Sowjetunion erobern und die Städte zerstören wollten; nie ist die Rede von "den Deutschen", wenn es um die Kriegszeit geht. So scheint es möglich zu sein, mit "den Deutschen" von heute freundschaftlich umzugehen, ohne die Taten der "deutschen Faschisten" von damals zu vergessen. Und so führt die wache Erinnerung an die Kriegsjahre nicht zum Haß, sondern zu der Forderung: Nie wieder Krieg!

"Nichts und niemand ist vergessen..." Ein Satz, der uns auch ärgert. Denn wir möchten doch am liebsten vergessen. Hat denn die Blockade oder die Verminung von Pskov, haben all' die anderen Untaten, von denen wir höchstens etwas ahnen, überhaupt etwas mit uns zu tun? Nur weil es Deutsche waren, die es geplant und durchgeführt haben? Aber doch: Deutsche, wie wir. Deswegen fühle ich mich angesprochen; denn ich kann nicht einfach aus unserer Geschichte herausspringen und so tun, als hätte ich damit nichts zu schaffen. Ich komme als Deutsche in die Sowjetunion und muß zunächst einmal akzeptieren, daß man dort nicht vergessen will. Ich frage mich, ob dies nicht auch eine Aufgabe für uns, besonders für meine Generation ist: Fragen zu stellen, Erinnerungen festzuhalten, nichts in Vergessenheit geraten zu lassen. Vielleicht gibt es dann einmal eine Situation, in der wir in der Lage sind, auch mit Menschen in der Sowjetunion offen über unsere – immerhin gemeinsame – Geschichte zu sprechen, wo wir nicht nur einen freundlichen Umgang miteinander pflegen, sondern uns wirklich verstehen lernen und zu echter Versöhnung kommen.

Quelle: ebenda, S. 85 – 88

Wolgograd – eine "Heldenstadt"

Während der Stadtrundfahrt wird uns das immer wieder bewußt. Beim Besteigen des Manajev-Gedenkhügels, im Panoramamuseum erzählt man uns von "heldenhaften Kämpfen, die hier zur Zeit der Schlacht um Stalingrad stattgefunden haben. Immer wieder werden einzelne Heldentaten geschildert, die vollbracht wurden. Im "Museum der Stalingrader Schlacht" werden uns die Komsomolausweise, Uniformstücke und

Für 12 – 16 Jährige / Sekundarstufe 1 / Konfirmandenunterricht

Photos der Menschen gezeigt, die während der Kämpfe als "Helden" gefallen sind. In mir lösen diese Erzählungen Abwehr aus. Ich will keinen Krieg, ich will auch keine Helden. Ich denke an die Jungen, die zu Soldaten und schließlich zu Helden wurden, obwohl sie sicherlich lieber gelebt hätten. Die meisten starben jünger, als ich es jetzt bin. Das ist ein grausames, schreckliches Schicksal.

Leid, Bedauern, das sind meine Gefühle. Und irgendetwas Undefinierbares, Ärger, Wut? Ich will keinen Krieg! Deshalb bin ich hier, deshalb versuche ich Menschen aus der Sowjetunion kennenzulernen, möchte Feindbilder abbauen. Ich wehre mich bei uns gegen "Heldenverehrung", stehe oft fassungslos vor "Heldengedenkstätten" und kann auch in Wolgograd die Aufzählung der "Heldentaten" nur schwer ertragen. In einem neuen Krieg könnten auch Helden nichts mehr entscheiden! Ich versuche zu verstehen, daß die Erinnerung an die Verstorbenen als "heldenhafte Kämpfer" vielleicht eine Möglichkeit ist, diesen Krieg, dieses Leiden zu bewältigen. Die trauernden Hinterbliebenen in der Sowjetunion konnten sich zumindest sagen, daß der Kampf ihrer Angehörigen das ganze Land – und halb Europa dazu – vom Faschismus befreit hat. Denn sie mußten sich nicht, wie die Hinterbliebenen bei uns, mit der Frage nach dem eigenen Beitrag, der eigenen Schuld auseinandersetzen. Aber ob der Gedanke an einen "heldenhaften" Tod wirklich trösten kann?

Zwei Monate später fällt mir auf, daß unsere "Heldendenkmäler" anonym sind. Ich kenne keinen Mischa ..., der im Sterben die beiden Enden der gerissenen Telephonverbindung zusammenhält; auch den Bomberpilot, der seine angeschossene Maschine noch als Waffe benutzt, indem er sie gezielt in die gegnerischen Stellungen abstürzen läßt, kenne ich bei uns nicht. Was hat dieser Unterschied zu bedeuten? Ich bin gespannt auf weitere Diskussionen mit Wolgogradern und anderen Menschen und hoffe, daß mir die Sache mit den Helden dann klarer wird.

Quelle: Reise nach Wolgograd 1989 – Herausgeber Evgl. Jugendpfarramt, Köln 1989, S. 50 – 52

II. Haben wir daraus gelernt?

Baustein 9

Von der Aggressionshaltung zur Vertrauensbildung

Vorüberlegung

Wird der Angriff auf die Sowjetunion nur als ein einmaliges und rein historisches Ereignis verstanden, so kann auf einfache Weise die Auseinandersetzung mit den zugrundeliegenden Elementen der Aggression verdrängt werden. Damit aber wird leichtfertig die Chance verspielt, aus der tiefergehenden Wahrnehmung dieser Katastrophe der Vergangenheit positives Verhalten in der Gegenwart zu ermöglichen. Stattdessen sind Wiederholungshandlungen zu erwarten, die in ihrer ursächlichen Verknüpfung nicht erkannt werden.

Es soll deshalb angeregt werden, ausgehend von wichtigen Grundstrukturen der Aggressionshandlung des Jahres 1941 Parallelen aufzuzeigen zu Vorgängen der Gegenwart. Die Einsicht in derartige Zusammenhänge ist eine wesentliche Voraussetzung für angestrebte Verhaltensänderungen. Ansätze für bereits jetzt erkennbare Prozesse solcher Änderungen müßten dann in besonderer Weise herausgestellt werden.

Zur Umsetzung

An Grundelementen deutscher Aggressionshandlungen während der NS-Zeit sollten benannt werden:

Minderwertgefühle, empfundener Mangel an Anerkennung mit der Folge überbetonter Eigenständigkeit, Zukunftsängste aus der Empfindung des Mangels an Land und Rohstoffen sowie der äußeren Bedrohung mit der Folge der Angriffsbereitschaft, Allmachtsbedürfnisse mit der Folge maßloser Rüstung und totalitärer Gleichschaltung, Absolutheitsanspruch mit der Folge einfachen Entweder-Oder-Denkens, Nutzung vorhandener Feindbild-Elemente zur Gestaltung konkreter Feindbilder mit der Folge der Vernichtung der Feinde.

Zur Veranschaulichung wird es notwendig sein, Beispiele zu den einzelnen Punkten aus dem individuellen Erfahrungsbereich der Jugendlichen aufzuzeigen. Davon ausgehend kann erreicht werden, daß die Denk- und Argumentationsweise vieler Deutscher während der NS-Zeit nachvollziehbar und nicht einfach als monströs abgetan wird. Entsprechend ist dann an aktuellen Beispielen zu entwickeln, wie aus vergleichbaren Grundelementen in ähnlichen Prozessen heute Aggressionsverhalten vorbereitet wird, ohne daß die Machbarkeit eben dieses Verhaltens unmittelbar erkannt werden kann.
Alternativ dazu sind Beispiele für die Überwindung solcher Prozesse zu benennen bzw. entsprechende Modelle zu entwickeln, die an die Stelle der Ausgrenzung und Vernichtung die Integration und Verständigung setzen.

Die Kontinuität aggressiven Denkens

Parallelen aufzeigen am Beispiel gängiger Parolen

Vor 50 Jahren hieß es:
"*Volk ohne Raum*"

Heute heißt es:
"*Deutschland ist kein Einwanderungsland*"

Oder damals:
"*Lebensraum im Osten*"

Heute: "*Rohstoffbasen und Versorgungswege sichern*"

Hinweise für das Unterrichtsgespräch:

Welche Ängste liegen derartigen Parolen zu Grunde?

Welche individuellen Ängste vergleichbarer Art sind den Schülern vertraut?

Welche Wege zur Überwindung solcher Ängste gibt es?

Parallelen in der Bereitschaft, die Aggressionen zu denken und vorzubereiten:

Vor 50 Jahren erschien diese Annonce der Firma Steyr:

Quelle: Illustrierte Zeitung, Weihnachten 1941

Für 12 – 16 Jährige / Sekundarstufe 1 / Konfirmandenunterricht

In der Bundesrepublik erschien 1986 diese Annonce der Firma Boysen:

Quelle: *Automobiltechnische Zeitschrift* 4/86

Hinweise für das Unterrichtsgespräch:

Welches Bild von den Nachbarstaaten/-menschen liegt zugrunde?

Mit welchen Ängsten leben Menschen, für die eine "vorderste Front" so wichtig ist?

Wie können Wege der Vertrauensbildung im individuellen und staatlichen Bereich aussehen?

Parallelen bei der Verteufelung Fremder und Andersdenkender

Vor 50 Jahren waren die Juden "Kinder des Teufels"

Von sowjetischen Menschen hieß es bis in die jüngste Zeit

"Die Sowjets sind der Kern alles Bösen"
(R. Reagan 1983)

"Die Sowjetunion ist nicht nur unser Feind, sondern der Feind der gesamten Menschheit
(Eagleburger 1983)

Hinweise für das Unterrichtsgespräch:

Welche Eigenschaften eines Menschen werden als negativ angesehen und dann zum Feindbild zusammengesetzt?

Welche Ängste führen zur negativen Bewertung?

Wie kann der "Feind" zum "Nachbarn" werden?

Otto Frederick
Gerda Koch
Klaus Kohl
Werner Völker

Quelle: Lieber Stürmer. Seewaldverlag, 1978

Gegen das Vergessen – für eine gemeinsame Zukunft

Besatzungsalltag in der Sowjetunion 1941 – 1945

Vorbemerkungen

Im Jahr 1990 Unterrichtsmaterialien zum Thema "Besatzungsalltag in der Sowjetunion" zusammenzustellen, zwingt zu der Überlegung, mit welcher Schwerpunktsetzung dies für heutige Schüler und Schülerinnen der Sekundarstufen I und II zu geschehen hat.

Im Mittelpunkt soll zum einen die Behandlung des Vernichtungskrieges gegen die Sowjetunion und zum anderen die Berücksichtigung der Verleugnung der Grausamkeiten gegen das sowjetische Volk stehen. Hitler und seine Gefolgsleute haben keinen Zweifel am Charakter dieses Krieges aufkommen lassen. "Wenn wir es nicht so auffassen (daß der Krieg als Vernichtungskrieg geführt wird, Anm. d. V.), dann werden wir den Feind zwar schlagen, aber in dreißig Jahren wird uns wieder ein kommunistischer Feind gegenüberstehen ... Kommissare und GPU-Leute sind Verbrecher und müssen als solche behandelt werden. Der Kampf wird sehr unterschieden sein vom Kampf im Westen. Im Osten ist Härte mild für die Zukunft."*

(Hillgruber, Der Zweite Weltkrieg, S. 66)

Die Aufarbeitung des Besatzungsalltags sollte dabei eine Teileinheit der Behandlung des Nationalsozialismus gemäß der curricularen Vorgaben sein, da eine isolierte Darstellung zu Verzerrungen und Fehleinschätzungen des Völkermordes und der Menschenrechtsverletzungen führen könnte.

Die Bedeutung des Themas für den Unterricht ergibt sich dabei auch aus der Tatsache, daß bis heute eine große Verdrängungsanstrengung unternommen wird, um sich der Verantwortung nicht stellen zu müssen. Nicht zuletzt der Historikerstreit um die Nolte-Thesen beweist dies. Ralph Giordano schreibt: "Jede zweite Schuld setzt eine erste voraus – hier: die Schuld der Deutschen unter Hitler. Die zweite Schuld: Die Verdrängung und Verleugnung der ersten nach 1945. Sie hat die politische Kultur der Bundesrepublik Deutschland bis auf den heutigen Tag wesentlich mitgeprägt, eine Hypothek, an der noch lange zu tragen sein wird. Denn es handelt sich nicht um einen bloß rhetorischen Prozeß, nicht um einen Anlauf im stillen Kämmerlein.

Die zweite Schuld hat sich vielmehr tief eingefressen in den Gesellschaftskörper der zweiten deutschen Demokratie. Kern ist das, was in diesem Buch der "große Frieden mit den Tätern" genannt wird ... Das zweite Codewort, gleichsam der rote Faden von der ersten bis zur letzten Seite, ist der "Verlust der humanen Orientierung", ein tief aus der Geschichte des Deutschen Reiches bis hinein in unsere Gegenwart wirkendes Defizit."*

Ralph Giordano, Die zweite Schuld oder von der Last Deutscher zu sein, Hamburg 1987, S.11f.

Deutsche Soldaten erobern "neuen Lebensraum im Osten"
Quelle: Praxis Geschichte 5/1990

Den Schülern und Schülerinnen diesen Zusammenhang zu verdeutlichen, bedeutet auch, ihnen den hohen Wert begreiflich zu machen, den der Schutz der Menschenrechte in unserem demokratischen Staat darstellt.

Für Lehrerinnen und Lehrer ist es dabei wichtig, sich klar zu machen, daß Schülerinnen und Schüler die Geschichte des Nationalsozialismus zunehmend als "vergangene Epoche" begreifen, die sich in ihren Aneignungsformen von anderen historischen Epochen für sie häufig nur dadurch unterscheidet, daß die Schule und die Öffentlichkeit ihnen besondere Rezeptionsweisen (Empörung, Betroffenheit, moralisierende Urteilsbildung) abverlangen.

Frei von den Erfahrungen und Erlebnissen des faschistischen Staates und des Krieges, frei auch von den Entbehrungserlebnissen der Nachkriegszeit ist ihre soziale Realität von den Rahmenbedingungen der Demokratie in der Bundesrepublik Deutschland gekennzeichnet, die gegenwärtig neue Herausforderungen für den Staat und seine Bürger bereithält.

Es kann daher nicht ausreichen, den Schülerinnen und Schülern Zahlen und Daten über das Leiden zu überlassen, das Deutsche im Auftrag ihres Staates über die sowjetischen Menschen gebracht haben. Es soll darum gehen, Qualifikationen mithilfe ausgewählten Quellenmaterials zu vermitteln, die Schülerinnen und Schüler befähigen sollen, nicht isolierte Fakten wiederzugeben, sondern sie befähigen, aus der Aneignung des Vergangenen zu lernen, um selbst erkennen und beurteilen zu können, was für die Gegenwart und Zukunft bedeutsam ist. Ein Weg der Aneignung dieses Kapitels der deutschen Geschichte kann n.u.M. über das Kennenlernen des Besatzungsalltags der sowjetischen Menschen zu einer Erkenntnis der besonderen Bedeutung der Menschenrechte im Grundgesetz der Bundesrepublik Deutschland und im besten Falle zu einem Aufbrechen heutiger antikommunistischer Vorurteilsstrukturen führen.

Die Konsequenz dieser Überlegungen führt zu einer Dreiteilung der hier vorgestellten Unterrichtsmaterialien bzw. Unterrichtshilfen:

I. Das europäische Haus – Mißtrauen für die Bewohner? Vorschläge für Einstiegsstunden

II. Der Fall Barbarossa – Der Rasse- und Vernichtungskrieg gegen die Sowjetunion

III. Erinnern – Ein Weg für die Verständigung mit dem sowjetischen Nachbarn und eine Voraussetzung für eine gemeinsame Zukunft in Europa

Es ist nicht unser Plan, eine in sich geschlossene Unterrichtsreihe zu präsentieren, da Starrheit den zu erreichenden Lernzielen im Wege stünde. Wir beabsichtigen vielmehr, schulformübergreifende Unterrichtsbausteine zu erstellen, die Fachkollegen und Fachkolleginnen, aber auch fachfremd Unterrichtenden Anregungen und Hilfen für ihre eigene Planung geben können.

Wir wollen auch keine exakte Trennung für die SEK I und II vornehmen, obwohl wir in Einzelfällen die Anmerkung machen: "Eher geeignet für die SEK I bzw. die SEK II". Die Entscheidung für oder gegen einen Unterrichtsbaustein oder eine Quelle kann nur von den Lehrerinnen und Lehrern bei der Konkretisierung ihrer Unterrichtsvorhaben getroffen werden. Das entsprechende Maß an sachstrukturellem Entwicklungsstand der Schülerinnen und Schüler kann nur in Kenntnis der Schülergruppe ermittelt werden. (Prinzip der optimalen Passung). Hierher gehört auch die Festlegung, ob eine Quelle zur Illustration der Lehrererzählung verwendet wird oder ob sie als Materialangebot zu selbständigen Erarbeitungsformen zur Verfügung gestellt wird.

I. Das Europäische Haus – Mißtrauen zwischen den Bewohnern?

Baustein 10

Das europäische Haus – Mißtrauen zwischen den Bewohnern?
Dargestellt am Beispiel der Sowjetrussen und der Deutschen

Einstieg

Impuls:

Was bedeutet die Metapher vom "Europäischen Haus"?

Problem:

"Das Europäische Haus" –
Hypotheken, Hausordnung und Handlungsspielraum in einer gefährdeten Welt

Erarbeitung

Untersuchung zweier Kommentare von M. Gorbatschow, Sowjetischer Staats- und Parteichef (Kommentar **A**, siehe unten)
und Pjotr Fedosssow, sowjetischer Wissenschaftler (Kommentar **B**, siehe unten)

Arbeitsauftrag

Gruppe 1:
Arbeitet heraus, welche Auffassungen Dr. Pjotr Fedossow und Michael Gorbatschow über Hausordnung und Handlungsspielräume im "Europäischen Haus" vertreten.

(eventuell: arbeitsteilige Gruppenarbeit)

Auswerten der Arbeitsergebnisse

Vertiefung

Untersuchung eines Kommentars von Lutz Lehmann, ehemaliger ARD-Korrespondent in Moskau (Kommentar **C**, siehe unten)

Arbeitsauftrag

Überlegt, wie sich das Schweigen über die deutschen Kriegsverbrechen in der SU auf ein vertrauensvolles Zusammenleben im "Europäischen Haus" auswirken kann.

A

Michael Gorbatschow, sowjetischer Staats- und Parteichef:

Ich gehe davon aus, daß die Deutschen die Lehren aus der Geschichte gezogen haben. Und der Nachkriegsprozeß hat gezeigt, daß wir davon ausgehen, daß solche Entwicklungen wie früher nicht mehr von diesem Boden, von diesem Land ausgehen werden.(...)
Und vergessen wir nicht, in welcher Zeit wir leben. Wenn die Zeit eine andere wäre, wären wir nicht zu diesen Vereinbarungen gekommen, hätten wir uns nicht auf diese Vereinbarungen einlassen können.
Da sind einmal die Entwicklungen in Deutschland selber, dann die Verhandlungen in Wien bei dem Truppenabbau in Ost und West. Wir werden die Gesamtheit der Militärbündnisse reduzieren müssen. Die Zahl der Truppen wird im vereinten Deutschland fast auf die Hälfte dessen reduziert, was dort voher war. Das ist ein entscheidender Faktor. Und es wird sich der Charakter der NATO verändern und die Beziehungen zwischen unseren beiden Blöcken.
...Man wird aufeinander zugehen müssen, man wird Kontakte aufnehmen müssen, man wird gemeinsame Institute und Institutionen gründen müssen und eine zukünftige gemeinsame europäische Sicherheitsstruktur schaffen. Wir sprechen mit unseren Partnern aus der Bundesrepublik darüber mit einem sehr hohen Verantwortungsbewußtsein. Das sowjetische Volk hat ein hohes Interesse, diesen Prozeß sehr aufmerksam zu verfolgen. Und dies ist auch der Beweis dafür, auf welch hohem Niveau unsere Gespräche stattfinden, sich unsere Beziehungen befinden. Und ein solcher Umschwung in den Beziehungen unserer beiden Länder würde nicht nur für unsere beiden Länder, sondern für ganz Europa ganz entscheidend sein. Es würde eine Situation entstehen, die die bisher widerstreitenden Interessen in Ost und West integrieren würde.

Quelle: BPA - Nachrichtenabteilung, Ref II A t
Rundfunk –Ausw. Deutschland, Sondersendung Kohl – Gorbatschow vom 17.Juli 1990

B

Dr. Pjotr Fedossow (Wissenschaftler):

Warum aber beschäftigen wir uns heute so intensiv mit der Problematik der mißtrauischen Nachbarn? Dafür gibt es ethische und objektive Gründe. Ob wir in dem gemeinsamen Haus der Welt, ob wir in dem gemeinsamen Haus Europa überleben, hängt im großen Maße davon ab, wieweit es uns gelingen wird, das gegenseitige Mißtrauen abzubauen. Unser gemeinsames Überleben ist vielen Gefährdungen ausgesetzt: Neben drohende Kriegsgefahr treten ökologische Probleme, tritt die Zuspitzung des Nord-Süd-Konfliktes. Energiefragen können nur gemeinsam gelöst werden, drohende Seuchen wie Aids müssen wir gemeinsam bekämpfen. Das Überleben erfordert Zusammenarbeit. Die Zusammenarbeit erfordert Vertrauen. Darum gilt es, Mißtrauen und Feindbilder abzubauen. So sind die umfassenden Friedensbewegungen, der Ansatz eines neuen politischen Denkens, das Engagement für Versöhnung zwischen Ost und West Kettenglieder einer weltweiten Selbsterhaltungsreaktion der Menschheit auf die neuen Herausforderungen.

Quelle: Mißtrauische Nachbarn, Begegnungen 6/87, hrsg. von der Evangelischen Akademie Mülheim/Ruhr 1987, S. 92

C

Lutz Lehmann:

Über unser Unrecht wird zuviel geschwiegen. Ich habe mich in meinen Berichten immer wieder bemüht, auf die Erinnerungsstätten des Schreckens in der UdSSR hinzuweisen. Ich glaube, uns ist noch längst nicht genügend bewußt, was im letzten Weltkrieg Schreckliches geschehen ist. Die Armeen Hitlers sind nicht in die UdSSR einmarschiert, wie es in einem "gewöhnlichen" Krieg der Fall ist. Unsere Truppen standen den sowjetischen Soldaten und den sowjetischen Menschen nicht wie einem Feind gegenüber, mit dem man sich kriegerisch auseinandersetzt, wie es z.B. im Feldzug Napoleons der Fall war oder auch im Krieg 1914/18. Vielmehr war den Soldaten immer wieder eingehämmert worden: Ihr kämpft nicht gegen Menschen, sondern gegen Untermenschen. Untermenschen aber sind alle, Soldaten und zivile Personen. Solche Gebrandmarkten konnten geschunden werden, wie es einem gerade paßte. Deshalb genügt es nicht, wenn man punktuell solche Orte wie Chatyn bei uns darstellt. Es ist schlimm, daß es diese Gedenkstätten geben muß, aber wissen müssen wir es, einsehen müssen wir es, daß es für die sowjetischen Menschen in jenem Krieg um Sein oder Nichtsein, um Tod oder Leben ging. Und zu überleben war zuweilen schlimmer als der Tod. So war das für alle und überall in der Sowjetunion im letzten Krieg.

Quelle: Mißtrauische Nachbartn Begegnungen 6/87 herausgegeben von der Evangelischen Akademie Mülheim/Ruhr S. 136

Nach der Bekanntgabe des Themas der Sequenz erhalten die Schülerinnen und Schüler Gelegenheit,

a) ihre Voreinstellungen zum Thema kurz und knapp zu formulieren und auf die ausgeteilten DIN A 4 Blätter zu schreiben und

b) skizzenhaft aufzuführen, welche Fragestellungen sie im Zusammenhang mit dem Thema als besonders wichtig ansehen.

Wenn alle ihre Blätter ausgefüllt haben, werden die Papiere an einer großen Wandtafel angeklebt.

Aus der gemeinsamen Besprechung und Auswertung der Blätter können die Lehrerinnen und Lehrer mit der Schülergruppe ein Konzept für die Unterrichtsstunde entwickeln.

Dieses Verfahren bietet sich vor allem bei Gruppen an,

– die an selbstständiges Arbeiten gewöhnt sind,

– die genügend sachliches Vorwissen haben, um zu sinnvollen Fragestellungen zu gelangen,

– denen es Spaß macht, an der Planung von Unterrichtsvorhaben direkt beteiligt zu werden.

Baustein 11

"Blitzlicht"

Alternative zur ersten Stunde

Will man keine Texte in der Einstiegsrunde einsetzen und dafür dem Gespräch einen breiteren Raum gewähren, so läßt sich diese Stunde auch in Form eines "Blitzlichtes" gestalten. Die Materialien, die man dafür benötigt, sind DIN A 4 Blätter, dick schreibende Stifte und Klebeband.

Für Sekundarstufe 1 und 2

Baustein 12

Mißtrauische Nachbarn

Einstieg: Präsentation einer Karikatur

aus: Mißtrauische Nachbarn, Begegnungen 6/87, hrsg. von der Evangelischen Akademie Mülheim/Ruhr 1987, Umschlagseite

Problem:

Welche Gründe und Ursachen gibt es für das Mißtrauen der sowjetischen Menschen gegenüber den Deutschen?

Erarbeitung:

Untersuchung des Kommentars von Klaus von Bismarck (Offizier im Zweiten Weltkrieg/ehemaliger Intendant des WDR) (Kommentar siehe unten)

Arbeitsauftrag:

Welches häufig anzutreffende deutsche Bewußtsein drückt Klaus von Bismarck aus?

Bewertung:

Welche Ängste und Unsicherheiten können bei sowjetischen Menschen heute ausgelöst werden, wenn sie von der massenhaften Verleugnung des Unrechts erfahren?

Klaus von Bismarck, "Chatyn*-Schock"

Was bewirkte darüber hinaus der starke "Chatyn-Schock" für mich als Zeitzeugen, als Soldaten, der vier Jahre selbst in der Sowjetunion eingesetzt war?
Ich war bis dahin der Meinung, daß fast alle mir bekannten Verbrechen gegen die Menschlichkeit, die im Hinterlande an der Zivilbevölkerung bzw. im Umgang mit den russischen Kriegsgefangenen in deutschem Namen begangen worden waren (wie ich nach und nach hörte), der SS oder ihren Hilfstruppen zur Last zu legen seien. Ich bestritt also auch noch in Chatyn gegenüber der russischen "Führung" durch die Gedenkstätte, daß Wehrmachtstruppenteile in solchem Ausmaß beteiligt waren.
Nachfragen nach meiner Rückkehr aus Minsk beim Militärgeschichtlichen Forschungsamt in Freiburg und andernorts bestätigten mir leider die Korrektheit der meisten russischen Angaben in Chatyn und darüber hinaus, daß eben doch Wehrmachtseinheiten (z.B. auch in Form von Kommissar-Erschießungen) an solchen Verbrechen gegen die Menschlichkeit in vielen Fällen erheblich beteiligt waren.
Lebten wir in unserem traditionell bestimmten Truppenteil – mit einem naiven Glauben an eine vermeintlich noch gültige traditionelle soldatische Ethik – seinerzeit auf dem Mond? Hatten wir verdrängt, daß eine solche Ethik längst nicht mehr in vielen Wehrmachtstruppenteilen galt? So denke ich heute.
Die Erfahrung Minsk stieß mich auch im Gespräch mit heute noch lebenden Wehrmachtsoffizieren, die – bis heute ohne jede Gewissensbelastung – bei den Aktionen um Minsk mitwirkten, brutal darauf, wie es sich ausgewirkt hatte, daß es in dem immer härteren und von uns aus immer aussichtsloseren Kampf für viele Soldaten beiderseits im Kampf um Leben und Tod nicht mehr möglich war, in dem bedrohlichen Gegner noch den Menschen zu erkennen.

Ich weiß heute, daß sich jedenfalls einige deutsche Offiziere bei der Vernichtung dieser Dörfer um Minsk bis heute völlig im Recht glauben, wenn sie dieses Ungeziefer ausrotten. Denn es seien ja keine Soldaten gewesen, sondern "Heckenschützen" (eine nach meiner Erinnerung von Goebbels erfundene Formulierung aus dem Frankreich- Feldzug?), die die deutschen Truppen "heimtückisch von hinten wie böse Raubtiere" anfielen. Zivilisten, die die russischen Partisanen (natürlich auch viele ihrer Angehörigen) in den Wäldern unterstützten, hätten in dieser Sicht überhaupt keinen Pardon, keine Menschlichkeit mehr verdient. Ich finde solche Äußerungen in der Gegenwart nicht nur erschreckend, weil sich bei einigen deutschen Soldaten, Offizieren des Zweiten Weltkrieges, eine nationalsozialistisch-infizierte Ideologie noch mumienhaft erhalten hat; sondern ich erschrak auch, weil mir bei Gesprächen mit solchen Offizieren bewußt wurde, wie lange ich selbst nach dem Kriege mit meinen traditionellen Kriterien des Soldatenethos noch auf einer Soldaten-Offiziersinsel gelebt hatte. Ich hatte es bis dahin nicht für möglich gehalten, daß solche Mentalität von ehemaligen Kriegsteilnehmern so selbstbewußt unter uns lebte. Ich weiß, daß in den USA Angehörige von US-Soldateneinheiten aus dem Vietnamkrieg bis heute ebenso wie meine deutschen Gesprächspartner über Kriegsgegner als "Ungeziefer" denken. Bewirken Krieg, Propaganda und letztlich die Angst vor einem gefährlichen Gegner eine solche Verrohung und Abtötung menschlicher Gefühle? Oder war das schon vorher im sozialen Milieu dieser scharf dressierten Söldner angelegt?

Quelle: Klaus von Bismarck, Offiziere der deutschen Wehrmacht in der Sowjetunion 1941 - 1945. In: Frieden mit der Sowjetunion - Eine unerledigte Aufgabe, Gütersloh 1989, S. 326

* Chatyn: Gedenkstätte in der Nähe von Minsk. Ort, in dem alle Bewohner des Dorfes, Kinder, Frauen und Männer, als Vergeltung für Partisanenangriffe in einer Scheune zusammengetrieben wurden. Wehrmachtseinheiten verbrannten die Scheune. Wer zu fliehen versuchte, wurde erschossen. So hat man 186 Dörfer mit ihren Einwohnern allein in Weißrußland verbrannt.

II. Der Fall Barbarossa – der Rasse- und Vernichtungskrieg gegen die Sowjetunion

Der Krieg gegen die Sowjetunion

<u>Ziel-Weg und Quellenangabe durch die Unterrichtenden</u>

<u>Kurzinformation über Daten und Kriegsziele:</u>

Am 22. Juni 1941 überfiel die deutsche Armee ohne Kriegserklärung die Sowjetunion. Die deutsche Propaganda versuchte, den Überfall als Präventivkrieg zu rechtfertigen. Es gab jedoch keine Anzeichen für Kriegsabsichten der Sowjetunion. Stalin hatte bis zuletzt gehofft, dem Krieg zu diesem Zeitpunkt ausweichen zu können. Nur 2,5 Millionen Soldaten der Roten Armee standen an der Westfront gegen das Reich, während 2,2 Millionen im Kaukasus und im Fernen Osten gegen Großbritannien und Japan als mögliche Kriegsgegner zusammengezogen worden waren. Bei der Frage nach den Gründen für den Überfall müssen strategische Nah- und Fernziele und weltanschauliche, rassenbiologische Endziele unterschieden werden:
– Nachdem es nicht gelungen war, Großbritannien zu besiegen, hoffte Hitler, nach einem Sieg über die Sowjetunion England den Frieden diktieren zu können. Gegenüber Großbritannien stilisierte Hitler sich zum Vorkämpfer der europäischen Kultur gegen den asiatischen Bolschewismus.
– Für den Westkrieg, der sich nach Hitlers Rechnung in ein bis zwei Jahren durch den Kriegseintritt der USA auszuweiten drohte, wollte Hitler den Rücken im Osten frei haben.
– Der Überfall auf die Sowjetunion war Teil der Weltkriegsstrategie, die schon in "Mein Kampf" zu finden ist.
– Hitler sah in dem "Ost-Krieg" seinen "wahren, neuartigen Krieg" gegen das "jüdisch-bolschewistische Untermenschentum". Die anfänglich zustimmende Erwartungshaltung von Teilen der Zivilbevölkerung schlug um, als unübersehbar wurde, daß der Krieg gegen die SU als ein Vernichtungskrieg geführt wurde.
Die Sowjetunion hat 1941 unter schweren Verlusten, auf sich allein gestellt und aus eigener Kraft im "Großen Vaterländischen Krieg" die deutsche Offensive zurückgeschlagen.

Der Russe muß sterben, damit wir leben
Quelle: Staatliches Archiv für Fotodokumentation, Moskau

1. Besatzungsalltag – Leben im eigenen Land

Baustein 13

Als Kind im belagerten Leningrad

Einstieg

Präsentation eines Auszuges aus dem Jugendbuch "Oleg oder Die belagerte Stadt" (Vielleicht eher geeignet für die SEK I)
(Text **A**, siehe unten)

Erarbeitung

Untersuchung des Auszugs

Arbeitsaufträge

1. Was erfahren wir in den Anfangsseiten über das Leben der Menschen im belagerten Leningrad?

2. Untersuche Olegs Traum! Warum träumt Oleg immer denselben Traum?

Bewertung

Versuche Olegs Fragen zu beantworten!

Ergänzung/Vertiefung

(Vielleicht eher geeignet für die SEK II)
Analysiere das Gedicht von Anna Achmatowa!
(Text **E**, siehe unten)

Alternativen für Ihre Unterrichtsplanung können Sie den didaktischen Kommentaren entnehmen, die unten beigefügt sind.
(Text **B**, siehe unten)

Hierzu gehört auch ein Überblick zum Buch, *Oleg oder Die belagerte Stadt*.
(Text **C**, siehe unten)

Weitere Informationen über die Belagerung Leningrads haben wir hinzugefügt.
(Text **D**, siehe unten)

A

Auszug aus

"Oleg oder Die belagerte Stadt"
von Jaap ter Haar*

Oleg Turjenkow schlief. In der Ferne war das Donnern der deutschen Geschütze zu hören. Sprengbomben, Brandbomben und Granaten fielen auf die sterbende Stadt Leningrad, die nicht bereit war, den Kampf aufzugeben. Es war Dezember 1942.
Oleg Turjenkow schlief und träumte. Es war fast immer derselbe Traum ...
Dutzende von Lastern bewegten sich, im Zickzack fahrend, über den zugefrorenen Ladogasee. Wie eine weiße Hölle voller Gefahren und Unsicherheiten erstreckte sich vor ihnen die beschneite Eisfläche. Wo lagen die schwachen Stellen? Wo die Waken, die Löcher im Eis? Der Tod fuhr mit. Er hockte auf jedem der Laster, die mit Lebensmitteln auf dem Weg in das belagerte, ausgehungerte Leningrad waren.
Rutschende Räder ... berstendes Eis ... aufspritzendes Wasser! Links versank Solymski mit seinem Beifahrer in der Tiefe: Einen Augenblick schwankte der Laster, während das Eis unter den Rädern brach. Dann tauchte die Nase zwischen den Schollen unter. Langsam, quälend langsam verschwand eine kostbare Ladung Lebensmittel im eisigen Wasser. Und Solymski und sein Beifahrer in der kleinen versinkenden Kabine sahen sich untergehen. Ein Wassertier mit scheußlichem Kopf und vorquellenden Augen – so tauchte der Laster noch einmal aus der dunklen Tiefe auf. Mit gewaltigen Flossen zerschlug er das Eis. Die Windschutzscheibe barst ...
Der Konvoi fuhr weiter. Niemand durfte anhalten, um Hilfe zu leisten. So lautete der Befehl.
Und in der Ferne der Donner der deutschen Geschütze. Aus der dunklen Frostnacht schob sich das erste Morgengrauen am Horizont hoch.

Im Traum saß Oleg neben seinem Vater in der Kabine. "Nach links!" murmelte er im Schlaf. "Vater, nach links! Nach links!" Er wollte die Worte hinausschreien, aber seine Kehle war zugeschnürt.
Im Traum sah er das ruhige und vertraute Gesicht seines Vaters wie in einem Film vor sich. Sein Vater schaute durch die zugefrorene Windschutzscheibe auf das Eis, auf die Spuren, die die Wagen vor ihm durch den Schnee zogen. Er drehte das Lenkrad jedoch nicht nach links, sondern nach rechts.
Unter dem Eis schwamm das Wasservieh riesenhaft groß vor dem Lastwagen her. Schnee ... schwarzes Eis ... Wasser ... Dazwischen die Flossen, das große Fischmaul, die vorquellenden Augen ...
Plötzlich erklang aus einem schwarzen Loch im Himmel schauriges Geheul. Ein einsames Jagdflugzeug stürzte aus den Sternen nach unten. Die Maschinengewehre ratterten. Die Sterne barsten zwischen Eisschollen und aufspritzendem Wasser auseinander, als die ersten Granaten einschlugen. Olegs Vater umklammerte verbissen das Lenkrad und wich abermals nach rechts aus. Schräg hinter ihm kippte Iwanows Wagen um. Das Eis brach ... Neben ihm fuhr Pawlitschko mit zersplitterter Windschutzscheibe in eine Wake und verschwand mit seinem Beifahrer und allen Lebensmitteln in der Tiefe des Sees.
Der Kopf des Jungen bewegte sich im Schlaf auf dem Kopfkissen hin und her, als ob er zu all diesen Traumbildern nein sagen wollte. Er murmelte unverständliche Worte und krallte die Hände in die Bettdecke.
Wie wildgewordene Elefanten fuhren die Laster im Zickzack über das Eis, um den Kugeln, Granaten und Waken zu entgehen. Der Tod fuhr mit.
Mit rutschenden Rädern lenkte Olegs Vater seinen Wagen über die weiße Fläche. Sah er den dunklen Fleck nicht, wo der Schnee weggeweht war?
"Nach links, Vater! Nach links!"
Doch wieder wich sein Vater nach rechts aus. Die Entfernung des dunklen Flecks betrug nur noch vierzig Meter ... noch dreißig ... noch zwanzig ...
Dort war die Rille im Eis, wo der Schnee zu einem weißen Rand zusammengeweht war. Noch wenige Meter, dann ... Das Krachen im Eis übertönte das Rattern des Motors. Das Vorderrad bohrte sich in die Schneeschicht, der Wagen blieb stecken, und das Hinterrad brach ein. Dröhnend schlug die Ladefläche voll mit Kisten und Säcken auf das splitternde Eis. Dunkles Wasser färbte den Schnee. Der Motor stotterte ...

Deutscher Sonderführer und ukrainische Bäuerin
Quelle: Bundesarchiv Koblenz

Langsam, quälend langsam sank nun auch der Wagen seines Vaters zwischen den Schollen ins eisige Wasser der Ladogasees. Tiefer, immer tiefer ...
Das furchtbare Wassertier schwamm riesig groß an den Fenstern der Kabine vorbei, in der, Todesangst in den Augen, sein Vater saß ...
Schweißnaß wurde Oleg wach. Abermals hatte er von dem Konvoi geträumt, bei dem sein Vater umgekommen war. Es dauerte eine Weile, bis er sich allmählich seiner Umgebung bewußt wurde.
Was täglich im belagerten Leningrad geschah, gab Stoff zu tausend Alpträumen. Die Deutschen hielten die Stadt eingeschlossen. Durch Aushungern und Bombardieren – täglich fielen im Durchschnitt dreihundert Bomben und Granaten auf die Stadt – hofften sie, die Verteidiger zur Übergabe zu zwingen. Oleg hätte von den Tausenden von Menschen träumen können, die vor Hunger und Erschöpfung auf der Straße starben; von Soldaten, die schwer verwundet aus den Stellungen rund um die Stadt zurückkamen; von Häuserblocks, die brennend zusammenstürzten; von Frauen, die weinend zwischen den Trümmerhaufen nach ihren Kindern suchten.
Leningrad war eine sterbende Stadt. Die Wasserversorgung funktionierte nicht mehr, die Klosetts waren eingefroren. Die Menschen verrichteten ihre Bedürfnisse in der eisigen Kälte auf der Straße. Menschliche Scham war in der Gewalt des Krieges längst verlorengegangen.
Oleg hätte auch von dem alles beherrschenden Hunger träumen können; von Frauen und Kindern, die bei zwanzig Grad Kälte stundenlang Schlange standen, um einen Schlag wäßrige Suppe oder ein Stückchen Brot zu erhalten. In Hunderten von Häusern lagen die Sterbenden – und Toten – noch von niemand entdeckt. All diese grimmigen Zustände gehörten jetzt zur Wirklichkeit des täglichen Lebens. Sie waren zu einem greifbaren Teil des Krieges geworden, an den man sich schließlich gewöhnte, weil man einfach damit leben mußte.
Weit stärker als die Wirklichkeit seiner Umgebung hatten die Lebensmitteltransporte Olegs Phantasie beschäftigt – vor allem, weil sein Vater mit diesen Konvois gefahren war. Wenn der ausgedehnte Ladogasee zufror, konnten die Lastwagen mit unentbehrlichen Medikamenten, Lebensmitteln und Munition die deutschen Linien umgehen, um so die unvorstellbare Not in Leningrad wenigstens zu einem Teil zu lindern. In Gedanken hatte Oleg schon Dutzende von Malen seinen Vater begleitet. Wie mochte es den Männern in den Kabinen zumute sein, wenn die schweren Laster im Zickzack über das längst nicht überall sichere Eis dahinkrochen? Ob sie die Angst lähmte? Oder war ihr Mut stärker? Am schlimmsten war es immer zu Beginn des Winters, wenn das Eis noch nicht fest genug war, und im Frühjar, wenn es zu tauen begann und die Wagen bis über die Räder im Wasser fuhren. Dann war die Spannung wegen Vaters Rückkehr fast unerträglich gewesen. Nach einer dieser Fahrten war nahezu die Hälfte des Konvois nicht zurückgekehrt. Dennoch waren die andern am nächsten Tag aufs neue gefahren. Jeder Wagen, der das Ziel erreichte, rettete Menschenleben. Jeder Wagen, der bei den grimmigen Todesfahrten im Ladogasee versank, bedeutete den fast sicheren Tod für eine Anzahl von Männern, Frauen und Kindern in der Stadt.
Deshalb träumte Oleg von den Transporten. Daß das Wassertier unter dem Eis schwamm und sein Vater unvermeidlich auf diesen dunklen Fleck zufuhr, machte den Traum zu einem Alptraum. Jedesmal, wenn der Wagen kippte und quälend langsam in der Tiefe verschwand, wurde Oleg wach: naß vom Angstschweiß und für einen Augenblick völlig verwirrt durch diesen schrecklichen Traum. Das Furchtbare daran war jedoch, daß sich das alles wirklich so zugetragen hatte.

Zu diesem Band gibt es ein Unterrichtsmodell, enthalten in der Folge 1986 von LESEN IN DER SCHULE (Ausgabe Sekundarstufen), die zum Selbstkostenpreis über den Verlag zu beziehen ist.
Jaap ter Haar, Oleg oder Die belagerte Stadt, München 1986, S. 5 - 9

* Der Autor:
Jaap ter Haar wurde 1922 in Hilversum geboren. Nach der deutschen Besetzung Hollands im Zweiten Weltkrieg ging er nach Frankreich und schloß sich dort der Widerstandsbewegung an. Nach dem Krieg arbeitete er als Korrespondent in Schottland. Er schrieb Kurzgeschichten und Bücher und erhielt verschiedene literarische Auszeichnungen. Für das Buch "Behalt das Leben lieb" (dtv pocket 7805) wurde der Autor mit dem "Goldenen Griffel" und dem "Buxtehuder Bullen" ausgezeichnet, 1978 kam es in die Auswahlliste "Die silberne Feder".

Auch das Buch "Oleg oder Die belagerte Stadt" erhielt viele Auszeichnungen: 1983 den Katholischen Kinderbuchpreis, den vom ZDF vergebenen Preis der Leseratten, und von der JU-BU-CREW in Göttingen wurde es zum Buch des Monats gewählt.

B

Alternativen für die Unterrichtsplanung zu "Oleg oder Die belagerte Stadt" von Jaap ter Haar

Darf man solches den Schülern nahebringen und zumuten? Ich denke, man muß es. Wer den Wert des Friedens schätzen lernen will, den Frieden bewahren und verteidigen will, muß Krieg und Zerstörung und Haß und Jammer und Not - die Gegenbilder des Friedens- in aller Schärfe vor Augen haben. Nur wenn das Schreckliche und Tödliche nicht verdeckt und nicht verharmlost wird, kann, wie das im vorliegenden Buch geschieht, sowohl die Schwierigkeit wie die Notwendigkeit einer Veränderung des Bewußtseins und daraus des politischen Handelns aufgezeigt werden.

Leben statt Tod, Hilfe statt Vernichtung, Mitmenschlichkeit statt Haß, Liebe und Freundlichkeit - das zentrale Wort des späten Brecht - statt Vergeltung, Rache und (immer wieder auch, auf beiden Seiten) ideologische Verhärtung.

Es ist anzunehmen, daß die Jury für den "Katholischen Kinderbuchpreis" 1983 diese Überlegung in den Mittelpunkt stellte, als die 'Oleg oder Die belagerte Stadt' auf der Empfehlungsliste besonders hervorhob, obwohl das Buch an keiner Stelle Religiöses, geschweige denn Konfessionell-Kirchliches direkt thematisiert.

Da von dem Dunklen in der Handlung die Rede war - und die kursiv gesetzten quälenden Traumbilder Olegs mit ihren ganz realistischen Inhalten zeigen, in welche fast mythische Tiefe diese Dunkelheit reicht - darf und soll allerdings auch das Hellere und Ermutigende darin nicht übersehen werden: die Freundschaft zwischen Oleg und Nadja, das von Liebe und wechselseitiger Opferbereitschaft bestimmte Verhältnis von Mutter und Sohn, die polternde Fürsorge Onkel Wanjas, vor allem das Bild des deutschen Spähtruppführers, der Menschlichkeit höher setzt als die zerstörerischen Gesetze des Krieges. Und auf dieser helleren Linie verläuft denn auch die innere Entwicklung des zwölfjährigen Oleg: vom Gefühl der Feindschaft, des Hasses und des Abscheus über die Erfahrung der Mitmenschlichkeit hin zur Bereitschaft, über die Fronten hinweg das Gute zu sehen und die Versöhnung in den Mittelpunkt allen Fühlens und Wollens zu stellen.

Die Vermittlung dieser geistigen Entwicklung ist das eigentliche Ziel des unterrichtlichen Lektüreprozesses. Ziel ist die (politische - nicht primär moralische) Einsicht, daß Haß und Feindschaft nur neuen Haß und neue Feindschaft hervorbringen, daß dieser Teufelskreis nur mit Untergang und Tod endet und oft noch über den Tod hinausführt.

Didaktisch problematisch ist, daß eine solche Erkenntnis bei den Schülern schwer in konkretes Handeln, in konkrete Erfahrung überführt werden kann. Jede Übertragung auf individuelle und private Situationen greift zu kurz und nimmt dem Problem seine politische und seine anthropologische Dimension. Vor "Anwendung" wird deshalb gewarnt. Was geschehen kann, ist ein Akt der Gewissensbildung, zwar kaum im Raster von Lernzielkontrollen erfaßbar, aber andererseits doch Grundlage jeden, auch jeden gesellschaftlichen und politischen Handelns, sofern der Wertmaßstab über das simple Zweck-Mittel-Denken hinausreicht. Natürlich setzt ein solcher Vorgang den sowohl rationalen wie emotional-affektiven Kontakt mit dem Text voraus, und diese Aufgabe ist es vor allem, welche die unterrichtliche Planung bestimmen muß. Alle Möglichkeiten, diesen Kontakt so intensiv als möglich herzustellen, sollten erwogen und genützt werden. Die Formen eines handelnd-produktiven Umgangs mit dem Text eignen sich dazu erfahrungsgemäß besonders gut. Wenn man - ohne damit starre Lehr- und Lernziele konstituieren zu wollen - zusammenfaßt, dann ergibt sich: Der Lektüreprozeß des vorliegenden Bandes sollte

- die Schrecken, das Dunkle und Unmenschliche des Krieges in aller Schärfe sichtbar machen

- die daraus abzuleitende Erkenntnis zu befördern suchen, daß Haß nur wieder Haß und Tod nur wieder Tod hervorbringen kann

- die Inseln der Freundschaft, der Liebe, der Mitmenschlichkeit in der Handlung als Gegenbilder akzentuieren

- alle diese Erfahrungen und Erkenntnisse nicht so sehr über begriffliches Reden und das weithin verbrauchte Unterrichtsgespräch, sondern über das fiktional-produktive Mithandeln des Lesers zu befördern suchen. Das Wie dieses Vorgehens beschreibt der Realisierungsssteil.

Unterrichtliche Realisierung

Der Text ist in einem Lesedurchgang nicht auszuschöpfen. Damit stellt sich die Frage, welche Möglichkeiten es gibt, sich seiner Aussage, seiner Wirklichkeit so intensiv, wie es das Auffassungs- und Erlebnisvermögen der Schüler zuläßt, anzunähern. Aller Erfahrung nach geschieht das nicht über analytische Gespräche. In der Regel ist es den Schülern gemäßer, sich als Mithandelnde selbst in den Lektüreprozeß einzubringen.

Folgende Schritte entsprechen dieser Vorgehensweise:

1. Die/der Lehrende erööffnet die Sequenz mit der folgenden - selbstverständlich variierbaren und erweiterbaren - Information:
Am 22. Juni 1941 befahl Hitler den Angriff auf die durch einen Nichtangriffspakt mit Deutschland verbundene Sowjetunion. Unter dem Decknamen "Unternehmen Barbarossa" war dieser Angriff sorgfältig geplant worden und die Erfolge der ersten Monate waren dementsprechend ungeheuer groß: Die deutschen Truppen eroberten weite Teile des europäischen Rußland, standen vor Moskau und schlossen die ehemalige Hauptstadt des russischen Zarenreiches, Leningrad, mit einem dichten Belagerungsring ein. Leningrad sollte ausgehungert und so zur Kapitulation gezwungen werden. Mehr als 500 Tage, vom September 1941 bis zum Januar 1943, hält die Dreimillionenstadt unter unbeschreiblichen Entbehrungen aus, bis die sowjetischen Truppen sich wieder einen Zugang erkämpfen und den Belagerungsring sprengen. Nach Schätzungen sind in dieser Zeit in der Stadt durch Hunger, Krankheiten und Bomben oder Granaten über 500 000 Einwohner umgekommen. Jaap ter Haar schildert die letzten Wochen der Belagerung.

2. Eine Landkarte und Fotos verfestigen die geographische Vorstellung der Schüler; entsprechendes Material weisen die Kolleginnen/Kollegen des Faches Geographie leicht nach.

3. Eine Alternative zu diesem historisch und geographisch vorbereiteten Einstieg bildet der Beginn mit dem von der Lehrerin/dem Lehrer vorgelesenen ersten Traum Olegs. Vermutungen über den Anlaß und Realitätshintergrund des Traumes führen notwendig zu entsprechenden Informationen, die nun aber in ihrer Notwendigkeit von den Schülern besser einzuschätzen sind.

4. Eine Schwarz-Weiß-Bildgestaltung des Traumthemas (Lastwagen/Wassertier-Bomben-Schnee, die verschlingenden Löcher im Eis) wird für die an dieser Äußerungsmöglichkeit Interessierten angeboten. (Technik: Linol- oder Holzschnitt, Tusche, Schwarzweißdeckfarben). Die Ergebnisse werden wieder auf einem Plakat collageähnlich zusammengestellt und mit charakteristischen Bruchstücken des Traumtextes durchsetzt.

Textauszug aus 'Lesen in der Schule', Neue Folge 1986, Hrg. J. Haar, München 1986, S. 9 - 20

C

Überblick zum Buch "Oleg oder Die belagerte Stadt"

Authentische Berichte bestätigen dieses grauenvolle Geschehen; ter Haars Erzählung selbst basiert auf den Bericht eines Mannes, der als Kind im belagerten Leningrad lebte und überlebte. Diesem Augenzeugen ist die Figur des Oleg nachgebildet.
Erst am 18. Januar 1943, nach 17 Monaten Belagerung, eröffnen sowjetische Truppen von Osten her wieder einen Landzugang zur Stadt, die bis dahin lediglich über Transporte aus der Luft und im Winter durch abenteuerliche

"Straße des Lebens" im Ladoga-See, Leningrader Front, 1942
Quelle: Staatliches Archiv für Fotodokumentation, Moskau

Fahrten über den zugefrorenen Ladogasee mit Munition und Lebensmitteln zu versorgen gewesen war. Zwischen diesen beiden Daten, mit dem Schwerpunkt auf der Schlußphase, dem Dezember 1942 und Januar 1943, spielt die Handlung.

Im Mittelpunkt steht Oleg, ein etwa 12jähriger Junge, dessen Vater bei einem der Transporte über den Ladogasee umgekommen ist. Die Mutter liegt krank in der nicht mehr heizbaren und halbzerbombtem Wohnung und versucht, den Tod vor Augen, das Kind mit einem Evakuierungstransport in Sicherheit zu bringen. Aber Oleg will bei der Mutter bleiben, die er mit Suppe aus einer öffentlichen Küche, der einzigen Nahrungsquelle, versorgt und die ohne ihn kaum eine Überlebungschance hätte. Das liebevolle Widerspiel des Versuchs der Mutter, den Sohn zu retten, und des ungebrochenen Willens im Kind, mit der Mutter zusammen zu überleben, findet seinen bewegendsten Höhepunkt in der Weihnachtsszene, als alle Kinder der Stadt zu einem Theaterabend eingeladen werden und Oleg glaubt, das sei nur der geschickt eingefädelte Versuch, eben diese Kinder ohne Aufhebens aus der Stadt hinaus und in Sicherheit zu bringen. Vom Theater zurück, macht Oleg der ausgehungerten Mutter ein Stück Fleisch warm, das er sich vom Mund abgespart hat, und flößt ihr wieder neuen Lebensmut ein – Weihnachten: Geburt der Hoffnung! Drei Wochen später zerbricht der Ring um Leningrad; die sterbende Stadt, die verhungernden, kranken, erfrierenden Menschen sind dem Lewben zurückgegeben.

Davor aber liegen Angst, Not, Verzweiflung und der Tod vieler.

D

Informationen über die Belagerung Leningrads

Leningrad, am 8. Juli notierte Halder: " Der Führer ist fest entschlossen, Moskau und Leningrad niederzureißen und unbewohnbar zu machen, damit wir der Notwendigkeit enthoben sind, die Bevölkerung den Winter über ernähren zu müssen..."

Hinter diesen materiellen Erwägungen standen jedoch sehr wahrscheinlich auch militärische.

Halder spielte nämlich auf die tieferen Gründe an, die Hitler bei derselben Gelegenheit vorbrachte: die Auslöschung dieser Städte werde gleichbedeutend sein mit "einer nationalen Katastrophe, die nicht nur den Bolschewismus, sondern auch den moskowitischen Nationalismus ihrer Mittelpunkte berauben" würde. Eine Woche später unterrichtete Hitler seine Mitarbeiter über die mit dem finnischen Verbündeten schwebenden Verhandlungen. Bormanns Konferenzbericht zufolge "will der Führer Leningrad dem Erdboden gleichmachen lassen und dann den Finnen geben".
(...)
Hinter den Kulissen erwog das Oberkommando verschiedene, nach der Einnahme von Leningrad zu verfolgende Möglichkeiten. Eine normale Besetzung lehnte General Warlimont ab, "weil uns dann die Verantwortung für die Ernährung zufiele". Eine zweite Alternative sei es, die Stadt abzuriegeln, "möglichst mit einem elektrisch geladenen Zaun, der mit MGs bewacht wird". Der Nachteil dieser Lösung wäre jedoch – nicht das Verhungern der eingeschlossenen Bevölkerung, sondern – die "Gefahr von Epidemien, die auf unsere Front übergreifen". Außerdem sei es "fraglich, ob man unseren Soldaten zumuten kann, auf ausbrechende Frauen und Kinder zu schießen". Eine dritte Lösung liege darin, Frauen, Kinder und alte Leute aus Lenigrad zu evakuieren "und den Rest verhungern zu lassen". Auch diese, theoretisch zwar annehmbare, Möglichkeit sei zu verwerfen, da sie neue Probleme schaffen würde: "Die Stärksten (werden) noch lange in der Stadt weiterleben". Eine vierte Alternative sei schließlich, die Stadt dem Erdboden gleichzumachen und sie dann den Finnen zu übergeben, "als politische Lösung gut". Doch das Oberkommando entschied in Übereinstimmung mit Hitlers Ansichten, daß man die Verfügung über die Bevölkerung nicht den Finnen überlassen könne: "Das müssen wir tun".
(...)
Hitler blieb bei seiner früheren Entscheidung, die Kapitulation Leningrads nicht anzunehmen, auch dann nicht, wenn der Gegner sie anbiete. Im vollen Bewußtsein der drastischen Natur seines Befehls fühlte er sich bewogen, ihn seinen engsten Vertrauten zu erläutern: "Vermutlich packen sich manche Leute mit beiden Händen an den Kopf und suchen eine Antwort auf die Frage: Wie kann der Führer eine Stadt wie St. Petersburg zerstören? Meinem Wesen nach gehöre ich einfach zu einer ganz anderen Gattung. Mir wäre lieber, ich brauchte niemandem etwas zuleide zu tun. Aber wenn ich sehe, daß die Gattung in Gefahr ist, dann weicht bei mir das Gefühl der kältesten Überlegung."

(...)

Textauszüge aus: A. Dallin, Deutsche Herrschaft in Rußland 1941–45, Königstein/Ts. 1981, S. 88–91

E

Ein Gedicht aus der belagerten Stadt

Einen besonderen Rang nehmen in der Literatur über die Jahre des Krieges die Berichte über die 900tägige Blockade Leningrads ein, die vom September 1941 bis zum Januar 1944 andauerte: Mindestens 640000 Frauen, Männer und Kinder starben während dieser Zeit allein an Hunger und Kälte, so wie es die große Dichterin Anna Achmatowa in ihrem 1941 entstandenen Gedicht beschrieben hat:

> Todesvögel stehn in der Luft,
> da Leningrad um Hilfe ruft.
> Lärmt nicht,
> noch kann es sich atmend erheben,
> hört noch alles, ist am Leben:
> auf der Ostsee tiefem Grund
> stöhnen die Söhne im Schlaf sich wund
> "Brot!" – aus innersten irdischen Qualen
> dringt dieser Ruf zu den
> Himmelsschalen...
> Doch der Himmel hat kein Brot.
> Und aus dem Fenster blickt: der Tod.

Quelle: Frieden mit der Sowjetunion – Eine unerledigte Aufgabe, hrsg. von D. Goldschmitt u.a., Gütersloh 1989, S. 392f.

Russisches Dorf 1942/43
Quelle: Bundesarchiv Koblenz

Baustein 14

Die Gesundheits- Schul- und Kulturpolitik im besetzten Land

Einstieg

Thema- und Wegangabe

Erarbeitung

Die vorgelegten Materialien – Quellen

- zur Gesundheitspolitik (Text **A**, siehe unten)
- zur Schulpolitik (Text **B**, siehe unten)
- zur Kulturpolitik (Text **C**, siehe unten) –

können entsprechend der individuellen Unterrichtsplanung ausgewählt werden.

Arbeitsaufträge

- Welche Maßnahmen wurden von der deutschen Besatzungsmacht getroffen?

- Welche Ziele der deutschen Besatzungspolitik sollten durch diese Maßnahmen erreicht werden?

- Welche Auswirkungen hatten diese Maßnahmen für die Menschen in der besetzten Sowjetunion?

Auswertung und Diskussion

Bewertung:

Welche Reaktionen werden diese Maßnahmen bei den Menschen in den Besatzungsgebieten und im nicht besetzten Teil der Sowjetunion ausgelöst haben?

Versucht nachzuempfinden, welche Gefühle in sowjetischen Jugendlichen heute entstehen können, die die Geschichte des Zweiten Weltkriegs kennenlernen und darüber diskutieren.

A

Quellen zur Gesundheitspolitik

Ein Gebiet, auf dem sich die Auffassung der Nazis besonders gut testen läßt, ist das Gesundheitswesen. Als das Heer im Osten einrückte, versuchte es natürlich, die sanitären Einrichtungen wiederherzustellen, und veranlaßte die Gemeindeverwaltungen, Kanalisationsanlagen und öffentliche Bäder instand zu setzen. Das war schon notwendig, um die Ausbreitung von Seuchen zu verhindern. Die Aufrechterhaltung ärztlicher Einrichtungen lag im eigensten Interesse. Selbst der arroganteste Offizier, der in den Bauern ein rückständiges und verlaustes Menschenvolk sah, hielt es im allgemeinen für angebracht, sie zu einer besseren, sauberen Lebensweise anzuhalten. Eine neue Variante der "Bürde des weißen Mannes". Auf jeder Ebene des deutschen Verwaltungsapparats, ob militärisch oder zivil, gab es Abteilungen für öffentliches Gesundheits- und Veterinärwesen. Im Rahmen der kriegsbedingten Grenzen taten diese Stellen oft alles, was sie konnten. Es ergingen detaillierte Weisungen zur Vorbeugung von Krankheiten, über Müllbeseitigung, Senkgruben und Trinkwasser. Einheimische Ärzte wurden zum Gesundheitsdienst verpflichtet. Die Aufgaben waren nicht einfach, aber häufig kam es bei ihrer Bewältigung trotz Mangels an Hilfskräften und Material zu einer fruchtbaren Zusammenarbeit zwischen deutschen und einheimischen Fachleuten.

Diese konnten indes nicht ahnen, daß ihre Bemühungen den Absichten der Naziführung zuwiderliefen – Absichten, die ihnen niemals ausdrücklich mitgeteilt wurden.

Was Hitler in dieser Hinsicht dachte, enthüllt eine Äußerung, die er Anfang 1942 gesprächsweise machte. Entrüstet über die "falsche" deutsche Kolonialpolitik, klagte er:

Wir kommen kaum in eine Kolonie und haben schon Kindergärten angelegt und Krankenhäuser für die Eingeborenen. Da kann ich die Wut kriegen...! Die Russen werden nicht alt. 50 bis 60 Jahre. Warum sollen wir sie impfen? Man muß da wirklich unseren Juristen und Ärzten Gewalt antun: nicht impfen, nicht waschen! Ihren Schnaps sollen sie haben und Tabak, soviel sie wollen.

Daß diese fast beiläufig geäußerten Bemerkungen nicht etwa ein Ausbruch momentaner Stimmung waren, zeigte sich zwei Monate später, als Hitler sich ausführlicher über die Hygiene in den besetzten Gebieten erging:

Was die Hygiene der unterworfenen Bevölkerung angehe, (meinte der Führer), so könnten wir kein Interesse daran haben, ihnen unsere Erkenntnisse zu vermitteln und ihnen dadurch eine von uns absolut nicht gewünschte Basis für einen ungeheuren Bevölkerungszuwachs zu geben. (...)

Kurz vorher war Hitler eine Abhandlung zu Gesicht gekommen, worin der Vorschlag gemacht wurde, den Vertrieb und den Gebrauch von Empfängnisverhütungsmitteln im Osten zu verbieten. Aber Hitler war entschieden dagegen: Wenn tatsächlich irgendein Idiot versuchen sollte, ein derartiges Verbot in den besetzten Ostgebieten in die Praxis umzusetzen, würde er (Hitler) ihn persönlich zusammenschießen.

Alle Quellenauszüge zur Gesundheis-, Schul- und Kulturpolitik entnommen aus: A. Dallin, Deutsche Herrschaft in Rußland 1941-45, Köngistein/Ts. 1981, S. 467-485

B

Quellen zur Schulpolitik

Wir dürfen (erklärte er) vor allem die deutschen Schulmeister nicht loslassen auf die Ostgebiete. Wir verlieren das ganze Volk, weil ihm das Eingetrichterte nichts nützt... Es solle daher nur ja kein Lehrer daherkommen und plötzlich den Schulzwang für die unterworfenen Völker verkünden wollen. Kenntnisse der Russen, Ukrainer, Kirgisen usw. im Lesen und Schreiben könnten uns nur schaden. Denn sie ermöglichten es helleren Köpfen, sich ein gewisses Geschichtswissen zu erarbeiten und damit zu politischen Gedankengängen zu kommen, die irgendwie ihre Spitze immer gegen uns haben müßten.

Des weiteren sei Bildung gefährlich, weil sie "ein Herrenbewußtsein bei der nichtdeutschen Bevölkerung erzeuge". Damit "würden wir einen kommenden Widerstand gegen unsere Herrschaft selbst züchten". Unter diesen

Komsomolzinnen in der befreiten Stadt Moshaisk
Quelle: Staatliches Archiv für Fotodokumentation, Moskau

Umständen war die Schulbildung, die Hitler für den Osten zulassen wollte, eine tragische Farce:

(In den Schulen) dürfe man sie nicht mehr lernen lassen als höchstens die Bedeutung der Verkehrszeichen. Inhalt des Geographieunterrichts dürfe im großen und ganzen nur sein, daß die Hauptstadt des Reiches Berlin heiße und jeder in seinem Leben einmal in Berlin gewesen sein müsse... Unterricht im Rechnen und dergleichen sei überflüssig).(...)
Übertriebene Schulbildung muß vermieden werden... Immer wieder hat die Geschichte bewiesen, daß Leute, die mehr Bildung haben, als ihr Beruf verlangt, Anstifter revolutionärer Bewegungen werden. Es ist wichtiger, daß eine intelligente ukrainische Frau in Deutschland Granatzünder herstellt, als daß sie in der Ukraine studiert).(...)

Höhere Schulen und Fachschulen

Es lag auf der Hand, daß man, wenn im Osten keine höheren Schulen zugelassen werden sollten, auch keine Universitäten mit "akademischem" Programm dulden wollte. Wiederholt betonte so Hitler die "Gefahr" der Heranzüchtung von Intellektuellen.(...)

Und so verfügte das Reichskommissariat Unterricht im Januar 1942:

Vom 1. Februar an kann der Schulunterricht an nichtdeutschen Schulen für vierklassige Grundschulen und für Schüler bis zu elf Jahren genehmigt werden. (...)
Zwar waren es anfänglich lebenswichtigere Fragen, welche die Bevölkerung beschäftigten, aber schon bald wurde sie in dieser Richtung von tiefer Enttäuschung ergriffen. Ein rückblickender deutscher Bericht stellt fest:
Während der ersten Phase der Besetzung, als es Dringenderes zu tun gab, hatte die Bevölkerung die Vernachlässigung des Schulwesens als kriegsbedingt hingenommen. Später jedoch fragte sie nach den Ursachen und zog Vergleiche mit den günstigeren Verhältnissen unter bolschewistischer Herrschaft, denn die Sowjets hatten dem Schulwesen besondere Aufmerksamkeit gewidmet und erweiterte Ausbildungsmöglichkeiten geschaffen... .
Es war unvermeidlich, daß der Vergleich für die Deutschen ungünstig ausfiel.(...)
In der Tat war die Schließung der Schulen eine Maßnahme, deren Wirkung auf die Volksstimmung in den besetzten Gebieten äußerst schwerwiegend war. Die sowjetische Propaganda nützte sie weidlich aus. In der Praxis trug das Fehlen von Schulen wesentlich zur Jugendkriminalität und zur Flucht der Jugend zu den Partisanen bei; und die Arbeitslosigkeit (wie auch die äußerst niedrigen Gehälter) vieler Lehrer verwandelten gerade diejenigen in Feinde, die einigen Glauben in die Neuordnung gesetzt hatten.

Alle Quellenauszüge zur Gesundheits-, Schul- und Kulturpolitik entnommen aus: A. Dallin, Deutsche Herrschaft in Rußland 1941-45, Köngistein/Ts. 1981, S. 467-485

C

Quellen zur Kulturpolitik

Die schönen und die plumpen Künste

In den kriegszeitlichen deutschen Diskussionen und Weisungen wurde der Kunst und der Literatur wenig Beachtung geschenkt. Für Berlin waren russische Malerei und russiches Ballett keine vordringlichen Probleme. Über zweierlei herrschte jedoch Klarheit: jegliche künstlerische Äußerung hatte entweder ein unpolitisches "Sicherheitsventil" für die Volksstimmung oder ein Mittel deutscher politischer Beeinflussung zu sein. Hitler ordnete an, die kulturelle Tätigkeit der "Unterworfenen müsse frei von politischen Untertönen sein". Wenn er das Schwelgen in Musik und Tanz sanktionierte, so nur wegen ihrer politischen Unverdächtigkeit und weil sie geeignet seien, aufgestaute Emotionen in harmlose Bahnen abzulenken. Rosenberg äußerte sich ähnlich:

"Es bestehen keine Bedenken, wenn etwa bei Erntedankfesten Trachtentänze aufgeführt und heimatlicher Gesang gepflegt werden. Auch in sonstigen Äußerungen des (kulturellen) Lebens kann man eher eine Ablenkung erblicken und soll nicht durch kleinliche Befürchtungen auch dieses Ventil eines an sich nicht leichten Lebens zuschnüren." (...)

Hitlers Formel war sehr einfach: "Durch den Rundfunk wird der Gemeinde vorgesetzt, was ihr zuträglich ist: Musik unbegrenzt". "Nur geistige Arbeit sollen sie nicht lernen... Man züchtet sich sonst die grimmigsten Feinde heran!" Später wurde Hitler noch deutlicher; seine Hauptsorge war dabei, jedes Streben der unterworfenen Völker nach staatlicher "Organisation" zu unterbinden.(...)
Andere Sparten der Kunst, besonders solche, bei denen das gesprochene Wort eine Rolle spielte, wurden indes in den Dienst der politischen Beeinflussung gestellt...

Das gemeinsame Ziel war, bei der Bevölkerung mit Hilfe von Flugblättern, Plakaten, Zeitungen, Theaterstücken und Filmen antisowjetische und prodeutsche Gefühle zu wecken.

Die für eine propagandistische Auswertung ungeeigneten Kunstformen, wie Poesie und schöngeistige Literatur, wurden (von verschwindend wenigen Ausnahmen abgehen) ignoriert. (...)

Das trotz aller Rückschläge starre Festhalten an der nun einmal vorgenommenen Kulturpolitik war wenig dazu angetan, die Zuneigung der Bevölkerung zu gewinnen...

Der sowjetische Rückzug hatte in der kulturellen Betätigung und im Nachrichtenwesen ein gigantisches Vakuum hinterlassen. Bei einer Bevölkerung, die reichlich Gelegenheit zu Ausbildung und Kulturtätigkeit gehabt hatte, und die daran gewohnt war, mit Nachrichten – mochten sie auch noch so verzerrt gewesen sein – gefüttert zu werden, mußte die neue Situation zwangsläufig das Bewußtsein einer Verschlechterung und einen Durst nach Informationen hervorrufen. Wenn auch von der nationalsozialistischen Kulturpolitik alle sozialen Schichten betroffen wurden, so war doch die Reaktion am heftigsten unter den Intellektuellen, von denen die meisten infolge der Besatzung ihrer materiellen und geistigen Basis beraubt wurden.

Alle Quellenauszüge zur Gesundheis-, Schul- und Kulturpolitik entnommen aus: A. Dallin, Deutsche Herrschaft in Rußland 1941-45, Köngistein/Ts. 1981, S. 467-485

Baustein 15

Das Schicksal der sowjetischen Zivilbevölkerung

Einstieg

Präsentation ausgewählter Beispiele des NS-Jargons aus dem Generalplan: "rassische Aussiebung, Eindeutschung, Widereindeutschung, Rückdeutschung, Deutschwerdung und Umvolkung"

(Overheadprojektor/Folie)

Die Schülerinnen und Schüler sollen zunächst Gelegenheit erhalten, ihre Assoziationen/Gedanken zu diesen Begriffen auszutauschen. Danach sollte der Lehrer die Bedeutung dieser Ausdrücke im Rahmen der NS-Rassenideologie erläutern.

Problem

Auswirkung der NS-Rassenideologie auf die Zivilbevölkerung in der SU

Die nachfolgenden Materialien **A**, Entvölkerungspolitik, **B**, Plan der künftigen Volkshierarchie können entsprechend der individuellen Unterrichtsplanung ausgewählt werden.

Arbeitsauftrag

Untersucht, welches Schicksal die Nationalsozialisten für die verschiedenen Bevölkerungsgruppen in den besetzten Gebieten der Sowjetunion vorsahen!

Vertiefung

Präsentation einer Statistik über Verluste und Zerstörungen in der SU 1941 – 1945

Überprüfe die Umsetzung dieser Planungen anhand der folgenden Statistik!

Verluste und Zerstörungen in der Sowjetunion 1941 – 1945

27	Millionen Tote
25	Millionen Obdachlose
15–20	Millionen Verwundete und Verkrüppelte
1710	zerstörte Städte
70000	zerstörte Dörfer
32000	zerstörte Industriebetriebe
98000	zerstörte Kolchosen
1876	zerstörte Sowchosen
2890	zerstörte MTS (Maschinen-Traktoren-Stationen)
65000 km	zerstörte Eisenbahnstrecken
40000	zerstörte Krankenhäuser
84000	zerstörte Schulen, Universitäts- und Forschungsinstitute
43000	zerstörte öffentliche Bibliotheken

Aus: H. Mögenburg, Sowjetunion, Frankfurt 1990 S. 112f.
(Die Zahl der Toten wurde auf Grund der neuesten Informationen aus der SU vom Hrg. korrigiert)

Leningrad, 1943
Quelle: Staatliches Archiv für Fotodokumentation, Moskau

A

Entvölkerungspolitik

"Es wurde als selbstverständlich vorausgesetzt, daß das deutsche Volk Erbanspruch auf den Boden hatte. Endlich sollte ihm Gelegenheit gegeben werden, den "Drang nach Osten" zu befriedigen und in den lange begehrten Räumen zu siedeln und zu leben. Dieser gigantische Plan sah für einige Gebiete (vor allem für die Baltischen Staaten und die Krim) Annexion und für andere (fast das gesamte europäische Rußland) deutsche Kolonisation vor; nur gewisse Teile der Sowjetunion (wie der Kaukasus und das asiatische Rußland) sollten von der Germanisierung ausgenommen werden. In den zu annektierenden und zu besiedelnden Gebieten sollte das Verfahren verschiedene Operationen umfassen:

1. Vernichtung all jener Elemente, die nach dem kuriosen Wertbegriff der Nazis des Weiterlebens für unwert erachtet wurden;
2. Massenumsiedlung anderer "minderwertiger" Elemente nach Osten;
3. allmähliche Assimilierung der "Besseren", denen man zu bleiben erlaubte;
4. Ansiedlung deutscher Bauern und Soldaten in den auf diese Weise leergewordenen Räumen.

Das alles bliebe ein müßiger Traum, wenn nicht eine planmäßige Siedlungs- und Entvölkerungspolitik durchgeführt würde. Ja, eine Entvölkerungspolitik... Es (ist) notwendig, Agrarland überwiegend der deutschen Herrenklasse auszuhändigen.

Was sich in Hitlers Kopf tief einprägte, war die Formel: die Slawen nach Osten abzuschieben und die Deutschen nachrücken zu lassen. Die wahre Grenze zwischen Europa und Asien, pflegte er zu sagen, sei "keine geographische, sondern eine, die die germanische Welt von der slawischen trennt. Unsere Pflicht ist es, sie dort zu ziehen, wo wir sie haben wollen".

Ich sähe es als ein Verbrechen an (sagte Hitler Anfang 1942), hätte ich das Blut geopfert ... eine Viertelmillion Tote und 100000 Verkrüppelte ... lediglich um der Möglichkeit willen, Naturschätze kapitalistisch auswerten zu können ... Das Ziel (der) Ostpolitik (ist) – auf lange Sicht gesehen –, etwa 100 Millionen germanischer Menschen in diesem Raum ein Siedlungsgebiet zu erschließen.

Quelle: A. Dallin, Deutsche Herrschaft in Rußland 1941–45, Königstein/Ts. 1981, S. 288ff.

B

Schematischer Plan der künftigen Volkshierarchie im Osten

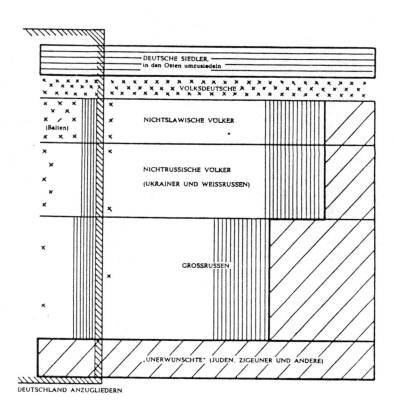

Baustein 16

Der Kriegsgerichtsbarkeitserlaß und seine Auswirkung

Einstieg

Thema- und Wegangabe durch den Unterrichtenden

Erarbeitung

Untersuchung des Führererlasses zur Kriegsgerichtsbarkeit im besetzten sowjetischen Gebiet vom 14.5.1941 (Auszug **A**, siehe unten)

Ein Vorschlag für die Bearbeitung der Quelle ist Text **B** in diesem Baustein

Auswertung und Diskussion der Arbeitsergebnisse

Bewertung

Welche Einrichtungen und Grundsätze demokratischer Rechtspflege werden durch diesen Erlaß außer Kraft gesetzt?

Vertiefung

Präsentation des Textes, *"wird erschossen?"* von Bagdan, Jakov Alexandrowitsch, Mogilov (Text **C**, siehe unten)

Der Text soll durch einen jugendlichen Sprecher auf einen Tonträger aufgenommen werden, so daß eine Präsentation der Quelle in Form einer historischen Erzählung möglich wird.

Impuls

Versuche, Dich in die Lage des 17jährigen Jakov zu versetzen!
Erläutere, wie der Kriegsgerichtsbarkeitserlaß das Leben in der besetzten Sowjetunion nach dem Eindruck des Jakov Alexandrowitsch geprägt hat!

A

1941 – Führererlaß zur Kriegsgerichtsbarkeit im besetzten sowjetischen Gebiet (14.5.1941, Auszug)

I. Behandlung von Straftaten feindlicher Zivilpersonen.

1. Straftaten feindlicher Zivilpersonen sind der Zuständigkeit der Kriegsgerichte und der Standgerichte bis auf weiteres entzogen.

2. Freischärler sind durch die Truppe im Kampf oder auf der Flucht schonungslos zu erledigen.

3. Auch alle anderen Angriffe feindlicher Zivilpersonen gegen die Wehrmacht, ihre Angehörigen und das Gefolge sind von der Truppe auf der Stelle mit der äußersten Mitteln bis zur Vernichtung des Angreifers niederzumachen.

4. Wo Maßnahmen dieser Art versäumt wurden oder zunächst nicht möglich waren, werden tatverdächtige Elemente sogleich einem Offizier vorgeführt. Dieser entscheidet, ob sie zu erschießen sind. Gegen Ortschaften, aus denen die Wehrmacht hinterhältig oder heimtückisch angegriffen wurde, werden unverzüglich auf Anordnung eines Offizier in der Dienststellung mindestens eines Bataillons- usw. Kommandeurs kollektive Gewaltmaßnahmen durchführt, wenn die Umstände eine rasche Feststellung einzelner Täter nicht gestatten.

5. Es wird ausdrücklich verboten, verdächtige Täter zu verwahren, um sie bei Wiedereinführung der Gerichtsbarkeit über Landeseinwohner an die Gerichte abzugeben. (...)

II. Behandlung der Straftaten von Angehörigen der Wehrmacht und des Gefolges gegen Landeseinwohner.

1. Für Handlungen, die Angehörige der Wehrmacht und des Gefolges gegen feindliche Zivilpersonen begehen, besteht kein Verfolgungszwang, auch dann nicht wenn die Tat zugleich ein militärisches Verbrechen oder Vergehen ist.
2. Bei der Beurteilung solcher Taten ist in jeder Verfahrenslage zu berücksichtigen, daß der Zusammenbruch 1918, die spätere Leidenszeit des deutschen Volkes und der Kampf gegen den Nationalsozialismus mit den zahllosen Blutopfern der Bewegung entscheidend auf bolschewistischen Einfluß zurückzuführen war und daß kein Deutscher dies vergessen hat ...

Der Führer und Oberste Befehlshaber der Wehrmacht, g. Kdos., unterzeichnet: I.A. Keitel

Aus D. Hoffmann, F. Schütze, Weimarer Republik und nationalsozialistische Herrschaft, Paderborn 1989, S.199

B

Vorschlag für eine thematische Erarbeitung des Kriegsgerichtsbarkeitserlasses in Gruppen- oder Einzelarbeit

Aufgaben

Erläutere mit eigenen Worten die Bedeutung von I.1!

Wer übernahm die Richteraufgaben und die Vollstreckung der Urteile?

Welche Vergehen wurden bestraft?

Erläutere mit eigenen Worten die Bedeutung von II.1!

C

"Wird erschossen"
Bagdan, Jakov Alexandrowitsch, Mogilov

"Ich war damals 17 Jahre alt und Bäckerlehrling. Was mir heute sofort noch einfällt, wenn ich an die deutsche Besatzung denke, ist das Wort "erschießen". Für alles, für jede Kleinigkeit konnte man auf der Stelle erschossen werden. Wenn man das Radio nicht abgegeben hat, wenn man während der Sperrstunde auf die Straße ging, und sei es nur zwei Minuten über die Zeit. Die Sperrstunden waren zwischen 18 Uhr und fünf oder sechs Uhr morgens. Wir hatten doch nicht alle eine Uhr. Oft mußten wir abends noch mal schnell über die Straße, etwas besorgen. Oder wir kamen am Abend verspätet von der Arbeit. Wenn Fliegeralarm war, durften wir in die Bunker rennen, ohne daß wir erschossen wurden. Wenn wir irgend etwas von der Wehrmacht beschädigten, ohne es zu wollen, wenn einfach etwas kaputtging, das wurde als Sabotage aufgefaßt – und schon wurde man erschossen. Oder wenn wir ohne Passierschein über eine Brücke gingen. Wenn wir uns ohne Erlaubnis aus der Stadt entfernten. Unsere Eltern mußten auf dem Land Kartoffeln und Mehl besorgen. In der Stadt gab's doch nichts mehr. Wenn wir einen Bekannten über Nacht bei uns aufnahmen, schon wurden soundso viele von uns erschossen. Sogar wenn wir die Deutschen nicht grüßten oder nicht freundlich genug grüßten – sofort konnte man dafür erschossen werden. Es gab eigentlich keinen Grund, weshalb man uns nicht hätte erschießen können. Überall in der Stadt waren Plakate angeklebt. Darauf stand in russisch, was wir nicht durften und wie wir uns verhalten mußten. Diese Texte haben wir alle auswendig gelernt. Und daneben der Text in deutsch. So habe ich damals etwas Deutsch gelernt. Und das erste Wort, das ich dabei lernte, war: "wird erschossen"."

Quelle: Paul Kohl, "Warum haben die das getan"? Auf der Spur der Heeresgruppe Mitte, in: Frieden mit der Sowjetunion, a.a.O., S.377

2. Lebens- und Arbeitsbedingungen der sowjetischen Fremdarbeiterinnen und -arbeiter

| Baustein 17 |

Sklavenarbeit für das Deutsche Reich

Einstieg

Auswertung einer Hausaufgabe:

Interviewe ältere Verwandte oder Nachbarn zu der Frage, was sie über die Tätigkeit oder das Schicksal von sowjetischen Fremdarbeitern während des Zweiten Weltkrieges wissen!

Alternativ

Präsentation einer Statistik über den Einsatz der sowjetischen Ostarbeiter

Ostarbeitereinsatz:
(Stand Dezember 1944)

Männliche Ostarbeiter	1 036 810
Weibliche Ostarbeiter	1 075 334
Zusammen	2 112 144

Davon
in der Landwirtschaft	725 000
im Bergbau	93 000
im Maschinen- und Gerätebau	180 000
in der Metallindustrie	170 000
bei der Eisenbahn	122 000

aus: A. Dallin, Deutsche Herrschaft in Rußland 1941-1945, Königs-stein/Ts. 1981, S. 466

Problem

Art und Umfang des Einsatzes sowjetischer Fremdarbeiter

Erarbeitung

Die nachfolgenden Materialien

A: Der zwangsweise Einsatz
B: Abtransport nach Deutschland
C: Die Behandlung bei Krupp

können entsprechend der individuellen Planung ausgewählt werden.

Arbeitsaufträge:

1. Warum wurden Ostarbeiter im Reichsgebiet eingesetzt?

2. Welche Gründe gibt es für den unterschiedlichen Einsatz der Ostarbeiter in den einzelnen Wirtschaftsbereichen des Deutschen Reiches?

3. Wie ging die Aushebung der Ostarbeiter vor sich?

4. Wie waren ihre Lebens- und Arbeitsbedingungen?

Bewertung

Welche Einstellung zu den Ostarbeitern wird in deren Behandlung erkennbar?

Impuls

Information, daß bis heute keine Entschädigungsleistungen bzw. Rentenansprüche anerkannt worden sind.
Die Schülerinnen und Schüler sollen sich überlegen, wie sowjetische Menschen diese Verweigerung beurteilen.

Es kann weiterhin überprüft werden, ob die Schülerinnen und Schüler Gelegenheit erhalten sollen, sich im Stadt-Archiv ihres Wohnortes über die Beschäftigung von Ostarbeitern während des Zweiten Weltkrieges zu informieren.

A

Der zwangsweise Einsatz

Der zwangsweise Einsatz mehrerer Millionen Sowjetbürger als "Ostarbeiter" im Reichsgebiet war in den Vorkriegsplänen nicht vorgesehen. Nur die Kriegserfordernisse diktierten das Abweichen von ursprünglichen Plänen, und man begann erst damit, als der Menschenmangel akut wurde. Östliche Arbeitskraft war billig und reich vorhanden. Wenn man schon Menschen aus dem Osten nötig habe, meinte Hitler, sei es sicherer, sie zur Zwangsarbeit einzuziehen als zum Militärdienst auf deutscher Seite:
"Wir werden niemals eine russische Armee aufstellen: das ist ein Hirngespinst ersten Ranges. Dann ist es schon viel einfacher für mich, Russen als Arbeiter nach Detuschland zu holen... Wenn ich russische Arbeiter bekomme, bin ich zufrieden, denn dann kann ich Deutsche (für den Militärdienst freimachen."
Auf Märkten, in Kinos und Kirchen wurden Menschen willkürlich zusammengetrieben. "Entsetzte Schilderungen", beginnt eine andere Zusammenstellung überprüfter Briefe aus der Ukraine, "bilden einen Großteil der für die in Deutschland beschäftigten Angehörigen bestimmten Nachrichten aus der Heimat...
Zu der Anwendung der Prügelstrafe ist nach den vorliegenden Briefen seit etwa Anfang Oktober (1942) das Niederbrennen der Gehöfte bzw. ganzer Dörfer als Vergeltung für die Nichtbefolgung der an die Gemeinden ergangenen Anforderungen zur Bereitstellung von Arbeitskräften getreten." Auf dem Transport nach Deutschland blieben die Arbeiter oft tagelang ohne Verpflegung, mußten sie die unhygienischsten Zustände in Kauf nehmen und waren der willkürlichen Mißhandlung seitens deutscher Begleitmannschaften ausgesetzt.

Textauszug aus: A. Dallin, Deutsche Herrschaft in Rußland 1941 - 1945, Königsstein/Ts. 1981, S.441 - 450

Für Sekundarstufe 1 und 2

Soldaten der Wehrmacht bewachen einen Zug mit Gefangenen
Quelle: Staatliches Archiv für Fotodokumentation, Moskau

B

Abtransport nach Deutschland

Besonders hart wird empfunden, daß durch die Zwangswerbungen Mütter von ihren kleinen Kindern und Schulkinder von der Familie getrennt werden. Die Betroffenen suchen sich mit allen Mitteln dem Abtransport nach Deutschland zu entziehen... Das hat wiederum eine Verstärkung der deutschen Gegenmaßnahmen zur Folge; als solche werden erwähnt: Beschlagnahmung des Getreides und des Eigentums, Inbrandsetzung des Hauses, gewaltsames Zusammentreiben, Fesselung und Mißhandlung der Gesammelten, Zwangsaborte von schwangeren Frauen.

Texteauszüge aus: A. Dalling, Deutsche Herrschaft in Rußland 1941-45, Königstein/Ts. 1981, S. 441-450

C

Die Behandlung von Ostarbeitern und Kriegsgefangenen bei Krupp

Essen, den 15. Oktober 1945

Erklärung des Oberlagerarztes Wilhelm Jäger

Ich, Dr. Wilhelm Jäger, erkläre unter Eid:
(...) Am 1. Oktober 1942 wurde ich Oberlagerarzt in den Kruppschen Arbeiterlägern für Ausländer und hatte die medizinische Überwachung von allen Kruppschen Arbeiterlägern in Essen unter mir. Es war eine meiner Aufgaben, über die gesundheitlichen und sanitären Zustände in den Lägern meinen Vorgesetzten in den Kruppwerken zu berichten. (...)
Ich begann meine Tätigkeit mit einer vollkommenen Inspektion der Läger. Zu dieser Zeit, im Oktober 1942, fand ich die folgenden Zustände vor: Die Ostarbeiter und Polen – von jetzt ab gebrauche ich den Ausdruck "Ostarbeiter" für Ostarbeiter sowohl als auch für Polen –, welche in den Kruppwerken in Essen arbeiteten, waren in den folgenden Lägern untergebracht: Seumannstraße, Grieperstraße, Spendlerstraße, Reegstraße, Germaniastraße, Kapitän-Lehmann-Straße, Dechenschule und Krämerplatz. Sämtliche Läger waren von Stacheldraht umgeben und waren streng bewacht. Die Zustände in allen diesen Lägern waren äußerst schlecht. Die Läger waren überfüllt. In einigen Lägern waren mehr als 2mal soviel Personen untergebracht, als gesunde Verhältnisse es erlauben.(...)
Das Essen für die Ostarbeiter war vollkommen unzureichend. Die Ostarbeiter erhielten 1000 Kalorien pro Tag weniger als das Minimun für Deutsche. Während deutsche Arbeiter, die Schwerstarbeit leisteten, 5000 Kalorien pro Tag bekamen, erhielten die Ostarbeiter, die dieselben Arbeiten machten, nur 2000 Kalorien pro Tag. Die Ostarbeiter bekamen nur 2 Mahlzeiten pro Tag und ihre Brotration.
Eine der zwei Mahlzeiten bestand nur aus einer dünnen, wäßrigen Suppe. Ich war mir nicht sicher, ob die Ostarbeiter das für sie vorgeschriebene Minimum auch tatsächlich erhielten. Später, 1943, als ich die Nahrung, die von den Küchen zubereitet wurde, prüfte, stellte sich in verschiedenen Fällen heraus, daß den Ostarbeitern Nahrungsmittel vorenthalten worden waren.
Die sanitären Zustände waren besonders schlecht. Am Krämerplatz, wo ungefähr 1200 Ostarbeiter in den Räumen einer alten Schule zusammengepfercht waren, waren die sanitären Zustände einfach unmöglich. Für die 1200 Personen standen nur 10 Kinderklosetts zur Verfügung. In der Dechenschule waren 15 Kinderklosetts für 400 bis 500 Ostarbeiter, die dort untergebracht waren, vorhanden. Exkremente verseuchten den Fußboden dieser Toiletten. Die Waschgelegenheiten waren auch äußerst beschränkt.
Die Versorgung mit medizinischen Instrumenten, Bandagen, Arzneien und anderen sanitären Bedarfsartikeln in diesen Lägern war auch vollkommen unzureichend. Daher konnten nur die allerschlimmsten Fälle behandelt werden. Die Zahl der erkrankten Ostarbeiter war doppelt so groß wie die der deutschen Arbeiter. Tbc war besonders weit verbreitet. Prozentual gab es unter den Ostarbeitern viermal soviel Tbc-Fälle als unter den Deutschen. (Deutsche = 0,5 %, Ostarbeiter = 2(0) %)

Flecktyphus war auch unter diesen Arbeitern verbreitet. Läuse, die Träger dieser Krankheit, zusammen mit unzähligen Flöhen, Wanzen und anderem Ungeziefer, plagten die Insassen dieser Läger. Als Ergebnis der schmutzigen Zustände in diesen Lägern hatten fast alle Ostarbeiter Hautkrankheiten. Die mangelnde Ernährung verursachte Fälle von Hunger-Ödem, Nephritis (Nierenentzündung) und Shighekruse (Ruhr).
Im Krankheitsfalle mußten die Arbeiter so lange zur Arbeit gehen, bis sie von einem Lagerarzt arbeitsunfähig geschrieben wurden. In den Lägern der Seumannstraße, Grieperstraße, Germaniastraße, Kapitän-Lehmann-Straße und Dechenschule wurde keine tägliche Sprechstunde abgehalten. Diese Läger wurden von den zuständigen Lagerärzten nur jeden 2. oder 3. Tag besucht. Infolgedessen mußten die Arbeiter trotz ihrer Krankheit bis zum Erscheinen eines Arztes zur Arbeit gehen. (...)
Je mehr Luftangriffe auf Essen stattfanden, desto schlimmer wurden die Zustände. Am 28. Juli 44 berichtete ich meinen Vorgesetzten:
"Die Revierbaracke Rabenhorst ist in einem derart schlechten Zustand, daß von einer Revierbaracke überhaupt nicht mehr gesprochen werden kann. Es regnet an allen Ecken und Enden durch. Die Unterbringung von Kranken ist daher unmöglich. Der Arbeitseinsatz wird dadurch schwerstens gefährdet, da eine Gesundung der Kranken nicht zu erreichen ist".

Quelle E. Klee/W. Dreßen (Hrsg.), "Gott mit uns" Der deutsche Vernichtungskrieg im Osten 1939 - 1945, Frankfurt/M. 1989, S. 177ff.

Weitere Vorschläge für projektorientierte Arbeit mit Schülern sind im Kapitel *Spurensuche* zu finden.

Arbeiter reißen das Krupp-Schild am Eingang des Werkes für Schwermaschinenbau in Kramatorsk ab, 1943
Quelle: Staatliches Archiv für Fotodokumentation, Moskau

3. Behandlung der sowjetischen Kriegsgefangenen

Baustein 18

Die Situation der sowjetischen Kriegsgefangenen

Einstieg

Präsentation der Bestimmungen über die Behandlung von Kriegsgefangenen (Folie oder Lehrerinnen- und Lehrervortrag):

Genfer Konventionen werden die in Genf geschlossenen völkerrechtlichen Verträge genannt, die das Los der Verwundeten und kriegsgefangenen Soldaten verbessern sollten. Für unser Thema ist das "Genfer Abkommen über die Behandlung der Kriegsgefangenen" von 1929 wichtig. Danach sind unbedingt verboten:

Angriffe auf das Leben des geschützten Personenkreises, Verstümmelung, Grausamkeit und Folterung, die Beeinträchtigung der persönlichen Würde und Verurteilungen und Hinrichtungen ohne vorhergehendes Urteil eines ordentlich bestellten Gerichts in einem rechtsstaatlichen Verfahren. In der gleichen Weise geboten ist die Bergung und Pflege der Verwundeten und Kranken. Die Sowjetunion trat diesem Abkommen nicht bei. Spätere Angebote der sowjetischen Regierung, ein dem allgemeinen Völkerrecht entsprechendes Abkommen über die beiderseitige Behandlung von Kriegsgefangenen zu treffen, wurde von der politischen wie der militärischen Führung Deutschlands brüsk zurückgewiesen.

Problem

Wie wurden die sowjetischen Kriegsgefangenen behandelt?

Erarbeitung

Die nachfolgenden Materialien

A: Sowjetische Kriegsgefangene
B: Die Transportbedingungen
C: Warum sie verhungern mußten

können entsprechend der individuellen Planung ausgewählt werden.

Sowjetische Kriegsgefangene in Oberschlesien
Quelle: Das Dritte Reich, München 1964

Arbeitsaufträge

1. Arbeite heraus, wie die sowjetischen Kriegsgefangenen
a) verpflegt,
b) untergebracht und
c) in die Kriegsgefangenenlager gebracht wurden.

2. Welche Folgen hatte diese Behandlung für die sowjetischen Kriegsgefangenen?

Vertiefung

Welche Gründe sind aus den Texten und aus Deinem Wissen über die NS-Ideologie für die Behandlung der sowjetischen Kriegsgefangenen ableitbar bzw. anzuführen?

Bedenke, daß die sowjetischen Gefangenen nicht nach den Bestimmungen der Genfer Konvention behandelt wurden!

A

Sowjetische Kriegsgefangene

Das traurige Schicksal der deutschen Soldaten, die in sowjetische Gefangenschaft gerieten, ist bei uns zumindest den über 40jährigen allgemein bekannt. Berücksichtigt man auch entfernte Angehörige, so war wohl jede Familie davon betroffen.
Nach Feststellungen einer bundesdeutschen Historikerkommission wurden von der Roten Armee etwa 3 155 000 Soldaten der Wehrmacht gefangengenommen; zwischen 1110000 und 1185000 (35 bis 38 Prozent) kamen um. Dies dürfte einer der wichtigsten Faktoren für das absolut negative Bild gewesen sein, das die Mehrzahl der Deutschen bis in die Gegenwart von der Sowjetunion hat.

Was auf der anderen Seite mit den sowjetischen Gefangenen in deutscher Hand geschah, ist dagegen weitgehend unbekannt geblieben. Zwischen dem 22. Juni 1941 und dem Kriegsende wurden rund 5,7 Millionen Rotarmisten gefangengenommen. Davon lebten Anfang 1945 noch 930 000 in den Gefangenenlagern. Maximal eine Million Gefangene hatte man, vorwiegend als "Hilfswillige" zum Dienst in der Wehrmacht, entlassen. Weitere 500 000 waren nach Schätzungen des Oberkommandos des Heeres (OKH) geflüchtet oder von der Roten Armee befreit worden. Die restlichen 3,3 Millionen (57 Prozent) waren in der Gefangenschaft umgekommen, fast zwei Millionen allein bis zum Februar 1942.

(Zur Zahlendiskussion vgl. Ueberschär/Wette: Unternehmen Barbarossa, Paderborn 1984, S. 198f.)

Fünf Hauptursachen führten zum Tod von mehr als der Hälfte der sowjetischen Gefangenen: Hunger, eine völlig unzureichende Unterbringung, die Art des Abtransports; eine unmenschliche Behandlung, schließlich die Ermordung bestimmter Gefangenengruppen.

Die Versorgung der Riesenzahl dieser Gefangenen stellte die Wehrmacht gewiß vor enorme Probleme, aber nicht dies war die Ursache des Massensterbens. Die Nahrungsressourcen des Ostens waren eines der Hauptziele des Ostkrieges. Ihre erbarmungslose Ausbeutung sollte es ermöglichen, der deutschen Bevölkerung einen "friedensmäßigen" Ernährungsstandard zu erhalten und so jeglicher Gefährdung der "Kriegsmoral" vorzubeugen – der November 1918 stand Hitler wie seinen Generalen in traumatischer Erinnerung. Die Ministerialbürokraten, die diese Ausbeutung schon Monate vor dem Überfall bis ins Detail planten, waren sich über die Folgen völlig im klaren. Es würden dabei, so hieß es nach einer Besprechung von Staatssekretären verschiedener Ministerien Anfang Mai 1941, "zweifellos -zig Millionen Menschen verhungern".

Die erwarteten Kriegsgefangenen mußten notwendigerweise die ersten Opfer dieser Politik werden. Die verantwortlichen Stellen waren sich von vornherein darin einig, daß sie "nur die notwendigste Verpflegung" erhalten und nicht nach den üblichen kriegsvölkerrechtlichen Regeln behandelt werden sollten.

Quelle: Ch. Streit, Massendeportationen – Zwangsarbeiter, in: Frieden mit der Sowjetunion – Eine unerledigte Aufgabe, hrsg. von D. Goldschmitt u.a., Gütersloh, 1989, S. 102f.

B

Die Transportbedingungen

Gefangene Sowjetsoldaten, 1941
Quelle: Staatliches Archiv für Fotodokumentation, Moskau

Zehntausende, vermutlich sogar Hunderttausende der Gefangenen verloren ihr Leben auf dem Transport von der Front in die Gefangenenlager. Bis in den Winter hinein mußten die meisten Gefangenen in die rückwärtigen Gebiete marschieren, zum Teil viele hundert Kilometer weit, bis nach Oberschlesien und Ostpreußen. Um eine Behinderung des rollenden Verkehrs durch marschierende Gefangene zu vermeiden, hatte das OKH ursprünglich befohlen, die Gefangenen sollten mit den leer zurückfahrenden Nachschubkolonnen oder mit Leerzügen abtransportiert werden. Transportoffiziere und Eisenbahndienststellen verweigerten dies aber sehr häufig mit dem Argument, die Gefangenen seien verlaust. Das OKH gab dem nach und ordnete im Juli 1941 an, die Transporte seien in Zukunft in der Regel im Fußmarsch durchzuführen.

Bei diesen Märschen wurden Tausende von erschöpften Gefangenen kurzerhand von den Begleitmannschaften erschossen. Truppenführer wie der Feldmarschall von Bock wandten sich wiederholt mit Befehlen gegen diese Praxis, konnten sie aber zunächst nicht beenden, um so weniger, als auch sie nicht bereit waren, die grundsätzlichen Prioritäten in Frage zu stellen und ausreichende Rationen zu befehlen. Immer wieder wurde die Tötung entkräfteter Gefangener gemeldet, so im Oktober 1941 aus Smolensk, wo mitten in der Stadt aus einem Transport 125 Gefangene erschossen worden waren, oder Ende Januar 1942 aus Minsk, wo auf der Hauptstraße Gefangene "in großer Zahl" getötet worden waren. Im übrigen gab es auch Truppenführer, die ganz anderer Meinung waren als von Bock. Nach der Aufzeichnung eines Vertreters des Amtes Ausland/Abwehr im OKW war in der 6. Armee des Feldmarschalls von Reichenau befohlen worden, "alle schlappmachenden Gefangenen zu erschießen".

Soweit Gefangene mit der Eisenbahn abtransportiert wurden, durften sie auf Befehl des OKH nur in offenen Wagen gefahren werden. Das schränkte nicht nur den dafür verfügbaren Transportraum ein, sondern verursachte mit Einbruch des Winters enorme Verluste. Aus dem Rückwärtigen Heeresgebiet Mitte wurden im Oktober 1941 200 000 Gefangene in offenen Wagen in das Reichskommissariat Ostland gebracht, obwohl es vom 10. Oktober an Frost und Schneefall gegeben hatte. Erst am 22. November, als schon mehr als drei Wochen Dauerfrost herrschte, wurde der Transport mit geschlossenen Wagen gestattet. Konkreter Anlaß dabei war, daß bei einem relativ kurzen Transport 1000 Gefangene, jeder Fünfte, erfroren waren.

Als im Oktober 1941 Frost und Schneefall einsetzten, gab es zum Beispiel in vielen Lagern im Rückwärtigen Heeresgebiet Mitte lediglich Schutzdächer, unter denen noch nicht einmal alle Gefangenen Platz fanden. Erst im November waren die meisten von ihnen in geschlossenen, meist ungeheizten Räumen untergebracht, mußten aber oft auf der blanken Erde schlafen. Bis zum Frühjahr 1942 besserten sich die Unterkunftsverhältnisse vor allem dadurch, daß die dezimierte Zahl der Gefangenen in den bis dahin fertiggestellten Unterkünften Platz fand.

Ein bezeichnendes Detail soll noch erwähnt werden, weil es die Prioritäten der deutschen Führung im Herbst 1941 noch einmal schlaglichtartig klarmacht: Im Generalgouvernement sollten im September 1941 Winterunterkünfte für 400 000 bis 500 000 sowjetische Gefangene gebaut werden. Dafür standen 34 mittlere LKW zur Verfügung. Generalquartiermeister Wagner lehnte die Zuweisung weiter LKW aus Beutebeständen ab. (...)

Auch der Transport in geschlossenen, aber ungeheizten Wagen bedeutete bei den Temperaturen des russischen Winters keine große Verbesserung. Nach einem Bericht des Reichskommissariats Ostland vom 5. Dezember 1941 starben "zwischen 25 und 70 Prozent der Gefangenen auf dem Transport". Neben der Kälte wurde als weitere Ursache genannt, daß für mehrtägige Fahrten keine Verpflegung bereitgestellt worden war.

Die Bedingungen beim Abtransport trugen auch mittelbar zur Erhöhung der Sterblichkeit bei. Der körperliche Zustand der Gefangenen wurde durch die langen, kräftezehrenden Märsche, durch die Kälte, der sie schutzlos ausgesetzt waren, und durch die auf dem Transport noch schlechtere Ernährung so reduziert, daß der Verlust durch die dann weiter unzureichende Ernährung in den Stammlagern nicht ausgeglichen werden konnte. Jede weitere Anstrengung oder auch normalerweise unbedeutende Infektionskrankheiten führten dann zum Tode.

Quelle: G.R. Ueberschär/W. Wette (Hrsg.), "Unternehmen Barbarossa" Der deutsche Überfall auf die Sowjetunion 1941, Paderborn 1984, S. 209ff.

C

Warum sie verhungern mußten

Ausnutzung der Produkte der SU für die Ernährung der Wehrmacht (1941):

Mehl	86 %
Fleisch	68 %
Kartoffeln	100 %
Fett	50 %
Zucker	40 %
Futtermittel	50 %

Ausnutzung der Landwirtschaft für die Zwecke von deutschen Truppen und des Deutschen Reiches

Wirtschaftjahr 1941/42

Getreide	1641044 t
Fleisch	261702 t
Fett	126273 t

Wirtschaftsjahr 1942/43

Getreide	2570000 t
Fleisch	259000 t
Fette	249000 t

Wirtschaftsjahr 1943/44

Getreide	1850000 t
Fleisch	148000 t
Fette	35000 t

*Quelle: Statist. Aufstellung der Geschäftsgruppe Ernährung im Vierjahresplanamt o.D., in: N. Müller (Hrsg.): Deutsche Besatzungspolitik in der UdSSR. Pahl-Rugenstein (Lizenz), Köln 1980, Nr. 107, S. 264 f.
aus: G. R. Ueberschär/W. Wette (Hrsg.), "Unternehmen Barbarossa" Der deutsche Überfall auf die Sowjetunion 1941, Paderborn 1984, S. 193 f.*

Weitere Berichte zur Behandlung von Kriegsgefangenen siehe: Erinnern und Versöhnen' Hrsg. Dieter Bach, Evangelische Akademie Mülheim/Ruhr 1988

4. Befehlsnotstand oder Handeln gegen die eigene Einsicht

Baustein 19

Befehlsnotstand? – Eine Situationsanalyse

Einstieg

Präsentation eines Auszugs aus der Stellungnahme Rückerls zum Problem des Befehlsnotstandes (Text **A**, siehe unten)

Erarbeitung

Untersuchung von Quellen zum Problem des Befehlsnotstandes

Arbeitsauftrag

Welches Licht werfen die Texte

B: "Ich mache das nicht"
C: "Ich mußte, ob ich wollte oder nicht"

auf die Frage, ob der Massenmord an der Zivilbevölkerung durch "Befehlsnotstand" erklärt werden kann?"

Auswertung der Ergebnisse

Unterrichtsgespräch

Bewertung

Bestimmung der Kriegssituation

Impuls/Frage:

Durch welche Merkmale war die Situation der am Krieg gegen die SU beteiligten Deutschen bestimmt?

Mögliche Schülerantworten:

– obrigkeitsstaatliche Traditon
– Eid auf Adolf Hitler (1934)
– rassenideologische Befehlsstrukturen
– Einhalten von Männlichkeitsritualen
– Tendenz zur Entindividualisierung
– Zunehmende Brutalisierung des Krieges usw.

In einem weiteren Schritt kann dann die Frage erörtert werden, welche Gründe/Handlungsmotive Deutsche veranlaßt haben können, an Erschießungen von Zivilisten teilzunehmen.

Mögliche Schülerantworten:

– fehlende Bereitschaft, Nachteile in Kauf zu nehmen
– mangelnde Zivilcourage, als Außenseiter zu gelten
– Angst, selbst getötet zu werden
– Angst, als Befehlsverweigerer zum NS-Gegner abgestempelt zu werden
– Akzeptanz, verbunden mit der Hoffnung auf persönliche Vorteile
– Verinnerlichung der NS-Ideologie

Weiterführende Behandlung

Für eine weiterführende Behandlung dieses Themenkomplexes in der Sekundarstufe II empfiehlt es sich, psychoanalytische Erklärungsansätze (z. B. S. Freud, Le Bon, A. Miller) heranzuziehen.

Ein erster Einstieg ist möglich mit dem Text **D**: "Sehen heißt glauben".

A

Zum Problem des sogenannten "Befehlsnotstandes"

"Sie hatten doch nur auf Befehl gehandelt! Was hätten sie denn tun sollen? Es weiß doch heute jeder: Hätten sie sich geweigert, wären sie selbst an die Wand gestellt worden." – So, oder doch so ähnlich kann man es seit dem Kriegsende immer wieder hören, wenn von NS-Verbrechen die Rede ist. Es gab in der Vergangenheit vor einem deutschen Gericht kaum ein Strafverfahren wegen NS-Verbrechen, in dem das Problem des sogenannten Befehlsnotstandes nicht eine wesentliche Rolle gespielt hätte. Seit den Tagen des Prozesses vor dem Internationalen Militärgerichtshof in Nürnberg ist von den Angeklagten immer wieder behauptet worden, sie hätten die ihnen zur Last gelegten Verbrechen nur unter dem Druck einer unausweichlichen Gefahr für Leib und Leben

Deutsche Soldaten
Quelle: Das Dritte Reich, München 1964

begangen. Die Zentrale Stelle ist jedem ihr in einem Ermittlungs- oder Strafverfahren bekanntgewordenen Fall nachgegangen, in dem eine Schädigung an Leib und Leben als Folge der Nichtausführung eines verbrecherischen Befehls schlüssig behauptet worden war. Keiner von ihnen hat sich bestätigt. Von den Verteidigern der Angeklagten konnte den Gerichten nicht ein einziger Fall präsentiert werden, in dem die Verweigerung der Ausführung eines verbrecherischen Befehls eine im Sinne der einschlägigen gesetzlichen Bestimmungen objektiv drohende Gefahr für Leib und Leben des Befehlsempfängers mit sich gebracht hat.

Es sind inzwischen zahlreiche Fälle nachzuweisen, in denen die mehr oder weniger stillschweigende Nichtausführung, aber auch die expressis verbis erfolgte Verweigerung eines verbrecherischen Befehls keine oder nur geringe nachteilige Folgen hatte, so beispielsweise eine Rückversetzung in die Heimat wegen "mangelnder Härte für den Osteinsatz", Beförderungssperre oder Versetzung zu einer normalen Kampfeinheit der Waffen-SS. Die bekanntgewordenen Fälle betrafen aber keineswegs allein die Nichtausführung rechtswidriger Anordnungen durch einen einzelnen Befehlsempfänger; auch geschlossene Einheiten haben sich auf diese Weise einer Teilnahme an Massenmordaktionen entzogen, ohne daß Führern und Mannschaften daraus ein Schaden an Leib und Leben erwachsen wäre.

aus: A. Rückerl, NS-Verbrechen vor Gericht, Versuch einer Vergangenheitsbewältigung, Heidelberg 1982, S. 281 ff.

B

Ich mache das nicht

Ein SS-Hauptscharführer und Kriminalangestellter (Außenstelle Gorlice des Grenzpolizeikommissariats Jaslo):

Eines Morgens, vermutlich im Sommer 1942 oder im Herbst, erhielt ich von Friedrich den Befehl, mit ihm nach Jaslo zu fahren. ... Von dort sind wir in einer Kolonne mit etlichen Fahrzeugen in eine Ortschaft in der Nähe von Jaslo, jedenfalls im Bereich des Grenzkommissariats Jaslo, gefahren. ... Meines Wissens haben wir uns ohne längeren Aufenthalt im Ort zu einer Stelle außerhalb der Ortschaft begeben, wo eine längliche Grube ausgehoben war. ... Nachdem die Exekution der Juden schon begonnen hatte ... wurde ich durch irgendjemand zu Raschwitz (Leiter des Grenzpolizeikommissariats Jaslo; d. Hrsg.) zitiert. Raschwitz, der zu diesem Zeitpunkt schon stark angetrunken war, erteilte mir den Befehl, zur Grube zu gehen und dort mit meiner Pistole Juden zu erschießen. Ich habe es ihm gegenüber aber abgelehnt, diesem Befehl nachzukommen, und mich zur Begründung meiner Ablehnung einfach darauf beschränkt zu sagen: Ich mache das nicht. Raschwitz hat mich dann sehr beschimpft. Ich erinnere mich noch an den Ausdruck "ostmärkiges Schwein", den er mir gegenüber gebrauchte. Außerdem gebrauchte er meines Wissens die Formulierung "Feigling" und weitere Schimpfworte. Sodann schickte er mich wieder zu den Kraftfahrzeugen zurück. Weiter hat Raschwitz gegen mich nichts unternommen und mich in Ruhe gelassen.

SS-Oberführer Prof. Dr. Franz Six, Einsatzgruppe B:

Man konnte während des Krieges zumindest versuchen, von einer Einsatzgruppe versetzt zu werden. Ich selbst habe das mit Erfolg versucht. ... Ich wurde anläßlich meiner Rückversetzung nicht degradiert und hatte keine Nachteile außer dem, daß ich mit Heydrich bis zu seinem Tode in einem persönlichen Zerwürfnis lebte. Es hat sicher Fälle gegeben, bei denen die Wegversetzung von einer Einsatzgruppe Nachteile mit sich brachte. Ich kann mich aber an einzelne Fälle jetzt nicht erinnern. Auf jeden Fall wurde niemand deshalb erschossen, soweit mit bekannt ist. Es bestand auch die Möglichkeit, vom Reichssicherheitshauptamt sich zur Front zu melden oder für einen anderen Bereich freigegeben zu werden. Ich sollte wieder an die Front versetzt werden, und zwar Mitte 1942, wurde aber unmittelbar vor meiner Abreise für das Auswärtige Amt freigegeben. Nach 6 Monaten Informationstätigkeit im Auswärtigen Amt wurde ich zum Gesandten erster Klasse als Ministerialdirigent ernannt. Ich habe also auch bei dieser Versetzung keine Nachteile erlitten.

aus: "Schöne Zeiten", Judenmord aus der Sicht der Täter und Gaffer, hrsg. von E. Klee u. a., Frankfurt/M. 1988, S. 81 u. 83. (Die Quellen basieren auf Dokumenten der Zentralen Stelle der Landesjustizverwaltungen in Ludwigsburg)

C

Ich mußte, ob ich wollte oder nicht

Bruno Schlage, ehemals Arrestaufseher in Auschwitz, in seinem Schlußwort im Auschwitz-Prozeß: Nun frage ich Sie, Hohes Gericht, und alle, die Soldat waren, was ich hätte tun sollen, wenn ich nicht das Leben meiner Familie und mein eigenes Leben gefährden wollte. Meine Antwort lautet, ich mußte, ob ich wollte oder nicht, den Dienst so ausführen, wie meine Vorgesetzten es von mir verlangten. ... Meine Antwort ist, wir wären alle wegen Befehlsverweigerung restlos zusammengeschossen worden. Der Eid, den ich damals auf den höchsten Kriegsherrn leisten mußte, war für mich bindend ...

Aus: B. Naumann: Auschwitz. Bericht über die Strafsache gegen Mulka u. a. vor dem Schwurgericht Frankfurt. Frankfurt a. M./Hamburg: Fischer-TB 885, 1968, S. 264.
aus: B. Hey/J. Radkau, Nationalsozialismus und Faschismus, Stuttgart 1982, S. 162 f.

D

Sehen heißt glauben

Unterrichtsgeschehen

Motivation:

– Thema der Stunde (Tafelanschrieb): *Sehen heißt Glauben.*

Der Lehrer erzählt folgende Anekdote:

Ein Mann wird im Stadtpark überfallen und beraubt. Der Polizei teilt er mit, daß er den Räuber jederzeit identifizieren könne.
Die Polizei faßt tatsächlich den mutmaßlichen Täter und bereitet eine Gruppe von Personen, unter anderem Polizeibeamte in Zivil, für eine Gegenüberstellung vor. Der Beraubte zeigt auf einen Mann und schwört, daß dieser der Täter sei. Der so Bezeichnete ist der Polizeipräsident, der natürlich mit der Tat nichts zu tun hat.

Experiment:

Mehrere Schüler werden gebeten, als Versuchspersonen den Raum zu verlassen.

Haben die Schüler den Klassenraum verlassen, so erläutert der Lehrer den Inhalt des Experiments. Er zeigt den Schülern 11 Karten mit je einem großen und einem kleinen Kreuz und die Testkarte mit dem kleinen Kreuz. Im Experiment sollen die Klasse und die jeweilige Versuchsperson die Kreuz-Paare auf den 11 Karten mit dem Kreuz auf der Testkarte vergleichen. Die Klasse verabredet vorher, immer die falsche Antwort zu geben ("das Kreuz auf der Testkarte entspricht dem großen Kreuz auf der anderen Karte"). Die Versuchsperson soll nichts sagen, sondern im Anschluß an das Votum der Klasse mit dem Finger das seiner Meinung nach richtige Kreuz zeigen.

Der Lehrer heftet dann die Testkarte vor der Klasse an die Wand/Tafel und zeigt nacheinander die 11 Karten mit zwei Kreuzen.

Jeder Versuchsperson wird anschließend der Zweck des Experiments erklärt.

Auswertung:

Mögliche Fragen:

– Welche Beobachtungen konntet ihr während des Experiments machen?

– Wie hast Du Dich als Versuchsperson gefühlt, als Deine Antwort anders war als das Votum der Klasse?

– Wie funktioniert diese Form von Druck in Situationen, in denen mehrere Menschen miteinander umgehen (Parties, Klasse, Politik, Mode)?

Kommentar:

Die Intention dieser Phase ist, die Schüler vom wirklichen Stundeninhalt abzulenken, da sie völlig unbefangen an dem Experiment teilnehmen müssen.

Material

– 11 gleiche Karten (DIN A 4)
Kreuze mit dickem Filzstift,
in der Größe nicht allzu unterschiedlich.

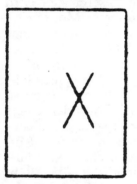

– 1 Karte ("Testkarte")
Das Kreuz soll dieselbe Größe wie A haben.

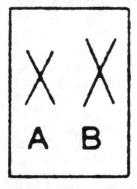

Die Meinung der Klasse kann zusätzlich an der Tafel protokolliert werden:

z. B. Versuch 1: A
z. B. Versuch 2: A

Kommentar

Mögliche Antworten:

– zögerndes Antworten
– Wechsel der Meinung (Anpassung)
– unsicherer Gesichtsausdruck
– Lächerlichmachen der Testperson durch die Klasse
– dem Gruppendruck zu erliegen, schafft Erleichterung
– dem Gruppendruck zu widerstehen, erfordert Mut
– Gruppensituationen üben fast immer Anpassungsdruck auf einzelne aus.

aus: Sucht- und Drogenvorbeugung in der Schule, Unterricht und Schule., herausgegeben vom Landesinstitut für Schule und Weiterbildung, Soest 1988, S. 143 f.

III. Erinnern – Ein Weg zur Verständigung mit dem sowjetischen Nachbarn und eine Voraussetzung für eine gemeinsame Zukunft in Europa

Baustein 20

Wie wurde der Krieg gegen die Sowjetunion aufgearbeitet?

Einstieg

Präsentation des Brecht-Gedichtes "Epilog auf das Dritte Reich"

...
Ihr aber lernet, wie man sieht statt stiert.
Und handelt, statt zu reden noch und noch.
So was hätt einmal fast die Welt regiert.
Die Völker wurden seiner Herr, jedoch
Daß keiner von uns zu früh da triumphiert –
Der Schoß ist fruchtbar noch,
aus dem das kroch.

(Aus Bertolt Brecht, Kriegsfibel, Nachdruck Frankfurt o. J.)

Problem
Wie wurde der Krieg gegen die Sowjetunion historisch aufgearbeitet?

Erarbeitung

Untersuchung eines Textes von Werner Krusche, Bischof i. R., Magdeburg, *Schuld und Vergebung* (siehe unten)

Arbeitsauftrag

1. Arbeite thesenartig die Hauptaussagen Krusches heraus!

2. Wie sollte unsere heutige Gesellschaft nach Krusche mit der nationalsozialistischen Kriegsführung gegen die Sowjetunion umgehen?

Bewertung

Welche Konsequenzen ziehe ich persönlich aus der Beschäftigung mit dem Thema "Überfall auf die Sowjetunion?

Text *Schuld und Vergebung*

In der evangelischen Kirche war nicht in den Blick gekommen, daß die Zielsetzung und die Methoden der deutschen Kriegsführung auf den Kriegsschauplätzen im Westen und denen im Osten von qualitativem Unterschied waren: Während sich der Krieg im Westen im Großen und Ganzen im Rahmen "konventioneller" Kampfführung gehalten hatte, zielte die Kriegsführung im Osten von Anfang an nicht nur auf die militärische Bezwingung des Gegners, sondern hier wurde ein Vernichtungskrieg gegen die slawischen "Untermenschen" geführt. Wer diesen fundamentalen Unterschied nicht sah, konnte meinen, der Satz aus der Stuttgarter Erklärung, durch uns sei unendliches Leid über viele Völker und Länder gebracht worden, schließe doch alle ein und reiche aus. Die Ausblendung der besonderen Schuld gegenüber dem zur Vernichtung bestimmt gewesenen Sowjetvolk ist der verhängnisvollste und folgenschwerste Vorgang in der deutschen Nachkriegsgeschichte. Eine Kirche, die diese besondere Schuld nicht sehen konnte und nicht sehen wollte, hatte und hat einer antikommunistisch emotionalisierten und ideologisierten Politik mit ihren Folgewirkungen nichts entgegenzusetzen.

Als der sehr bald zutage tretende Ost-West-Gegensatz sich immer mehr verschärfte, war von einer deutschen Schuld gegenüber dem Osten keine Rede mehr. Im Gegenteil: durch eine immer maßloser werdende moralische und politische Diskriminierung der Sowjetunion entstand ein Klima, in dem der Gedanke an eine deutsche Schuld diesem "Untier" gegenüber beinahe absurd erscheinen mußte.

Die Sowjetunion war der Unrechtsstaat par excellence, in dem Freiheit und Menschenwürde mit Füßen getreten wurden, der seine Gewaltherrschaft über ganz Europa ausdehnen will, jederzeit bereit zu einem Überfall auf das militärisch nicht ausreichend gerüstete Westeuropa, nichts anderes als die rote Version des Totalitarismus, ein aggressives Monster – der Koreakrieg war der Beweis –, gegen das man sich stark machen muß, um es schließlich kleinzukriegen.

Und da es sich dabei um ein atheistisches Monstrum handelte, mußte der Ost-West-Gegensatz nun auch noch religiös aufgeladen werden. Der damalige Bundeskanzler Adenauer erklärte 1950: "In unserer Zeit wird es sich entscheiden, ob Freiheit, Menschenwürde, christlich-abendländisches Denken der Menschheit erhalten bleibt oder ob der Geist der Finsternis und der Sklaverei, ob der antichristliche Geist für eine lange, lange Zeit seine Geißel über die hilflos am Boden liegende Menschheit schwingen wird." "Auf der einen Seite steht Sowjet-Rußland mit seinen Trabanten- und Satellitenstaaten, seinen Fünften Kolonnen und den ihm blind gehorchenden kommunistischen Parteien, hochgerüstet, überall in der Welt das Feuer schürend, Religion und Christentum, europäische Sitten und Kultur, Freiheit und Würde der Person vernichtend. Auf der anderen Seite stehen die Atlantik-Pakt-Staaten unter Führung der Vereinigten Staaten, bereit und entschlossen, alles zu tun für den Frieden, aber nur für einen Frieden in Freiheit und Würde, bereit, ihre Rüstung aufs äußerste zu verstärken, um auf diese Weise den von Sowjet-Rußland drohenden Angriff zu verhindern." Es sei seine "tiefe Überzeugung, daß wir alle in einen Kampf zwischen Materialismus und Christentum, zwischen Gut und Böse mitten hineingestellt sind, und daß jeder von uns in diesem Kampfe sein Letztes hergeben muß, damit das Gute obsiegt und damit Gott obsiegt."

Man wird bei diesen Äußerungen berücksichtigen müssen, daß sie in der Stalin-Ära gemacht worden sind. Aber sie blieben wirksam. Im Ost-West-Gegensatz handelt es sich um den Kampf des Lichtes gegen die Finsternis, des Guten gegen das Böse. Die Linie zu Äußerungen des gegenwärtigen Präsidenten der Vereinigten Staaten, der sowjetische Kom-

Für Sekundarstufe 1 und 2

Frauen grüßen Soldaten der Wehrmacht
Quelle: Staatliches Archiv für Fotodokumentation, Moskau

munismus stelle die Inkarnation des Bösen dar, es sei möglich, daß wir vielleicht vor dem entscheidenden Endkampf von Harmagedon (Offenbb. 16,16) stünden, liegt auf der Hand.
Eine solchermaßen apokalyptisch ideologisierte Politik konnte dann nur heißen: Integration der Bundesrepublik in das westliche Bündnissystem, Wiederbewaffnung und eine Politik der Stärke treiben. Der damalige Bundeskanzler erklärte: "Erst wenn der Westen stark ist, ergibt sich ein wirklicher Ausgangspunkt für friedliche Verhandlungen mit dem Ziel, nicht nur die Sowjetzone, sondern das ganze versklavte Europa östlich des eisernen Vorhanges zu befreien, in Frieden zu befreien." "Dann wird auch der Tag gekommen sein, wo wir mit unseren Brüdern und Schwestern im Osten in Freiheit wiedervereint sein werden."
Was konnte eine Kirche, die die deutsche Schuld gegenüber dem Osten aus ihrem Bewußtsein ausgeblendet hatte, in dieser Situation tun?
Die Gruppe um Niemöller, Heinemann und Barth hatte dagegen das besondere Unrecht von uns Deutschen gegenüber den Völkern der Sowjetunion nicht aus dem Blick verloren. Ohne die Unterschiede zwischen den politischen Systemen zu verwischen und ohne die Vorgänge in der Stalinzeit zu bagatellisieren oder gar zu rechtfertigen, konnten sie die politische Entwicklung nicht ohne den Zusammenhang gesamtdeutscher Schuld sehen. Darum haben diese Männer weder die Sowjetunion verteufelt, noch die Vereinigten Staaten verhimmelt, sondern sie nüchtern als politische Gegner mit ihren je eigenen Machtinteressen gesehen. Natürlich wußten sie, daß die sowjetische Politik unter ideologischen Vorzeichen geschah, aber sie zogen daraus nicht den Schluß, daß daraufhin eine antikommunistische "christliche" Gegenideologie aufzubauen sei. Ihnen lag daran, das Ost-West-Verhältnis zu entideologisieren, es aus der Hochstilisierung zu einem weltgeschichtlich-apokalyptischen Entweder/Oder herunterzuholen auf die Ebene rationaler Politik.

aus: W. Krusche, Schuld und Vergebung – Der Grund christlichen Friedenshandelns, Berlin 1984, S. 15 ff.

> **Baustein 21**

Gedenkmanifest 1981 und 1991

Einstieg

Der Text von "Aktion Sühnezeichen Friedensdienste" –
40. Jahrestag des Überfalls auf die Sowjetunion – sollte in vorbereitender Lektüre als Hausaufgabe gelesen worden sein. (Siehe unten)

Wie schätzen die Autoren von "Aktion Sühnezeichen" das sowjetische Bewußtsein über die Bedeutung des 22. Juni 1941 und des 9. Mai 1945 ein?

(Abrufen der Hausaufgabe)

Erarbeitung

Diskussion der Frage, ob sich seit dem 40. Jahrestag des Überfalls auf die Sowjetunion im Bewußtsein der Deutschen etwas geändert hat.

Vertiefung

Verfasse einen Beitrag für Deine Schülerzeitung über den 50. Jahrestag des Überfalls auf die Sowjetunion!
Berücksichtige dabei auch die veränderte politische Situation im vereinigten Deutschland!

Text

40. Jahrestag des Überfalls auf die Sowjetunion

Vor vierzig Jahren, am 22. Juni 1941, begann der Überfall auf die Sowjetunion. Dieser Krieg wurde von deutscher Seite vom ersten Tag an als Vernichtungskrieg geführt. In den folgenden vier Kriegsjahren bis zum Mai 1945 kamen 20 Millionen Sowjetbürger um.

In unserem Land ist dies weitgehend vergessen bzw. verdrängt worden. Anders dagegen in der Sowjetunion. Wer in die Sowjetunion fährt, ist beeindruckt von der großen Zahl der Gedenkstätten, die an den Zweiten Weltkrieg erinnern. Sie haben Bedeutung für das Leben in der Sowjetunion. So führt der Weg von Jungvermählten nach der Trauung oft zu einer Gedenkstätte für die Toten des Krieges, wo sie Hochzeitsblumen niederlegen. Und besonders an Tagen wie dem 9. Mai, der in der Sowjetunion als Tag des Sieges über den deutschen Faschismus begangen wird, besuchen viele Menschen die Gedenkstätten.

Mir ist jetzt noch der 9. Mai 1980 in Erinnerung. Im vergangenen Jahr war ich mit einer Gruppe von Westberliner Jugendlichen in Leningrad, wo während des Zweiten Weltkrieges eine Million Menschen umkamen – die meisten von ihnen verhungerten in der blockierten Stadt. Mehr als 500 000 von ihnen sind auf dem Leningrader Piskarew-Friedhof begraben. An jenem 9. Mai, 35 Jahre nach Kriegsende, war dieser Friedhof den ganzen Tag über schwarz von Menschen: Alte, Junge, Eltern mit ihren Kindern, die dort ihrer toten Angehörigen gedachten. Diese riesige Fläche mit Massengräbern zu sehen, die man kaum von einem Ende zum anderen überblicken kann, dieser Eindruck läßt einen lange nicht los.

Gerade in diesen Tagen wurden wir in allen Städten, die wir besuchten, immer wieder auf der Straße, im Hotel, in einer Gedenkstätte von Menschen angesprochen, die merkten, daß wir Deutsche waren. Von Menschen, die sagten, es dürfe keinen Krieg mehr zwischen unseren Völkern geben, und daß alles getan werden müsse, um den Frieden zu erhalten. Diese Menschen fragten uns aber auch, was wir in unserem Land dafür tun.

In den Menschen in der Sowjetunion ist die Erinnerung an die Schrecken des Krieges lebendig, weit stärker, als es sich bei uns viele Menschen vorstellen können. Ebenso spürbar ist aber auch die Angst, noch einmal nicht gut genug auf einen Krieg vorbereitet zu sein – wie 1941, als deutsche Truppen in wenigen Monaten tief in die Sowjetunion eindrangen, als die zweitgrößte Stadt des Landes, Leningrad, von einem Blockadering eingeschlossen wurde, als deutsche Truppen in den Vororten von Moskau standen und die Sowjetunion in ihrer Existenz bedroht war.

Denn eine der Folgen des 22. Juni 1941 ist, daß in der Sowjetunion nach wie vor der Schock dieses Tages weiterwirkt – in der Parteiführung und der Regierung ebenso wie in der Bevölkerung. Für uns ist dies nur zu verstehen, wenn wir uns bewußt machen, was dieser Krieg für die Sowjetunion bedeutete.

Ingesamt starben an den Folgen des Krieges zwanzig Millionen Sowjetbürger. Es gibt kaum eine Familie, die in diesem Krieg keine Angehörigen verloren hat. Die Zahl der Kriegsversehrten ging in die Millionen. Das macht verständlich, daß die Erinnerung an den Krieg und an seine Folgen nach wie vor so lebendig ist.

Bei uns ist das Schicksal der sowjetischen Bevölkerung, der Zwangsarbeiter und Kriegsgefangenen weitgehend vergessen bzw. verdrängt worden. Die Erinnerung daran ist jedoch ein Schlüssel zum Verständnis und zur Einordnung vieler Entwicklungen in der Sowjetunion und sowjetischen Außenpolitik. Ihr Hauptziel ist, nach diesen Erfahrungen die eigene Bevölkerung vor einem neuen Krieg zu bewahren und den Frieden zu erhalten. Wer sich bei uns heute Gedanken darüber macht, was von sowjetischen Verhandlungsvorschlägen zu halten ist und wie glaubhaft diese sind, sollte sich des aus der Zeit des Zweiten Weltkriegs bestehenden Sicherheitstraumas bewußt sein.

(Aus: Frieden schaffen ohne Waffen, Aktion Sühnezeichen/Friedensdienste, Bornheim/Merten. 1981, Anhang)

aus: A. Egner u.a., Demokratie und Diktatur, Deutsche Geschichte 1918-1945, Hannover 1986, S. 176f

Baustein 22

Die deutsche Vereinigung – Anlaß zur Sorge?

Rollenspiel

Rollen:

– Russe, Minsk, 17 Jahre alt,
– Mutter, Leningrad, (hat ihre Söhne im Krieg verloren),
– Russische Jüdin,
– Offizier (Kriegsteilnehmer)
– Russischer Mitarbeiter des Außenministeriums,
– ....
– ....
– Vertreter einer deutschen Delegation

"Das ganze Land verteidigte Stalingrad. Jetzt baut das Land diese Stadt auf." Stalingrad 1943

Quelle: Staatliches Archiv für Fotodokumentation, Moskau

Ort:

Leningrad

Zeitpunkt:

22. Juni 1991

Thema:

Die am Rollenspiel beteiligten Akteure führen ein Kreisgespräch über die Frage, ob die deutsche Vereinigung ein Gewinn oder Anlaß zur Sorge für Europa sei.

Es empfiehlt sich, das Rollenspiel genau vorzubereiten.

1. Die Rollenzuweisung sollte unter Berücksichtigung der Schülerpersönlichkeiten vorgenommen werden.

2. Die Rollenzuweisung kann mit Hilfe vorgefertigter Namenskärtchen und/oder Requisiten optisch unterstützt werden.

3. Die Schüler sollten in einer Vorbereitungsphase Gelegenheit erhalten, sich aus ihren bislang erarbeiteten Unterrichtsmaterialien Argumentationshilfen zusammenzustellen.

Voraussetzung für das Gelingen des Rollenspiels ist die Fähigkeit und Bereitschaft der Lerngruppe, sich ernsthaft auf das Spiel einzulassen. Möglicherweise ist diese Alternative eher für die Sek. II geeignet.

Literaturverzeichnis

Dallin, A., Deutsche Herrschaft in Rußland 1941 – 1945, Königstein/Ts., 1981

Goldschmidt, D. (Hrsg.) : Frieden mit der Sowjetunion – eine unerledigte Aufgabe, Gütersloh 1989

Evangelische Akademie Mülheim/Ruhr (Hrsg.) : Mißtrauische Nachbarn, Möglichkeiten und Hindernisse auf dem Weg der Verständigung Sowjetunion – Bundesrepublik Deutschland, Mülheim/Ruhr, 1987

ter Haar, Jaap, Oleg oder Die belagerte Stadt, München 1986

Haas, G., Lesen in der Schule mit dtv junior, Neue Folge 1986, München 1986

Hey B./Radkau J., Nationalsozialismus und Faschismus, Stuttgart 1982

Hoffmann, D. u.a., Weimarer Republik und nationalsozialistische Herrschaft, Paderborn 1989

Klee, E. u.a., "Gott mit uns" Der deutsche Vernichtungskrieg im Osten 1939 – 1945, Frankfurt/M., 1988

Klee, E. u.a., "Schöne Zeiten" Judenmord aus der Sicht der Täter und Gaffer, Frankfurt/M., 1988

Krusche, W., Schuld und Vergebung. Der Grund Christlichen Friedenshandelns, Berlin 1984

Mayer, A., Der Krieg als Kreuzzug, Reinbek 1989

Mögenburg, H., Sowjetunion. Russische Geschichte der letzten 100 Jahre zwischen Revolution, Reaktion und Reform, Frankfurt/M., 1990

Rückerl, A., NS-Verbrechen vor Gericht, Heidelberg 1982

Ueberschär, G./Wette, W., "Unternehmen Barbarossa" Der deutsche Überfall auf die Sowjetunion 1941, Paderborn 1984

Ute Kinne
Karl-Heinz Kunkel
Margot Nohr

Bilder und Begegnungen

Bilder und Begegnungen haben wir den Abschnitt genannt, der sich mit Arbeit in Erwachsenengruppen befaßt. Sie finden dazu folgende thematische Entfaltung:

I. Von der Propaganda zum Vernichtungskrieg

II. Vorurteile als Leitbilder für das Handeln

III. Blind mit sehenden Augen

IV. Spurensuche

Bilder bestimmen unser tägliches Erleben und Verhalten. Vorbilder haben uns wesentlich geprägt.
Schlimme Erinnerungen und arge Zukunftsvisionen schlagen sich in Schreckensbildern nieder, die auch dann unaufgefordert vor unser geistiges Auge rücken, wenn wir sie lieber aus unserem Blickfeld verbannen würden.
Vorurteile und Unzufriedenheiten gerinnen häufig zu Feindbildern und Menschen sind vielfach allzuschnell bereit, Schuldzuschreibungen ungeprüft zu rezipieren, die sie in gesellschaftlichen oder politischen Feindbildern vorgezeichnet finden.
Wenn wir Ereignisse nicht selbst erlebt haben, Situationen und Gegebenheiten nicht oder nur unzureichend kennen, gleichwohl aber an ihnen interessiert sind, versuchen wir, uns ein Bild von ihnen zu machen.
Unsere Hoffnungen und Träume schließlich schlagen sich in Wunschbildern nieder.
Feindbilder waren die Legitimation dafür, den Krieg gegen die Sowjetunion vom Zaun zu brechen. Feindbilder haben unmenschliches Verhalten in diesem Krieg ermöglicht. Unauslöschliche Schreckensbilder blieben bei denen zurück, die eine unbeschreiblich grausame Kriegsführung erdulden mußten und sie überlebt haben.
Wir wollen mit dazu beitragen, daß Menschen in unserem Land sich ein Bild machen können von dem, was war, wie Propaganda und Einsatzbefehle sich in grausige Realität umsetzten.
Wir wollen mithelfen, daß Menschen bereit sind hinzusehen, was geschah, um daraus für ihr Urteilen und Handeln zu lernen.
Wir wollen dazu anregen, den Spuren nachzugehen, die dieser Krieg hinterlassen hat, um eine Auseinandersetzung mit der Vergangenheit anzustoßen, die Voraussetzung für eine Versöhnung in der Gegenwart ist.
Begegnungen, überwiegend grausame, haben unauslöschliche Bilder des Entsetzens in die Herzen der Opfer gepflanzt. Die Täter haben diese Bilder zu verdrängen versucht, sind vielfach schweigsam geworden.
Neue Begegnungen heute sind immer auch mit dieser Hypothek der Geschichte belastet. Dennoch ist die Begegnung mit konkreten Menschen, mit einem zumeist fremdgebliebenen Land eine der wirksamsten Möglichkeiten, neue Bilder zu schaffen, die keine Schreckensbilder, Feindbilder, Zerrbilder sind. Begegnungen mit der Kultur und dem sehr stark aus Bildern lebenden Glauben von Menschen in diesem Land können beitragen zur Suche nach neuen, gemeinsamen Hoffnungen und Bildern.

I. Von der Propaganda zum Vernichtungskrieg

1. Vorbemerkung

In diesem Abschnitt möchte ich zur Auseinandersetzung mit den Hintergründen der Kriegspropaganda anregen, an ausgewählten Beispielen zeigen, wie sie sich in Einsatzbefehlen niederschlug und im Zeugnis von Betroffenen deutlich werden lassen, wie sie in Kriegshandlungen zur grausamen Realität wurde.

2. Grundlagen der Kriegspropaganda

Das Plakat stammt aus dem Jahr 1919. Es sind hier noch nicht die Nationalsozialisten, die dieses Bild vom feuerlegenden sowjetisch-bolschewistischen Ungeheuer in die Köpfe der Betrachter einbringen wollen. Das Saatgut nationalsozialistischer Propaganda trifft auf ein über Jahrzehnte wohl vorbereitetes Feld. Das Plakat wirkt wie eine vorweggenommene Illustration zu den Texten, die Sie in diesem Kapitel finden: Hitlers Ausführungen über den Bolschewismus, den Mitteilungen für die Truppe und den Armeebefehl von 1941. Der Feldpostbrief von 1944 und der Bericht einer Betroffenen zeigen, daß diese Propaganda ihre Wirkung getan hat.

Das systematisch gezeichnete Feindbild, wie wir es auf dem Plakat sehen, von der bolschewistischen Bestie mit grauenhafter Physiognomie, die feuerlegend, wild, agressiv und bedrohlich ihre zerstörerische Hand zum Griff nach dem Westen ausstreckt, findet in der nationalsozialistischen Propaganda seine Fortsetzung. Es soll es den Soldaten leicht machen, den Einsatzbefehlen nachzukommen und Skrupel über Massenvernichtung gar nicht erst aufkommen zu lassen.

Der Grundmechanismus jeglicher Propaganda ist sehr einfach: Behauptungen und Schlagworte werden auch gegen den Augenschein so lange wiederholt, bis sie sich festsetzen, bis die Realität niemanden mehr interessiert. Es wird dann lästig, der Realität nachzugehen, weil man eigene Vorurteile revidieren müßte, die unter der Hand projektive Entlastungsfunktion für individuelles und gesellschaftliches Verhalten gewonnen haben, das anders kaum zu rechtfertigen wäre. Es ist schwer, einen einmal gefundenen Sündenbock wieder aus seiner Rolle zu entlassen, weil es zur Auseinandersetzung mit eigener Schuld und eigenen Unzulänglichkeiten zwingt. So wird durch die wiederholte Parole, man sei dem Agressor nur zuvorgekommen, aus dem Aggressionskrieg ein Präventivkrieg.

Propaganda zielt nicht primär auf die Ratio, sondern auf die Emotion, die, je stärker sie wird, um so weniger rational steuerbar und mithin manipulierbar wird.

So stanzt sich der Prägehammer der Propaganda die Bilder, die er braucht, und je mehr er in schon Vorgeformtes, in bereits vorhandene Vorurteile paßt, um so unauslöschlicher wird das Bild, das er prägt:

Das Bild vom Agressor, der feuerlegenden Bestie, der slawischen Gefahr jüdischer Untermenschen, des personifizierten Bösen, daß es schon deshalb auszurotten gilt, weil es durch seine Personifikation endlich greifbar wird. Um zu verhindern, daß Reste menschlicher Regungen doch noch entstehen können, wird es solange suggeriert, bis internalisiert ist, daß es ja hier nicht um Menschen gehe, nicht einmal um Tiere, denn "wer einmal in ein solches Gesicht gesehen hat", weiß, daß die Bezeichnung "tierisch" eine Beleidigung der Tiere wäre.

Die Argumentation, daß man der bolschewistischen Gefahr zuvorkommen müsse, ist jedoch nur einer von drei großen Legitimationssträngen in der Kriegsplanung. Sie wird untermauert durch die "völkische" Argumentation, insbesondere durch die antijüdische Propaganda. Bolschewismus und Judentum werden in der Regel in einem Atemzug genannt:

"Das wesentliche Ziel des Feldzuges gegen das jüdisch-bolschewistische System ist die völlige Zerschlagung der Machtmittel und die Ausrottung des asiatischen Einflusses im europäischen Kulturkreis. Hierdurch entstehen auch für die Truppe Aufgaben, die über das hergebrachte einseitige Soldatentum hinausgehen. Der Soldat ist im Ostraum nicht nur ein Kämpfer nach den Regeln der Kriegskunst, sondern auch Träger einer unerbittlichen völkischen Idee und der Rächer für alle Bestialitäten, die deutschem und artverwandtem Volkstum zugefügt wurden.
Deshalb muß der Soldat für die Notwendigkeit der harten, aber gerechten Sühne am jüdischen Untermenschentum volles Verständnis haben. Sie hat den weiteren Zweck, Erhebungen im Rücken der Wehrmacht, die erfahrungsgemäß stets von Juden angezettelt wurden, im Keim zu ersticken.

Armeebefehl des Oberbefehlshabers vom 10.10.1941:
Armee-Oberkommando 6 Abt. Ia-Az. 7

"Nur der bürgerliche Einfaltspinsel ist fähig, sich einzubilden, daß der Bolschewismus gebannt ist. Er hat in seinem oberflächlichen Denken keine Ahnung davon, daß es sich hier um einen triebhaften Vorgang, d.h. den des Strebens nach Weltherrschaft des jüdischen Volkes, handelt (...). Im russischen Bolschewismus haben wir den im zwanzigsten Jahrhundert unternommenen Versuch des Judentums zu erblicken, sich Weltherrschaft anzueignen (...)."

Adolf Hitler. Mein Kampf. München 1943, 17. Aufl. S. 742, S. 750 f.

Baustein 23

"Ich hatte keine Zweifel an der Richtigkeit dieses Krieges" – Die antisowjetische Propaganda und ihre Folgen

Zielgruppe

Frauen und Männer gemischten Alters

Veranstaltungsform

Gesprächsabend (Dauer 2 – 3 Stunden)

Ziele

– Auseinandersetzung mit der Kriegsrealität

– Zusammenhänge von Propaganda und Einsatzbefehlen in ihrer Ermöglichung von Kriegshandlungen deutlich machen.

– Ängste und Betroffenheiten verstehen lernen, die der Krieg bei Sowjetbürgern ausgelöst hat.

– Aus der Geschichte lernen, die Gefahren undifferenzierter Propaganda und plakativer Feindbilder zu erkennen.

Entfaltung

Einstieg in das Thema im Plenum:

Gemeinsame Betrachtung des Plakates (Abbildung, siehe unten) der Bayrischen Volkspartei über Epidiaskop (ggfs. ausleihbar in Filmstellen und Mediotheken).

Einzelarbeit: Jede Teihnehmerin und jeder Teilnehmer erhält eine Kopie des Plakates mit Texten (siehe unten) und wird gebeten, Eindrücke für sich aufzuschreiben.
Dabei können folgende Fragen hilfreich sein:

– Welche Gefühle, Erinnerungen, Vorstellungen löst das Plakat bei Ihnen aus?

– Was vermittelt dieses Bild? Was ist seine Absicht?

– Welches Menschenbild von der dargestellten Person will es suggerieren?

– Was sagen die ergänzenden Texte?

Entwickeln von Fragestellungen

Kleingruppenarbeit: Austausch in Dreier- oder Vierer-Gruppen über die Ergebnisse der Einzelarbeit

Plenum: Welche Fragen sind in den Kleingruppen besonders wichtig gewesen? (Festhalten der Fragen auf einer Wandzeitung)

Kurze Informationen über:

Kriegsziele (siehe unten)

Propaganda (siehe *Grundlagen der Kriegspropaganda*, Seite 74)

Einsatzbefehle, ihre Umsetzung und das Leiden der Betroffenen (siehe unten)

Die Teilnehmenden haben alle Texte vorliegen

Eine Diskussion darüber ist nach der Einführung unbedingt notwendig.

Zielfrage

Wie konnte es geschehen, daß denkende Menschen so handelten? Welche Faktoren haben das ermöglicht?

Plenum: Propaganda heute

Wo finde ich Methoden der Propaganda heute?
- In Deutschland
- In anderen Staaten?

Was hat die Propaganda mit der Werbung gemeinsam?

Wie anfällig bin ich selbst für die Wirkung solcher Verführungen?

Welche Möglichkeiten habe ich, mich damit auseinanderzusetzen?

Zielgedanke

So wenig wie die Grausamkeit der Propaganda und ihre Folgen im 2. Weltkrieg verschwiegen werden dürfen, so wenig dürfen wir außer Acht lassen, wie anfällig wir selbst heute für Propaganda und Werbung sind. Nur das hilft, sensibel zu werden und Abwehrmöglichkeiten zu entwickeln.

Texte

1. Text

Vernichtendes Urteil über Bolschewismus, ist gleich asoziales Verbrechertum. Kommunismus ungeheure Gefahr für die Zukunft. Wir müssen von dem Standpunkt des soldatischen Kameradentums abrücken. Der Kommunist ist vorher kein Kamerad und nachher kein Kamerad. Es handelt sich um einen Vernichtungskampf.

Aufzeichnungen von Generaloberst Halder über Ausführungen von Hitler am 30.3.1941

2. Text

"Was Bolschewiken sind, das weiß jeder, der einmal einen Blick in das Gesicht eines der roten Komissare geworfen hat. Hier sind keine theoretischen Erörterungen mehr nötig. Es hieße, die Tiere beleidigen, wollte man die Züge dieser zu einem hohen Prozentsatz jüdischen Menschenbilder tierisch nennen. Sie sind die Verkörperung des Infernalischen, Person gewordener wahnsinniger Haß gegen alles edle Menschentum. In der Gestalt dieser Kommissare erleben wir den Aufstand des Untermenschen gegen edles Blut. Die Massen, welche sie mit allen Mitteln eiskalten Terrors und blödsinniger Verhetzung in den Tod treiben, würden das Ende alles sinnvollen Lebens gebracht haben, wäre der Einbruch nicht in letzter Stunde vereitelt worden.

"Mitteilung f. die Truppe" Juni 1941

3. Text

"Ja, meine lieben Eltern, ich bin heute durch und durch Nationalsozialist, ohne Einschränkung. Wir Deutschen haben eine Wandlung durchmachen müssen, um der härteren, anderen Welt widerstehen zu können; meiner Meinung nach ist der Deutsche der Nationalsozialist. Meiner Meinung nach ist das Tolerante nicht der Inbegriff des Deutschen, der Nationalsozialismus hat es nur mehr in kleinem Maße. Heute muß man auch im Kleinen wie im Großen absoluter sein als früher ... Warum haben wir den letzten Krieg verloren? Weil ein paar Halunken in den Zeitungen so lange hetzten – im eigenen Land –, bis die Heimat umfiel. 1933 war eben der Gegenschlag. Ich weiß, daß es unter Juden einige hervorragende Männer gegeben hat, aber die Masse sind eben Schweinehunde. Wenn der Nationalsozialismus nicht gegen sie vorgegangen wäre, wäre es wohl nicht zu diesem Krieg gekommen – weil wir vorher bolschewisiert gewesen wären."

aus einem Feldpostbrief 1944

4. Text

Als die Faschisten in unser Dorf kamen, warfen sie wahllos Granaten in die Fenster aller Häuser. Mischa und ich lagen auf dem Boden im Haus, preßten uns in eine Ecke. Aber eine Granate fiel auf die Beine meines Sohnes, explodierte und riß ihm beide Beine ab. Alle Jugendlichen aus dem Dorf haben sie mitgenommen. Sie holten unsr Vieh aus den Ställen. Um Kugeln zu sparen, haben sie die kleinen Kinder nicht erschossen, sondern mit den Bajonetten erstochen.

Maria Alexandrowna, eine Augenzeugin

5. Text

Immer noch werden heimtückische, grausame Partisanen und entartete Weiber zu Kriegsgefangenen gemacht, immer noch werden halb uniformierte oder in Zivil gekleidete Heckenschützen und Herumtreiber wie anständige Soldaten behandelt und in die Gefangenenlager abgeführt.

Armeebefehl der 6. Armee vom 10.10.41

Texte zu *Kriegsziele*

1. Text

Der völkische Gedanke wird verknüpft mit der Idee der Eroberung des "östlichen Lebensraumes".
Was aber den Goten, den Warägern und allen einzelnen Wanderen aus germanischem Blut nicht gelang – das schaffen jetzt wir, ein neuer Germanenzug, das schafft unser Führer aller Germanen. Jetzt wird der Ansturm der Steppe zurückgeschlagen, jetzt wird die Ostgrenze Europas endgültig gesichert, jetzt wird erfüllt, wovon germanische Kämpfer in den Wäldern und Weiten des Ostens einst träumten. Ein dreitausendjährigens Geschicktskapitel bekommt heute seinen glorreichen Schluß. Wieder reiten die Goten, seit dem 22. Juni 1941 – jeder von uns ein germanischer Kämpfer!"

aus einem SS-Leitheft in "Der Nationalsozialismus. Dokumente 1933-1945. Hsg. Walter Hofer, Frankfurt/Hamburg 1957 S. 250

2. Text

"Im Osten wird von Deutschland ein dreifacher Krieg geführt: Ein Krieg zur Vernichtung des Bolschewismus, ein Krieg zur Zertrümmerung des großrussischen Reiches und endlich ein Krieg zum Erwerb von Kolonialland zu Siedlungszwecken und zur wirtschaftlichen Ausbeutung".

Otto Bräutigam, Abteilungsleiter im Ostministerium (1942). Zitiert nach "Erinnern und Versöhnen" S. 99

Quelle: Praxis Geschichte 5/1990

3. Text

Um diese Kolonialisierung im Osten durchführen zu können, war geplant:
"Die Eingeborenen, also die slawische Bevölkerung, sollten auf möglichst niedrigem Kulturniveau dahinvegetieren, ihre Zahl entsprechend den Siedlungsfortschritten dezimiert werden ... Schreib- und Lesefähigkeit der russischen "Untermenschen" würden nur schaden. "Die Kenntnis der Verkehrsschilder genüge" ... und es reiche völlig aus, in jedem Dorf einen Radiolautsprecher aufzustellen und die Menschen den ganzen Tag über mit fröhlicher Musik zu berieseln. Auf keinen Fall dürfe man sich um die Hygiene und Gesundheit kümmern". Man muß ja wirklich unseren Juristen und Ärzten Gewalt antun: Nicht impfen, nicht waschen! Schnaps sollen sie haben und Tabak, soviel sie wollen. Aus aller Welt wollte der Diktator "arische" Siedler herbeiholen, um diesen "wilden Osten" zu germanisieren."

zitiert nach Rolf Dieter Müller, "der andere Holocoust", Die Zeit Nr. 27/88. S. 33

Einsatzbefehle und ihre Umsetzung

Einsatzbefehl
Kriegsgerichtsbarkeitsbefehl, 13. Mai 1941

1. Für Handlungen, die Angehörige der Wehrmacht und des Gefolges gegen feindliche Zivilpersonen begehen, besteht keine Verfolgungszwang, auch dann nicht, wenn die Tat zugleich ein militärisches Verbrechen oder Vergehen ist.

2. Bei der Beurteilung solcher Taten ist in jeder Verfahrenslage zu berücksichtigen, daß der Zusammenbruch 1918, die spätere Leidenszeit des deutschen Volkes und der Kampf gegen den Nationalsozialismus mit den zahllosen Blutopfern der Bewegung entscheidend auf bolschewistischen Einfluß zurückzuführen war und daß kein Deutscher dies vergessen hat ...

Der Führer und Oberste Befehlshaber der Wehrmacht, g. Kmdos., unterzeichnet: I.A. Keitel

Zur Umsetzung des Einsatzbefehls:

1. Text

"Man fängt jetzt Menschen, wie die Schinder früher Hunde gefangen haben. Man ist schon eine Woche auf Jagd und hat noch nicht genug. Die gefangenen Arbeiter sind in der Schule eingesperrt, sie dürfen nicht einmal hinaus, um ihre Bedürfnisse zu erledigen, sondern müssen es wie Schweine im selben Raum tun."

Wiegbert Benz, "Der Rußlandfeldzug", S. 65 f

2. Text

Der Chef der Sicherheitspolizei und des SE
NO-2955
Berlin, den 24. Juli 1941
41 Ausfertigungen
9. Ausfertigung

-IV A 1 B.Nr.1B/41g.Rs.-
(Stempel) Geheime Reichssache!

Ereignismeldung UdSSR Nr. 32
Einsatzgruppe B
Standort Orscha
meldet:
1. Polizeiliche Tätigkeit:
... Das in Baranowici stationierte Kommando des EK 8 arbeitet besonders erfolgreich zusammen mit den zuständigen Dienststellen der Wehrmacht ... Unter Heranziehung der GFP, der Abwehrtrupps und der Feldgendarmerie wurden die laufenden Aktionen gegen bolschewistische Agenten, politische Kommissare, NKWD-Angehörige usw. fortgesetzt. So wurden in Baranowici weitere 381 Personen liquidiert ...

Das nach Slonim abgeordnete Teilkommando hat in Zusammenwirken mit der Ordnungspolizei eine Großaktion gegen Juden und andere kommunistisch belastete Elemente zur Durchführung gebracht, wobei ca. 2000 Personen wegen kommunistischer Umtriebe und Plünderns festgenommen wurden. Von ihnen sind am gleichen Tage 1075 Personen liquidiert worden ... In Brest-Litowsk hat die Ordnungspolizei mit Unterstützung der dortigen Einsatzgruppe 4435 Personen liquidiert...

In Minsk ist nunmehr die gesamte jüdische Intelligenzschicht (Lehrer, Professoren, Rechtsanwälte usw.) mit Ausnahme der Mediziner liquidiert worden...

Das Leiden der Betroffenen

Kulikowitsch, Jelena Grigoriewna, Borisovka
"Mein Mann und ich wohnten in dem Dorf Borisovka, Kreis Kobrin, im Brester Gebiet. Am frühen Morgen des 23. Septemver 1932 kamen deutsche Soldaten ins Dorf. Sie drangen in die Häuser ein, sagten, wir sollten alles mitnehmen: Pässe, Schmuck, Geld, alle Wertsachen. Dann jagten sie uns auf den Hauptplatz. In unserem Dorf lebten etwa 950 Menschen. Als wir auf dem Platz ankamen, sahen wir, daß neben dem Friedhof schon zwei oder drei Gruben gegraben waren, von Männern aus unserem Dorf. Uns Frauen und Kinder zwängten die Deutschen in eine Scheune, etwas abseits vom Dorf. Die Männer wurden in Gruppen zu zehn zu den Gruben geführt. Darunter war auch mein Mann Igor Stephanowitsch. Wir hörten die Schüsse der Maschinenpistolen und wußten Bescheid. Wir sahen durch die Bretterritzen, wie unsere Männer vor den Gruben alles abgeben mußten: Alles wurde in Körben eingesammelt: das Geld, die Uhren, die Eheringe, die Pässe. Wir sahen, wie sie sich nackt ausziehen mußten, wie sie ihre Kleider zusammenfalten und auf Stapel legen mußten. Die Hemden zu den Hemden, die Hosen zu den Hosen, die Schuhe auf einen Haufen. Manche mußten sich ganz nackt ausziehen, andere durften die Unterwäsche anbehalten. Wir waren in der Scheune eingesperrt und konnten nichts tun. Dann kam der Kerl mit dem Korb auf uns zu. Soldaten holten die Frauen und Kinder in Gruppen zu 20 - 25 aus der Scheune heraus. Auch die Frauen mußten alles abgeben. Der Kerl riß ihnen die Ringe vom Finger und die Ohrringe von den Ohrläppchen. Dann, vor der Grube, mußten sich auch die

Frauen ausziehen und ihre Kleider ordentlich zusammenfalten. Natürlich hatten sich viele Männer und Frauen gewehrt, traten mit den Füßen, wollten wegrennen, aber sie wurden alle sofort von den Soldaten erschossen. Alle schrien und weinten, die Soldaten fluchten, es war schrecklich.

In einer Ecke der Scheune war etwas Stroh und Heu. Ich verkroch mich da hinein, auch meine Nachbarin Evdokimova und noch eine andere Frau. Andere Frauen deckten uns zu, und keine hat uns verraten. Ich hörte noch, wie eine der Frauen sagte, als sie hinausgeführt wurde: "Jetzt sterben wir – und das war dann alles."

Wir blieben noch die halbe Nacht im Heu versteckt. Wie durch ein Wunder kam keiner der Soldaten und stach mit dem Bajonett ins Heu. Später hörten wir, wie die Deutschen das Dorf niederbrannten.

Klaus Rudolph

II. Vorurteile als Leitbilder für das Handeln

1. Was sind Vorurteile?

1. Das Vorurteil ist immer ein falsches Urteil oder in seinem Wahrheitsanspruch zureichend abgewiesenes Urteil;

2. Das Vorurteil ist ein voreiliges Urteil, d.h. ein Urteil, das überhaupt nicht oder nur sehr ungenügend durch Reflexion oder Erfahrung gestützt wird oder auch vor aller solcher Erfahrung und Reflexion aufgestellt wird.

3. Das Vorurteil ist ein generalisierendes Urteil, d.h. es ist ein Urteil, das sich nicht nur auf den Einzelfall bezieht, sondern auf alle oder zumindest die meisten Urteilsgegenstände (seien dies Menschen, Dinge oder Ereignisse) gerichtet ist.

4. Das Vorurteil hat häufig den stereotypen Charakter eines Klischees, das immer leicht zur Hand ist und meistens in apodiktischer Weise formuliert und vorgetragen wird.

5. Das Vorurteil enthält neben beschreibenden und theoretisch erklärenden Aussagen direkt oder indirekt auch richtende Bewertungen von Menschen, Gruppen oder Sachverhalten;

6. Um das Vorurteil gegen andere Urteilsgebilde und Urteilsformen abzugrenzen (z.B. falschen Urteilen, Hypothesen oder auch Werturteilen), wird von einem Vorurteil erst dann gesprochen, wenn ein falsches, generalisierendes, bewertendes und behauptendes Urteil als falsch bestimmt und sein Anspruch, wahr zu sein, als hinreichend widerlegt gelten kann, trotzdem aber an ihm festgehalten wird und es auch weiterhin mit einem Wahrheitsanspruch vertreten wird."

Barres, E.: Vorurteile

Auf der gesellschaftlich-politischen Ebene besteht die Funktion von negativen Vorurteilen darin, ein gemeinsames Feindbild über Minderheiten, andere Völker ... als Stabilisierungsfaktor für den eigenen Zusammenhalt eines Volkes zu entwickeln und zugleich Minderwertigkeitsgefühle abzuwehren. Vorurteile dienen damit insbesondere der Stabilisierung von "Führern" oder "Eliten", aber auch des gesellschaftlichen Status quo und verhindern eine echte Auseinandersetzung.

2. Wie entstehen Vorurteile?

Vorurteile und soziale Einstellungen sind keine angeborenen Denkkategorien, sondern werden im Laufe von familiären und gesellschaftlichen Anpassungsprozessen gelernt. Einstellungen haben dabei die Funktion, dem einzelnen nicht in jeder Situation die Prüfung aller möglichen Antworten aufzubürden, sondern die Vielzahl der Antworten auf möglichst eine Antwort zu reduzieren. Eine solche Antwort kommt auf Grund von Informationen, eigenen Erfahrungen oder Erfahrungen anderer Menschen zustande und hat eine verhaltenssteuernde Funktion. Einstellungen bilden sich in einem längeren Prozeß heraus und können durch neue Information verändert werden. Dabei spielt das Umfeld – z.B. Familie, soziale Gruppe, die Gesellschaft, in der man aufwächst–, – eine besondere Rolle. Denn das Zugehörigkeitsgefühl zu einer solchen sozialen Gruppe bedeutet für den Einzelnen Sicherheit und Rückhalt. Die in dieser Gruppe geltenden Normen, Einstellungen und Verhaltensweisen werden bei Einhaltung positiv und bei Abweichung negativ sanktioniert.

Russische Juden
Quelle: Bundesarchiv Koblenz

3. Vorurteile gegenüber der Sowjetunion

In Bezug auf unser Thema "Sowjetunion" hat die nationalsozialistische Propaganda systematisch an der Ausbildung von Vorurteilen gegenüber Menschen aus der Sowjetunion gearbeitet und damit den Krieg gegen die Sowjetunion als "Kreuzgang gegen die Bolschewiken" legitimiert.
An dieser Vorurteilsbildung haben sich nicht nur staatliche Institutionen, sondern auch die Kirchen beteiligt.

Siehe: Von der Propaganda zum Vernichtungskrieg, Seite 74

"Die Sympathie breiter Kreise der evangelischen Kirche für Hitler kam daher, daß man ihm den Retter vor dem atheistischen Bolschewismus sah. Unter diesem Aspekt sah man dann auch den Krieg gegen die Sowjetunion. Der Geistliche Vertrauensrat der Deutschen Evangelischen Kirche schickte am 30. Juni 1941 ein von Landesbischof Marahrens mitunterzeichnetes Telegramm an Hitler, in dem es heißt: "Sie haben, mein Führer, die bolschewistische Gefahr im eigenen Land gebannt und rufen nun unser Volk und die Völker Europas zum entscheidenden Waffengang gegen den Todfeind aller Ordnung und aller abendländisch-christlichen Kultur auf. Die Deutsche Evangelische Kirche ist mit allen ihren Gebeten bei Ihnen und bei unseren unvergleichlichen Soldaten, die nun mit so gewaltigen Schlägen daran gehen, den Pestherd zu beseitigen, damit in ganz Europa unter ihrer Führung eine neue Ordnung enstehe und aller Schändung der Gewissensfreiheit ein Ende gemacht werden." Auch wenn die Bekennende Kirche niemals solch ein Telegramm verfaßt hätte - die in ihm enthaltende Beurteilung des Bolschewismus war nicht nur bei den deutchen Christen zu finden".

W.Krusche, "Schuld und Vergebung" Aktion Sühnezeichen 1985, S. 15

"Antikommunismus als Gegen-Ideologie, als eine Bewegung von beachtenswertem Umfang und Einfluß gibt es erst seit 1917, erst nachdem der Marxismus-Leninismus das große deutsche Reich erobert hatte. Von diesem Zeitpunkt an wurde der Kommunismus, eben in der Gestalt des Bolschewismus, ernst genommen und gefürchtet. Die Glut des Antikommunismus wird entfacht durch die Angst vor der Macht, die jener nunmehr darstellt und die - von Rußland aus - die bestehenden Machtverhältnisse im eigenen Land, seine Gesellschafts- und Wirtschaftsordnung bedroht. Unsere Schuld am Entstehen der Angst-Gegenbewegung gegen den Staatskommunismus im Osten Europas, die Schuld der Kirche und die persönliche Schuld der großen Mehrheit der Christen in Deutschland, besteht darin, daß wir aus Furcht vor dem, was sich jenseits der Grenzen unseres Landes zutrug, die gesellschaftlichen, wirtschaftlichen und politischen Veränderungen dort pauschal beurteilt, pauschal rein negativ bewertet, auf Differenzierung und ein Bedenken der Ursachen verzichtet haben. Wir haben das Geschehen mit einem – den Blick trübenden – weltanschaulichen Vorzeichen versehen und sind ihm deshalb nicht gerecht geworden".

Kurt Scharf, "Der Antikommunismus als Schuld der Kirche" S. 129 f

Auch nachdem man nach Beendigung des 2. Weltkrieges gesehen hatte, wohin Vorurteile gegenüber Rassen und Völkern geführt hatten, führte der Weg der Westdeutschen nicht zu den Menschen der Sowjetunion und damit zur eigenen Schuld und Schuldbearbeitung, vielmehr wurde erneut ein Feindbild aufgebaut und damit Vorurteile gebildet.

"Als der sehr bald zutage tretende Ost-West-Gegensatz sich immer mehr verschärfte, war von einer deutschen Schuld gegenüber dem Osten keine Rede mehr. Im Gegenteil: durch eine immer maßloser werdende moralische und politische Diskriminierung der Sowjetunion entstand ein Klima, in dem der Gedanke an eine deutsche Schuld diesem "Untier" gegenüber beinahe absurd erscheinen mußte".

W.Krusche a.a.O. S.16

4. Vorurteile gegenüber der Sowjetunion und ihre Überwindung

Vorbemerkungen:

1. Bei der Behandlung dieses Themas wird man bedenken müssen, daß viele Menschen "nur" ein voreiliges Urteil über Menschen in der Sowjetunion gefällt haben, weil sie politischer Propaganda oder – westlich ausgedrückt – "Regierungsinformationen" anheimgefallen sind. Es sind nicht unbedingt böswillige Absichten, wenn sie generalisierende Urteile aus Erlebnissen, Erzählungen und Informationen ziehen.

2. Es kann deshalb nicht um die Entlarvung der Einstellungen der einzelnen Menschen gehen, sondern um das Verstehen, wie diese Einstellungen entstanden sind, und um das gemeinsame Bemühen, aus Vorurteilen, voreiligen Urteilen und Einstellungen zu angemessenen Urteil zu kommen.

3. Aus der Tasache, daß viele Vorurteile über die Sowjetunion durch die Propaganda der Nazis und durch den kalten Krieg entstanden sind, läßt sich nicht schließen, daß immer genau das Gegenteil richtig ist. Das würde nur zu einem positiven Vorurteil führen, das genauso unangemessen ist.

4. Sicher ist, daß sich durch die enormen politischen Veränderungen in Osteuropa Einstellungen gegenüber der Sowjetunion verändert haben. Auf der anderen Seite sitzen Vorurteile tief, da sie sich langsam gebildet haben und mit Emotionen (z.B. Angst) verknüpft wurden, um wirksam zu sein. Aus diesem Grund sollte bei diesem Thema mit inneren Bildern gearbeitet werden.

Baustein 24

Vorurteile als Leitbild für das Handeln

1. Schritt:

Die Teilnehmenden werden gebeten, Eigenschaftswörter zu nennen, mit denen sie die drei osteuropäischen Völker Russen, Polen, Ungarn charakterisieren. Sie werden in der Tafelanschrift festgehalten.

Russen	Polen	Ungarn
(xxxx)	xxxxx	(xxxx)
xxxxxxx	(xxxxxxx)	xxx
xxx	(xxx)	xxxx
(xxxxxx)	xxxx	xxxxxxx

Alle negativ belastende Begriffe kreisen wir rot ein.

Als Vergleich teilen wir die Ergebnisse einer Untersuchung aus, die 1978 herausgegeben wurde:

In einer Untersuchung von Wolf über die Stellungnahmen deutscher Schüler zu osteuropäischen Völkern (48) wurden 400 Schüler aus Berufs- und Oberschulen gebeten, verschiedene osteuropäische Völker zu charakterisieren. Dabei war ihnen freigestellt, welche Eigenschaftswörter sie verwenden wollten.
Die nachstehende Zusammenstellung zeigt die Eigenschaften an, die am häufigsten von den 17-18jährigen Schülern den Russen, Polen und Ungarn zugeschrieben wurden.

Russen	Polen	Ungarn
faul	stur	freiheitsstrebend
schmutzig	gutmütig	temperamentvoll
falsch	hart	tapfer
national	grausam	fleißig
stur	intelligent	musikalisch
	hinterhältig	patriotisch
	herrschsüchtig	arbeitsam
	unterdrückt	
	arbeitsam	

Die Russen wurden wesentlich häufiger als unsympathisch beurteilt. Die Kategorisierung der Begründungen ergibt folgende Übersicht:

Übersicht über die negativen Begründungskategorien:

Inhalte	Häufigkeit
Machtgierige Unterdrücker, Imperialisten und Ausbeuter	52
Raubten deutsche Ostgebiete, verhindern Wiedervereinigung	43
Kommunisten/Kommunismus	21
Behandlung deutscher Frauen und Kriegsgefangener	18
Politisch falsch und unzuverlässig	9
verschlossen/stur	6

Wolf, H.: Stellungnahmen deutscher Schüler zu osteuropäischen Völkern in: Kölner Zeitschrift f. Soziologie und Sozialpsychologie zitiert nach E. Barres: Vorurteile, Opalden 1978, S. 5 f.

3. Schritt:

Wir vergleichen die Untersuchung von 1978 mit unseren Einschätzungen heute.

– Wo liegen die Unterschiede?

– Wie kommen sie zustande?

4. Schritt

Wie weit sind unsere Aussagen von 'Vorurteilen' geprägt? (freie Meinungsäußerung)

5. Schritt

Information: *(siehe 1.–3.)*

6. Schritt

Überprüfung unserer Einschätzung *(siehe 4. Schritt)* anhand der Information *(siehe 5. Schritt)*

Baustein 25

Wie sind unsere Bilder über die Sowjetunion entstanden?

(Gruppe bis zu 20 Personen)

Ziel

Anhand von selbstgefunden Symbolen soll den Teilnehmern und Teilnehmerinnen die eigene emotionale Einstellung gegenüber der Sowjetunion und den dort lebenden Menschen deutlich werden. Sie sollen miteinander darüber ins Gespräch kommen, wie ihre Bilder über die Sowjetunion entstanden sind. Sie sollen miteinander erörtern, ob die Bilder der Realität angemessen sind.
Die Teilnehmer und Teilnehmerinnen sitzen an Tischen. In der Mitte liegen Malblöcke, Wachskreiden, Tonpapier, Scheren und Klebstoff.

Ausgangssituation

1. Schritt:

Arbeitsauftrag: Nachdem die Leiterin oder der Leiter die Ziele der Veranstaltung erklärt hat, wird den Anwesenden folgender Auftrag gegeben: "Stellen Sie sich vor, Sie könnten weder schreiben noch sprechen und müßten die Sowjetunion, die Gesellschaft, die Menschen in Bildern beschreiben. Fertigen Sie aus den bereitgelegten Materialien ein Bild, Bilder, ein Symbol oder mehrere Symbole an, die Ihrer Meinung nach dies beschreiben. Die Bilder können abstrakt oder konkret sein. Unterhalten Sie sich nicht miteinander. Sie haben ca. 30 Minuten Zeit". (Evtl. kann die Herstellung kürzer oder länger dauern. Je nach Bedarf deshalb die Zeit verkürzen oder verlängern.)
Anschließend werden die erarbeiteten Bilder der Gruppe vorgestellt, jedoch noch nicht diskutiert! Verstehensfragen können gestellt werden. (30 bis 45 Minuten)

2. Schritt:

Gespräch: Wie ist mein Bild von der Sowjetunion entstanden? (ca. 45 Min.)

3. Schritt:

Finde ich mein Bild von der Gesellschaft und von den Menschen in der Sowjetunion angemessen? (Sind alle Institutionen, alle Menschen so, wie ich sie beschreibe? Hab ich genügend Informationen, um ein Urteil fällen zu können? Wo bin ich Menschen begegnet? Wieviele Begegnungen gabe es?) (45 Min.)

Baustein 26

Vom Erlebnis zum Urteil

Ziel

Viele Vorurteile bilden sich über Geschichten, einzelne Erlebnisse, Erzählungen, die dann generalisiert werden. Im folgenden sollen Teilnehmer und Teilnehmerinnen sich an Geschichten, Erlebnisse bzw. Erzählungen über die Sowjetunion bzw. ihre Menschen erinnern, diese sich gegenseitig erzählen und darüber sprechen, welche Bedeutung diese Geschichten für ihre Einstellung gegenüber der Sowjetunion und den in ihr lebenden Menschen hatten. Sie sollen darüber nachdenken, ob sie ein angemessenes Urteil über die Sowjetunion und ihre Menschen gefunden haben.

1. Schritt: – Auftrag:

Sie selbst, Bekannte, Eltern, Großeltern oder Freunde haben Begegnungen mit Menschen aus der Sowjetunion gehabt oder sind in der Sowjetunion gewesen. Über diese Begegnungen und Erlebnisse existieren Geschichten und Erzählungen. Versuchen Sie, sich an diese Erlebnisse, Geschichten oder Erzählungen zu erinnern. Nehmen Sie sich 10 Minuten Zeit.

2. Schritt

Teilen Sie sich in Sechser-Gruppen auf und erzählen Sie sich gegenseitig die Geschichten. Versuchen Sie anschließend herauszubekommen, was Ihren Geschichten gemeinsam ist und wie diese Geschichten Ihr Bild von der Sowjetunion geprägt haben. Halten Sie die Ergebnisse auf einer Wandzeitung fest. Sie haben ca. 1 Stunde Zeit.

3. Schritt

Kommen Sie im Plenum zusammen und stellen Sie die Ergebnisse vor. Reden Sie darüber, ob Sie ein angemessenes Urteil über die Sowjetunion und die Menschen gefunden haben. (ca. 45 Min.)

Baustein 27

Das Bild von den Deutschen und von den Menschen in der Sowjetunion

Ziel

Die Teilnehmerinnen und Teilnehmer sollen über ihr Selbstbild als Deutsche gegenüber den Menschen der Sowjetunion nachdenken und sollen ihr Bild von Menschen der Sowjetunion reflektieren.

1. Schritt – Auftrag

Stellen Sie sich vor, Sie seien Mitglied einer Lehrplankommission, die folgenden Auftrag hätte:

Erstellung von Lehrplaninhalten zum Thema

a) "Was deutsche Kinder über die Sowjetunion und deren Menschen unbedingt wissen sollten".

b) "Was Kinder aus der Sowjetunion unbedingt über deutsche Kinder wissen sollten".

2. Schritt – Aufteilung in zwei Gruppen

Die Gruppe 1 erarbeitet den Auftrag a), die Gruppe 2 den Auftrag b).

3. Schritt

Die beiden Gruppen tragen im Plenum ihre Ergebnisse vor und diskutieren:

4. Schritt – Fragen

Welche Klischees über Menschen in der Sowjetunion finden sich in unseren Aussagen wieder?

Was müssen wir verändern?

Wo müssen wir uns informieren? (45 Min.)

Gerrit Heetderks

Gäste des Helden der Sowjetunion R. Asimow während seines Urlaubs in der Heimat
Quelle: Staatliches Archiv für Fotodokumentation, Moskau

III. Blind mit sehenden Augen?

Aufgezeigt am Beispiel von Jochen Klepper

Ein Thema für die Arbeit mit Erwachsenen

1. Vorbemerkungen

"Zu allen, von allem kann ich frei reden, nur nicht zur Judenfrage ... die Propaganda hat restlos gesiegt – durch die Gedankenlosigkeit der Menschen. Sind ihnen die Augen geöffnet, ist ja Gefühlslosigkeit kaum je einmal der Fall. Ach, und das Wissen um die Ohnmacht".

Aus "Überwindung", Tagebucheintragung von Jochen Klepper vom 20. und 21. September 1941 in Rußland.

"Sind ihnen die Augen einmal geöffnet ..."

Was aber macht den Menschen blind, blind für das Ergehen, für das Leid des anderen? Was löst die Vorurteile aus, die unmöglich machen zu erkennen, wahrzunehmen, was wirklich ist?
"Die Propaganda", sagt Jochen Klepper. Er ist mit einer Jüdin verheiratet, hat zwei jüdische Stieftöchter, wird wegen der "Mischehe" als "Mischling" aus der Armee ausgestoßen und geht schließlich mit Frau und Tochter in den Tod, als er sie nicht mehr retten kann.
Zu den "Kameraden", mit denen zusammen er Soldat ist, hat er ein vorzügliches Verhältnis bis auf die eine, für ihn existentielle, alles entscheidende Frage: Die antisemitische nationalsozialistische Propaganda und Hetze hat sie blind gemacht für das Schicksal der Juden.
Dann aber bezeugt sein Kriegstagebuch, wie blind Jochen Klepper dem Schicksal des ukrainischen und russischen Volkes gegenüber war, wie er selbst der plumpen Propaganda des Antikommunismus verfallen war.

Die Propaganda vermag viel, gewiß. Aber mehr ist es doch der Geist der Zeit, der uns prägt, den wir mit prägen. Wie anders ist zu erklären, daß der Überfall auf die Sowjetunion die Zustimmung fast aller, auch der Kirchen fand?

(siehe "Erinnern und Versöhnen", S. 162-164)

Wie anders ist zu erklären, daß der Antikommunismus auch heute vielleicht rational in Frage gestellt wird, aber emotional noch tief in uns steckt?
Wenn Jochen Klepper, ein so sensibler, gläubiger, stets sich und seine Umwelt reflektierender Mann einer solchen Blindheit verfällt, wie sollten wir dann dagegen gefeit sein?

Wenn wir vorschlagen, diesen Fragen in Veranstaltungen für Erwachsene nachzugehen, dann nicht nur, um Verhaltensmuster zu erklären, sondern erst recht, um nach Möglichkeiten zu fragen, wie uns mit andern die Augen geöffnet werden können.

2. Blind mit sehenden Augen?

Das Leben Jochen Kleppers

Am 10. Dezember 1942 erhielt Jochen Klepper, damals 39 Jahre alt, die Nachricht, daß seine Frau Hanni und die Stieftochter Reni am nächsten Tag durch die Gestapo abgeholt und ins Konzentrationslager gebracht werden sollten, weil sie Juden waren. In voller Übereinstimmung wählten sie gemeinsam den Weg in den Selbstmord.

Die letzte Eintragung in sein Tagebuch lautet: "Wir gehen heute nacht gemeinsam in den Tod. Über uns steht in den letzten Stunden das Bild des segnenden Christus, der um uns ringt. In dessen Anblick endet unser Leben".

(Unter dem Schatten deiner Flügel, S. 1133)

Ein großer, weit über die Grenzen Deutschlands hinaus bekannter Schriftsteller war aus Liebe zu seiner Familie mit ihr in den Tod gegangen. Sein Roman "Der Vater" hatte ihn berühmt gemacht, in einer Auflage von fast hunderttausend Exemplaren war er erschienen u.a. in einem Sonderdrck für die Frontsoldaten. Der Vater Friederichs des II., der Soldatenkönig, war durch Jochen Klepper neu lebendig geworden als Leitfigur waren Preußentums, echter Pflichterfüllung, geprägt vom christlichen Glauben.

Den Weg zum Schriftsteller hat Jochen Klepper nicht leicht gefunden. Zuerst wollte er Pfarrer werden, stammte er doch selbst zusammen mit seinen vier Geschwistern aus einer Theologenfamilie.

Das Theologiestudium und die Lizentiatenarbeit führte er nicht zu Ende. Er wurde Mitarbeiter beim Evangelischen Pressedienst in Breslau, beim Rundfunk, veröffentlichte seine ersten Gedichte und Geschichten. Aus einem verwirrten, belasteten Leben fand er erst heraus, als er 1931 die verwitwete Jüdin Hanna Gerster heiratete, die zwei Kinder mit in die Ehe brachte. Sie gab seinem Leben die Geborgenheit, die er als Schriftsteller und Dichter brauchte. Die Ehe mit einer "Glaubenslosen" führte zum Bruch mit dem Vater.

Nach der Ordnung und dem geistlichen Leben eines Pfarrhauses aber sehnte sich Jochen Klepper zeitlebens zurück.

Mit der Herrschaft des Nationalsozialismus begannen schwere Zeiten. Immer wieder verlor Klepper, weil er in einer "Mischehe" lebte, die Stelle, mußte anonym für andere schreiben, um seinen Lebensunterhalt zu verdienen. Aber dennoch gelang ihm nach dem Büchlein "Der Kahn der fröhlichen Leute", in dem er das Leben der Schiffer auf der Oder schilderte, nach Gedichten und Kirchenliedern der Durchbruch mit dem Vaterroman. Jetzt konnte er von den Einnahmen leben, zusammen mit dem verbliebenen Vermögen Hannis ein Haus bauen, an sein neues Werk, das nie vollendet wurde, den großen Lutherroman, herangehen. Erschienen ist nur das Fragment "Die Flucht der Katharina von Bora". Der tiefgläubige Jochen Klepper lebte stark aus dem täglichen Lesen der Herrnhuter Losung. Gerade das verdeutlichen seine Tagebücher "Unter dem Schatten deiner Flügel" und "Überwindung". Eine große Freude war es für ihn, daß seine Frau Hanni und später auch Reni sich taufen ließen, ohne je von ihm dazu gedrängt worden zu sein.

Wie viele Protestanten in jener Zeit, auch diejenigen, die zur Bekennenden Kirche gehörten, war Klepper mitgeprägt von dem Geiste des Preußentums, in dem Soldatsein und Christentum für ganz selbstverständlich vereinbar gehalten wurde, für den das Vaterland der Deutschen eine große Rolle spielte und darum selbstverständlich zu verteidigen war.

Die Blindheit

Am 3. Dezember 1941 wurde Jochen Klepper Soldat. Nicht nur die Hoffnung, daß er in der Uniform Frau und Tochter besser vor politischer Verfolgung schützen könne, sondern auch die Überzeugung, daß "der Mann mit der Waffe" verbunden ist, ließen ihn den grauen Rock gern tragen. Die Kameradschaft in einer militärischen Einheit hatte für ihn hohen Wert.

Über Rumänien zog er am 22. Juni 1941 in den Krieg gegen die Sowjetunion.

Die kriegerische Auseinandersetzung ist ihm nicht fragwürdig. Auf den über 200 Tagebuchseiten taucht bei ihm, nicht an einer Stelle die Frage auf, ob der Überfall auf die Sowjetunion berechtigt ist oder nicht. Lapidar heißt es in der Eintragung vom 22. Juni: "Der erste Gedanke ist bei allen die Dauer des Krieges, sodann aber die Überzeugung von der Notwendigkeit einer Auseinandersetzung mit Rußland früher oder später".
(Überwindung S. 50)

Er rühmt die großen Anfangserfolge. Er ist stolz, als der Frontabschnitt, an dem er in einer unmittelbar hinter der kämpfenden Truppe folgenden Nachschubeinheit Dienst tut, im Wehrmachtsbericht erwähnt wird, und schreibt: "Man empfindet es wie eine Befreiung aus einer Zwitterlage, nun dabei zu sein".
(Überwindung S. 65)

Und an anderer Stelle: "Der Feind hat alle Chancen gehabt. Und wir Deutschen haben das uneinnehmbar scheinende Steilufer so schnell genommen."
(Überwindung S. 87)

Ihn beeindrucken die großen Zahlen: "500000 Gefangene", ihn beeindruckt die umfassende Kesselschlacht bei Kiew, die es in diesem Ausmaß bis dahin nicht gegeben hat. Er stellt nicht eine Frage nach dem Schicksal derer, die davon betroffen sind.

Die deutschen Soldaten sind die besten. Italiener, Polen, Russen und erst recht die verbündeten Rumänen schneiden im Vergleich mit ihnen immer schlechter ab. Nur einmal fällt die bedauernde Feststellung, daß auch deutsche Soldaten geplündert haben. Sonst hebt er hervor, daß es für die Deutschen den Satz: "Es ist unmöglich!", nicht gibt.
(Überwindung S. 84)

Was sie wollten, schafften sie auch bei schlechtesten Chancen. Ihre Disziplin, ihr Kampfgeist, z.B. abgelesen an der "großartigen Leistung deutscher Jäger", ihr Verhalten den Russen gegenüber ist vorbildlich.
(Überwindung S. 85)

Bedauernd klingt hin und wieder an, daß in der Etappe das Verhältnis zwischen Offizieren und Mannschaften nicht so gut ist. Hier vermißt er die Kameradschaft, die von ihm so hoch geschätzt wird.

Beerdigung deutscher Soldaten, 1941
Quelle: Bundesarchiv Koblenz

In der *Beurteilung der Russen und Ukrainer* fällt auf: Es fehlen nicht die positiven Aussagen zu einzelnen Menschen in der Bevölkerung, aber die negativen Feststellungen überwiegen bei weitem. Deutlich wird gerade in diesem Bereich, wie Jochen Klepper selbst ein Opfer der Propaganda geworden ist, wie sehr er dem Zeitgeist unterliegt: Die Russen sind dreckig, unordentlich, faul. Die "ganz Bösen" sind Kommunisten. Hin und wieder kommt es zu der geradzu erstaunten Feststellung: "Sie können auch ganz anders sein", und er stellt sich die Frage, ob der Kommunismus nicht doch tiefer im Volk verankert ist als er selbst es bisher annahm.
Hier die Belege:
"Leute freundlich; aber sie sind wohl alle nicht fleißig; darauf, daß man uns sauber die Wirtschaft besorgt, beharren wir."
(Überwindung S. 179f).

"Schlechtes Quartier bei unfreundlichen Leuten. Aber unsere Ordnung siegt".
(Überwindung S. 211)

Die "Unfreundlichkeit" der Ukrainer kommt immer wieder zur Sprache:
"Von der uns angekündigten Deutschfreundlichkeit gar keine Rede. Verweigerung unter Vorwänden von Milch, Holz usw. Ausnahmen gibt es natürlich".
(Überwindung S. 129)

Und ein paar Tage später:
"Die Bevölkerung verstockt und ungefällig".
(Überwindung S. 134)

Für ihn ist es selbstverständlich, daß die Ukrainer froh sein konnten, durch die Deutschen vom kommunistischen Joch befreit zu werden. Er gibt sich keine Rechenschaft darüber, daß die Deutschen den Nationalsozialismus vertreten, der ihn und seine Familie aus rassistischen Gründen verfolgt.
Diese Einstellung macht er auch deutlich, als er noch bei den Rumänen im Quartier liegt.
(Überwindung S. 54)

Hinterlistig sind natürlich die Russen und nicht die Deutschen in der Kriegsführung: Sie "locken durch weiße Fähnchen heran und schießen dann; ihre Flugzeuge haben zum Teil deutsche Abzeichen".
(Überwindung S. 52)

Für Jochen Klepper ist selbstverständlich, daß sittlicher Verfall und Kommunismus Hand in Hand gehen. So stellt er bei einem Aufenthalt in einem Dorf mit Erstaunen fest: "Die Russinnen hier sehr zurückhaltend. Nichts von sittlicher Verdorbenheit. Bauerntum darin wohl doch zu stark".
(Überwindung S. 160)

Sein Antikommunismus ist fast schablonenhaft. Die Parteihäuser sind grundsätzlich immer dreckig und heruntergekommen. Wo weiter nach seiner Ansicht sinnloser Widerstand geleistet wird, sind es natürlich die Kommunisten. Wo Menschen besonders böse auftreten, gilt das gleiche, wie etwa "bei junger Kommunistin ("Russki nix kaputt"), die ihr Kind schroff von den deutschen Soldaten fernhält.
(Überwindung S. 184)

Und daneben die regelrechte "Bekehrung" des "verhetzten" 17jährigen Jungen, der zu der "vom Kommunismus okkupierten" Generation gehört und der durch die freundliche Zuwendung, die ihm von Deutschen widerfährt, "allmählich einer Liebe zu den deutschen Soldaten" fähig wird und für sie die unordentlichen und trägen Frauen zur Arbeit anhält.
(Überwindung S. 158)

Fast zum Schluß seines Aufenthaltes in der Sowjetunion aber stellte er fest, daß die Sowjetmacht nicht so schnell wie erwartet auseinanderfiel und fragt: War der Kommunismus vielleicht doch fester gefügt, als wir annahmen?

Für die *Rumänen* findet Jochen Klepper kaum ein positives Wort. In keiner Weise scheint er der historischen Entwicklung Rechnung getragen zu haben, daß die Rumänen mehr gezwungen als freiwillig an die Seite Deutschlands traten. Nur vier Jahre bestand das Bündnis. Das Volk war innerlich zerrissen, den Deutschen nicht sehr zugetan.
Klepper sieht in den Rumänen nur feige, schlappe Soldaten. Wegen ihrer Feigheit mußten die Deutschen immer wieder in die Kriegshandlungen eingreifen. Selbst die Gebiete, die die Deutschen erobert hatten, konnten sie nicht halten. Sie waren für ihn Plünderer, Vergewaltiger, Diebe, Mörder.
(Überwindung S. 92)

Bei den Polen vermerkt er am 15. März 1941 – als das Land schon mehr als anderthalb Jahre von den Deutschen ausgeplündert wurde –: "Polnische Eigentümlichkeit: die vielen auf dem Bahndamm bettelnden Kinder".
(Überwindung S. 9)
Ein Blinder, der sich über die Blinden in seiner Umgebung beklagt. Hat er nichts von der Schreckensherrschaft erfahren? Hat er vom Kommissarbefehl nichts gehört, weiß er nichts vom Kriegsgerichtsbarkeitserlaß?
(siehe ERGÄNZENDE TEXTE)

Trotzdem tauchen hin und wieder Angaben in seinem Tagebuch auf, die zeigen, daß er mörderische Ereignisse durchaus registriert hat. Doch merkwürdig teilnahmslos, ohne die beschreibenden Adjektive, deren er sonst so mächtig ist, notiert er den *Umgang mit Verdächtigen und mit Juden* von einem "geheimnisvollen Mann" im Dorf weiß er zu berichten, der von der Feldpolizei festgenommen wurde, und vier Tage später: "Jener zuletzt verhaftete, geheimnisvolle Zivilist ist erschossen".
(Überwindung S. 195)

Oder:
"Unter den russischen Gefangenen, die wir am vorigen Ort hatten, waren auch wirkliche Knaben; und Frauen als Soldaten. Es heißt, daß letztere gleich erschossen würden.
(Überwindung S. 125)

Nur nicht daran rühren?
Bei den Juden ist er wach, da ist es das eigene Schicksal, das der Frau und seiner Töchter. Wie klagt er, als im September 1941 angeordnet wird, daß alle Juden im deutschen Reich den Davidsstern tragen müßten: "Noch immer ist bei solchen Nachrichten, als bliebe einem das Herz stehen ... damit ist's auch aus mit Reneles Reiten – der Ersatz für alle versagten Jugendfreuden".
(Überwindung S. 198)

So berichtet Jochen Klepper lapidar von den Juden in Rußland:
"Nur wenig Bevölkerung da, darunter Juden mit der frischen Armbinde und dem oft primitiv gestickten Davidsstern".
(Überwindung S. 162)

Am selben Tag, genau elf Zeilen weiter, klagt er über "das Martyrium der Autos" im Schlamm.
(Überwindung S. 163)

An anderer Stelle:
"Ein anderer Durchgänger berichtet mir, er komme aus einem Ort, in dem die Juden 200 Volksdeutsche umgebracht hätten. 4 000 Juden seien erschossen worden".
(Überwindung S. 209)

Ganz gefangen ist Jochen Klepper von dem, was mit ihm und mit seiner Familie geschieht. Anders aber in Rußland! Vielleicht spielt hier auch der Unterschied zwischen den West- und Ostjuden eine Rolle. Blickten doch die im Westen häufig voller Verachtung auf die im Osten herab.

Das eigene Schicksal
Nicht nur um seine Frau und seine Töchter besser schützen zu können, will Jochen Klepper so lange wie möglich Soldat sein. Die Zugehörigkeit zur Armee selbst ist ihm wichtig. So sehr ist er mit Friedrich Wilhelm I, dem Soldatenkönig, eins, daß der Antrag des ihm sehr zuge-

tanen Major Eras, Jochen Klepper zum Offiziersanwärter vorzuschlagen, von diesem mit dem Satz kommentiert wird: "... was hätte wohl mein König gesagt, wenn ich überhaupt nicht zum Offizier geeignet gewesen wäre."
(Überwindung S. 145)

"Ich hätte Offizier sein können, wenn ich als "Mischling" nicht zurückgesetzt worden wäre." Das hilft ihm in Gedanken über den Stand des einfachen Soldaten hinweg. "Zwei Äußerungen waren mir wichtig", schreibt Jochen Klepper: "Wer den Vater geschrieben hat, hat einen solchen Anteil an der Heranbildung des Soldatentums, daß er, erst einmal Soldat, auch Offizier werden müßte."
(Überwindung S. 212)

Je mehr die Entfernung wegen "Wehrunwürdigkeit" aus der Armee auf ihn zukommt, desto stärker wird die Niedergeschlagenheit Jochen Kleppers, desto tiefer birgt er sich in seinem Glauben. Er klagt: "Ach, wessen Wunden von uns dreien mögen am größten sein? Und kann Hanni noch – gewinnt Deutschland den Krieg – jemals auf ein Wiedersehen mit Brigitte hoffen?" (Brigitte war die ältere Tochter, der es noch gelungen war, aus Deutschland auszuwandern.)
(Überwindung S. 204)

Jochen Klepper findet Trost in seinem Christusglauben.
(Siehe 'Überwindung' S. 198)

Parallelen zu Jochen Klepper

Vielen ist es nicht anders ergangen als Jochen Klepper:
Der Zeitgeist, das Denken in vorgegebenen, festgefügten Strukturen hat sie tatsächlich blind sein lassen. In der gebotenen Kürze nur zwei Beispiele:
Klaus von Bismarck, lange Zeit Intendant des Westdeutschen Rundfunks und Präsident des Goethe-Institutes, schildert selbst, wie ihm erst durch einen "Schock" die Augen dafür geöffnet worden waren, was durch die deutsche Wehrmacht in der Sowjetunion geschehen ist: Es war im Herbst 1986, mehr als 40 Jahre nach dem Ende des Krieges, an dem von Bismarck zuletzt als Regimentskommandeur teilgenommen hatte. Den 'Schock' erhielt er, als er die Gedenkstätte in Chatyn – nicht zu verwechseln mit Katyn – besuchte.
Klaus von Bismarck erzählt: Rings um Minsk wurde ein besonders starker Partisanenkrieg geführt. "Die ständige Bedrohung der Nachschublinie wurde offenbar für die deutsche Führung bald unerträglich. Es gab alsbald einen Führerbefehl auf die russische Zivilbevölkerung, d. h. auf Frauen und Kinder, bei der Partisanenbekämpfung keine Rücksicht mehr zu nehmen. Drei Wehrmachtssicherungsdivisionen wurden an den Rand des großen Waldes verlegt – um 'Ordnung zu schaffen'. Wie geschah dies? Starke deutsche Einheiten rückten plötzlich auf ein Dorf mitten im Waldgebiet vor, verbrannten die Häuser und auch die gesamte Ziuvilbevölkerung (Frauen und Kinder, ein paar alte Männer), in ein oder zwei Scheunen zusammengetrieben. So geschah es in 186 Dörfern. Nur ganz wenige entkamen, überlebten.
Dafür steht "Chatyn" ... Worin bestand "der starke 'Chatyn-Schock' für mich als Zeitzeugen, als Soldaten, der vier Jahre selbst in der Sowjetunion eingesetzt war?
– Ich war bis dahin der Meinung, daß fast alle mir bekannten Verbrechen gegen die Menschlichkeit, die im Hinterland an der Zivilbevölkerung bzw. im Umgang mit den russischen Kriegsgefangenen in deutschem Namen begangen wurden (wie ich nach und nach hörte), der SS oder ihren Hilfsgruppen zur Last zu legen seien. Ich bestritt also noch in Chatyn gegenüber der russischen "Führung" durch die Gedenkstätte, daß Wehrmachtstruppenteile in solchem Ausmaß beteiligt waren.
Nachfragen nach meiner Rückkehr aus Minsk ... bestätigten mir leider die Korrektheit der meisten russischen Angaben in Chatyn und darüber hinaus, daß eben doch Wehrmachtseinheiten (z. B. auch in Form von Kommissarerschießungen) in vielen Fällen erheblich an solchen Verbrechen gegen die Menschlichkeit beteiligt waren.
Lebten wir – mit einem naiven Glauben an eine jedenfalls damals für mich noch gültige traditionelle soldatische Ethik – seinerzeit auf dem Mond, hatten wir verdrängt, daß eine solche Ethik längst nicht mehr in vielen Wehrmachtstruppenteilen galt?

("Mißtrauische Nachbarn", Begegnungen 6/87, S. 177 f.)

Ich selbst war 9 Jahre alt, als der Überfall auf die Sowjetunion stattfand, 13 Jahre am Ende des Krieges. Für mich war es in all den Jahren und auch noch danach undenkbar, daß eine russische Mutter ebenso tiefe Trauer über den Tod ihres gefallenen Sohnes empfinden könnte wie eine deutsche. So tief hatte die Propaganda vom "Untermenschen" sich in mein Empfingen eingefressen, daß ich davon überzeugt war, daß die Gefühle der Russen abgestumpft waren.

3. Sehend werden

Für uns alle gilt wohl in gleicher Weise wie für Jochen Klepper, Klaus von Bismarck, mich selbst die Prägung durch den Geist unserer Zeit, vereinfacht und verstärkt durch Propaganda und Manipulatin, die uns damals blind gemacht haben. Wieweit sind wir es heute auch noch? Um aus der Blindheit herauszufinden, sind die Schritte wesentlich, die besonders in der Theologie der Befreiung, die in den 6Oer Jahren von Lateinamerika ausgegangen ist, eine große Rolle spielen: *Sehen – Urteilen – Handeln*

Lebendig begraben
Quelle: Das Dritte Reich, München 1964

Sehen

Genau hinsehen, sich so umfassend wie möglich informieren, das ist der erste Schritt; nie sich einseitig auf die Darstellung in einem Presseorgan, in einem Rundfunk- oder Fernsehsender verlassen,, ist der zweite; in der Begegnung mit anderen Menschen sie wirklich an sich heranzulassen, sich ihrem Lebensgefühl, ihren Fragen, ihrer Kritik auszusetzen, ist der dritte Schritt.

Jochen Klepper hatte in der umfassend gesteuerten Medienpolitik seiner Zeit kaum Gelegenheit zur ausreichenden Information. Während seines Aufenthaltes in Rußland aber zeigte es sich, daß dort sich sein Urteil wandelte, wo er mit ukrainischen oder russischen Menschen eine Zeitlang zusammenlebte, wenn auch manchmal in der merkwürdigen Umdeutung, wie es in der Begegnung mit dem "verhetzten" Siebzehnjährigen geschah.

Klaus von Bismarck hat, nachdem er auf eine mögliche Fehleinschätzung aufmerksam gemacht worden war, die Information geradezu gesucht, die dann den Schock auslöste. Erst dieser half ihm, die Verhältnisse so zu sehen, wie sie wirklich waren.

Ich selbst habe lange gebraucht, um aus einem latenten Antikommunismus herauszufinden. Es gelang mir erst, als ich die Bücher der anderen Seite las, ihre Geschichtsdarstellung kennenlernte, mir ihre und die eigenen Prägungen bewußter wurden. Da begann ich zu verstehen. In ganz außerordentlicher Weise wurde es vertieft, als ich Menschen in ihrem eigenen Land, in Polen und in der Sowjetunion, im ganz alltäglichen Leben begegnete.

Sich umfassend zu informieren, mit den Augen der anderen zu sehen versuchen, ihnen in ihrem Leben zu begegnen, das ist der erste Schritt.

Urteilen

Aus dem Vor-Urteil, dem Ver-Urteilen zu einem eigenen, immer wieder zu überprüfenden Urteil zu finden, das ist das zweite. Klaus von Bismarck hat es konsequent getan, indem er feststellte: "Natürlich weiß ich, daß unzählige Kameraden von mir anständige Soldaten waren. Aber ich denke heute, wir sind blind gewesen. Denn ich weiß jetzt, daß auch die Wehrmacht infiziert worden ist von der NS-Ideologie, daß sie das Reden von der minderwertigen Rasse, von dem auszurottenden Kommunismus aufgenommen hat usw.

Einen langen Lernprozeß mußte ich durchlaufen, um das zu erkennen. Die Überschrift über diesem Buch heißt für mich "Der Schock kam erst nach dem Krieg".
(Mißtrauische Nachbarn, Begegnungen 6/87)

Das ist für Klaus von Bismarck ein Urteil sowohl in eigener Sache als auch in der Einschätzung der Mittäterschaft der Wehrmacht. Aus solch einem Urteil kann sich als Konsequenz nur ergeben, auch entsprechend zu handeln.

Handeln

Wer sehend geworden ist, kann nicht in der alten Haltung verharren. Bezeichnend ist, daß auch in der Bibel Leben im Zustand des Vor-Urteils als Blindheit bezeichnet wird. Als dem Apostel Paulus durch seine Bekehrung die Augen geöffnet wurden, da wurde er zum Zeugen vor der Welt für das, was ihn umgewandelt hatte. Er wurde zugleich zum Zeugen für den Irrtum, in dem er vorher befangen war.

Wie Klaus von Bismarck haben auch andere Zeitzeugen in Referaten und Besuchen, auf Reisen und in Begegnungen in hervorragender Weise an der Gestaltung des neuen Verhältnisses zur Sowjetunion mitgewirkt.

Alle, denen so die Augen geöffnet wurden, haben allein und mit anderen zu überlegen, welche Schritte sie jetzt zu tun haben, um zur Schaffung der neuen Verhältnisse beizutragen.

4. Veranstaltungsvorschlag

Vorbemerkung

Einseitige oder ungenügende Informationen, Prägungen durch die Umgebung, durch das geistige Milieu der Zeit, in der wir leben, haben Bilder in uns entstehen lassen, die nicht der Wirklichkeit entsprechen. Unser Verhältnis zu den Menschen in der Sowjetunion ist auch heute noch in starkem Maße durch solche Bilder geprägt.

Ziel

Unsere Vorurteile und Vorprägungen sollen für uns selbst erkennbar werden. Möglichkeiten sollen eröffnet werden, den Menschen, die heute in der Sowjetunion leben, gerecht zu werden, Wege zur wirklichen Begegnung mit ihnen zu finden.

An der Gestalt Jochen Kleppers sollten die Vorprägungen verdeutlicht werden. Klar muß dabei sein, daß uns kein Urteil über den, der einen so leidvollen Weg gehen mußte, zusteht. Vielmehr zeigt das Beispiel, daß niemand vor Blindheit sicher sein kann. Deshalb soll zur Erhellung auch der "Schock" Klaus von Bismarcks hinzugezogen werden, möglichst auch eigene Erlebnisse dessen, der die Veranstaltung leitet. Nur aus einer solchen Solidarität heraus kann das Ziel erreicht werden.

Anregungen für die Durchführung

Drei Schritte schlage ich für die Veranstaltung vor. Sie können jeweils einen ganzen Abend in Anspruch nehmen.

Baustein 28

Jochen Klepper – sein Leben, sein Leiden, sein Tod

Einstieg

Jochen Klepper, ein großer Schriftsteller und Liederdichter in den dreißiger Jahren unseres Jahrhunderts, ein tiefgläubiger Christ, war vom 22. Juni bis 5. Oktober 1941 als Soldat in Rußland. Merkwürdig ist für mich, wie wenig es ihm gelang, den Menschen in der Ukraine und in Rußland gerecht zu werden, wie blind er für ihr Schicksal war. Merkwürdig ist für mich, daß ihm, dem Leidgeprüften, das widerfahren ist. Ich frage mich, woher diese Blindheit bei ihm kam, um daran anschließend mich selbst zu fragen, ob mir nicht Ähnliches widerfahren kann. Nur so können Versöhnung und Verständigung mit den Menschen, mit den Völkern der Sowjetunion wirklich gelingen.

Drei Schritte möchte ich mit Ihnen auf dem Weg zu diesem Ziel gehen.

Entfaltung

Jochen Klepper – aus seiner Dichtung im Jahre 1938

Ein Lied, ein Gedicht von 1938 kann an den Anfang gestellt werden. Fast alle Lieder Jochen Kleppers im evangelischen Kirchengesangbuch stammen aus diesem Jahr. Zum Beispiel kann "Die Nacht ist vorgedrungen, der Tag ist nicht mehr fern" gemeinsam gesungen oder vorgelesen werden.

Aufmerksam machen auf die Jahreszahl 1938. Es ist das Jahr des Judenpogroms, der sogenannten "Reichskristallnacht".

Jochen Klepper war mit einer Jüdin verheiratet. So erlebte er täglich selbst die Demütigungen, den Haß, dem die Juden ausgesetzt waren. Lesen aus seinem Tagebuch "Unter dem Schatten deiner Flügel", Eintragungen vom 8. – 19. November 1938 im Auszug *(Seite 673 - 680)*.

Das Schicksal der Juden unter dem Nationalsozialismus

Im Gespräch, in der Gruppenarbeit zunächst zusammenstellen, was die Teilnehmenden von den Judenverfolgungen im Nationalsozialismus wissen. Die Ergebnisse sind im Plenum zusammenzutragen und zu ergänzen, so daß am Schluß dieser Einheit ein Gesamtüberblick über die Verfolgungen von 1933 - 1945 vorhanden ist. Auf diesem Hintergrund müssen wir das Leben Kleppers sehen.

Jochen Kleppers Leben in der schicksalhaften Verbindung
(siehe 2. Das Leben Jochen Kleppers, Seite 91)

Eine Teilnehmerin oder ein Teilnehmer könnten vorher gebeten worden sein, einen Vortrag über das Leben des Dichters mit Hilfe des Buches "Jochen Klepper, Dichter und Zeuge", von Ilse Jonas zu erarbeiten. Anschließend können Auszüge aus seinem Tagebuch "Unter dem Schatten deiner Flügel" und aus "Der Vater" gelesen werden.

Wie könnte ich bestehen?
Ein Freund schreibt von Jochen Klepper:
"In Jochen Klepper hat sich die ganze Widersprüchlichkeit der bürgerlichen Welt seiner Zeit ausgetobt. In seiner Person wie in seinem Schicksal. Was ihn überdauert, ist die Macht und Hilflosigkeit seines Glaubens. Wenn ich so ungeschützt leben müßte, wie er gelebt hat, wie könnte ich bestehen?"
Gespräch zu dem Satz: Wenn ich so leben müßte, wie könnte ich bestehen?

Schluß

Wenn das Leben eines Menschen so schicksalhaft geprägt wird, wie das von Jochen Klepper, und wenn er es so sensibel, so tiefgetroffen und verletzt durchlebt, muß nicht ein solcher Mensch auch sensibel sein für das Schicksal anderer, ihre Verletzungen spüren? Wie kam es, daß Jochen Klepper im Krieg gegen die Sowjetunion kaum ein Gefühl für das zeigte, was Ukrainer und Russen durchlitten haben, was den Juden in der Sowjetunion widerfuhr?

Baustein 29

Der Krieg gegen die Sowjetunion - ein geplanter Eroberungs- und Vernichtungskrieg

Einstieg

Der Überfall auf die Sowjetunion war der klassische Fall eines Vernichtungskrieges. Das zentrale politische und wirtschaftliche Ziel lautete: Schaffung eines Kolonialgebietes im Osten. So erklärte Hitler am 16. Juli 1941: "Grundsätzlich aber kommt es darauf an, den riesenhaften Kuchen handgerecht zu zerlegen, damit wir ihn erstens beherrschen, zweitens verwalten und drittens ausbeuten können".
(Zitiert nach 'Erinnern und Versöhnen', S. 99)

Damit war verbunden, die Russen zu vernichten, soweit sie nicht als "Sklaven gebraucht werden konnten", und ihr Land den deutschen Kolonialherren zur Verfügung zu stellen.

Entfaltung

Der Kriegsverlauf, der Charakter des Krieges und seine Folgen sind ausführlich dargestellt und didaktisch und methodisch aufgearbeitet in "Erinnern und Versöhnen", Seite 95 - 117.

Schluß

Diesen Krieg hat Jochen Klepper vom 22. Juni bis 5. Oktober 1941 ganz unmittelbar miterlebt. Wie er ihn erlebte und welche Schlußfolgerungen von uns daraus zu ziehen sind, gilt es im nächsten Schritt zu bedenken.

Baustein 30

"Sind die Augen geöffnet ..."
Was Menschen für die Begegnung blind macht und wie sie sehend werden können.

Einstieg

Jochen Klepper, der das Schicksal seiner jüdischen Frau und seiner jüdischen Stieftöchter miterlebt, ist blind für das Schicksal, das den Menschen in der Sowjetunion widerfährt. Wie kommt das? Ist das eine Ausnahme? Geht das vielen Menschen so? Betrifft es uns selbst? Darüber wollen wir jetzt nachdenken.

Entfaltung

Die Blindheit Jochen Kleppers

Die Darstellung unter 2. *"Die Blindheit"* kann für alle Teilnehmenden kopiert werden. Sie können es für sich selbst lesen und anschließend zunächst in kleinen Gruppen zu den Fragen sprechen:

– Wieweit stimme ich mit dem, was Jochen Klepper schreibt, überein?

– Wieweit bin ich anderer Meinung?

– Wodurch wurde mein Bild von jenen Ereignissen geprägt?

– Worin sehe ich seine Blindheit?

– Wodurch wurde sie hervorgerufen?

Zur Beurteilung heranziehen:

Lebensweg Jochen Kleppers; die Einstellung zum Kommunismus in der damaligen Zeit; die Einflüsse der Propaganda; die Fremdheit: Wieviel wußte man wirklich von der Sowjetunion und ihren Menschen?

Die wichtigsten Ergebnisse des Gruppengesprächs werden schriftlich festgehalten und in das Plenum eingebracht.

Parallelen zu Jochen Klepper

Das, was Jochen Klepper in seiner Blindheit widerfuhr, war kein Einzelfall. Wie sehr Menschen in dem Denken des Zeitgeistes befangen sind, wird zum Beispiel deutlich an einem Mann, der selbst erzählt, daß er erst durch einen Schock im Jahre 1986 aus seiner Befangenheit herausgeführt wurde, Klaus von Bismarck.
(Erzählen, siehe PARALLELEN ZU JOCHEN KLEPPER)

Wieweit kann ich von mir sagen, was wir von Jochen Klepper gesagt haben, was Klaus von Bismarck über sich selbst sagte? Wo bin ich blind gewesen? Wo wurden mir die Augen geöffnet?
(Berichte der Teilnehmenden)

"Sind ihnen die Augen geöffnet ..."

Tafelanschrift: *Sehen – Urteilen – Handeln*

Die Befreiungstheologie hat diesen Dreischritt entwickelt, der aus der Blindheit herausführt und hilft, für das weitere Leben Konsequenzen zu ziehen. Die Umkehr von der Blindheit zum Sehen ist immer durch einen "Schock" oder durch eine "Bekehrung" bestimmt. Jochen Klepper konnte diesen Schritt nicht mehr vollziehen. Die Verfolgung der Juden brachte auch ihm den frühen Tod. Klaus von Bismarck erfuhr 40 Jahre nach dem Krieg die Chance zur Einsicht. Von dem Apostel Paulus wird uns erzählt, daß er von Blindheit geheilt und so vom Saulus zum Paulus wurde.

Jochen Klepper mit Frau und Tochter
Quelle: Unter dem Schatten Deiner Flügel.
Evangelische Buchgemeinschaft, Stuttgart, 1956

Der Bruderrat der Evangelischen Kirche in Deutschland hat für sich 1947 das Darmstädter Wort als Schuldbekenntnis gesprochen.

(Siehe ERGÄNZENDE TEXTE)

Die Erklärung kann vervielfältigt und den Teilnehmern für ein Gespräch über seine Aussage gegeben werden. Zur Illustration sollten die obengenannten Beispiele und Erfahrungen des eigenen Lebens einbezogen werden.

Was kann ich selbst dazu tun, um so sehend zu werden?
(Siehe SEHEND WERDEN)

Schluß

Worin sehen wir unsere Aufgabe in der Begegnung mit Menschen in der Sowjetunion heute?

Wie können wir dazu beitragen, daß Vor-Urteile weiter abgebaut werden? Wie können wir dazu helfen, daß Bewußtsein dafür geschaffen wird? Europa endet nicht an Oder und Neiße und nicht am Bug. Was hat Europa Rußland zu verdanken? Was verlören wir, gäbe es nur ein westliches Europa (kulturell, literarisch, künstlerisch, religiös ...)?

5. Literatur

Jochen Klepper: "Überwindung", Tagebücher und Aufzeichnungen aus dem Krieg. Deutsche Verlagsanstalt Stuttgart 1958

ders. "Unter dem Schatten deiner Flügel". Aus den Tagebüchern der Jahre 1932 – 1942. Evangelische Buchgemeinschaft Stuttgart, 1956

ders. "Der Kahn der fröhlichen Leute", Fischer-Bücherei 1955

ders. "Der Vater". Der Roman eines Königs. Deutsche Verlagsanstalt, Stuttgart 1955

Ilse Jonas: "Jochen Klepper, Dichter und Zeuge". Christlicher Zeitschriftenverlag Berlin, ohne Jahrgang.

Dieter Bach (Hrsg.), "Erinnern und Versöhnen". Die Sowjetunion als Thema in Gemeinde, Gruppe, Schule. Servicedruckerei Kleinherne, Düsseldorf 1988

ders. (Hrsg.), "Mißtrauische Nachbarn", Begegnungen 6/87, Evangelische Akademie Mülheim/Ruhr

Dieter Bach

IV. Spurensuche als Thema für Jugend- und Erwachsenenbildung

1. Kriege enden nicht im Frieden

Warum die Spurensuche auch '50 Jahre danach' wichtig bleibt

Der Überfall des faschistischen Deutschland *(in der Sowjetunion wird sehr deutlich zwischen dem faschistischen Deutschland, das die Sowjetunion überfallen hat, und dem deutschen Volk unterschieden, das von den Nazis verführt worden ist)* auf die Sowjetunion vor 50 Jahren hat bleibende Spuren in Europa hinterlassen. Nicht allein die Kriegs- bzw. die viel größere Zahl der Ziviltoten sind in Erinnerung zu rufen, nicht nur die zerstörten Dörfer und Städte, die Landschaften mit ihren Wundmalen aus Angriffs- und Abwehrschlachten ... - das Erlebte wirkt fort in dem Erzählen der Generationen, hier wie dort!

"Kriege sind nicht einfach aus. In den Seelen der Völker hinterlassen sie Spuren, die sich wahrscheinlich über Generationen hinwegziehen"
Christoph Boekel*
(siehe unten, Film: "Spur des Vaters")

Wer deshalb den Titel offeriert: "Der Krieg ist zu Ende"(*vgl. Der Spiegel Nr. 30, 23.07.90)*, der unterschätzt das Weiterwirken der unmittelbaren Geschehnisse und durchkreuzt die bleibende Verantwortung der Generationen, sich ihrer gemeinsamen Geschichte bewußt zu werden, um daraus den Horizont für ein friedliches Miteinander kennenzulernen.

Wer sich also auf die "Spurensuche" macht, gerät in eine Wechselbeziehung zwischen den betroffenen Ländern und Völkern, aus der heraus Erkennen und Lernen möglich werden.

Der Vernichtungskrieg gegen die Sowjetunion wurde von konkreten Menschen geführt. Gleichgültig, ob in Kenntnis der wahren Absichten ihrer Befehlsgeber, als Mitläufer oder von der herrschenden Ideologie Verführte, sind Deutsche über die Völker der Sowjetunion hergefallen und haben unsägliches Leid verursacht. Der Prozeß des Erinnerns ist schmerzlich, weil stets der Wunsch besteht, sich selbst einen Freispruch zu verschaffen.

Suche nach Angehörigen unter den Toten auf einer Rückzugsstraße der deutschen Truppen
Quelle: Praxis Geschichte 5/90

Den Kindern dieser Väter steht es nicht zu, aus der bergenden Sicherheit der Gegenwart zu Verurteilungen auszuholen, aber sie haben ein Anrecht und die Pflicht, eine ehrliche Antwort zu erhalten bzw. nach ihr zu suchen.

Wo der Einzelne seinen Spuren noch einmal nachgeht, besteht die Möglichkeit zur Selbstklärung. "Die Annahme, straflos durch die Geschichte lavieren zu können und die eigene Biographie umschreiben zu können, gehört zu den traditionellen mitteleuropäischen Wahnideen. Versucht jemand, dies zu tun, schadet er sich und seinen Mitbürgern. Denn es gibt keine volle Freiheit dort, wo nicht der vollen Wahrheit freie Bahn gegeben wird."

(Vaclav Havel, Eröffnung der Salzburger Festspiele 26.07.1990)

Wer sich auf die Spurensuche begeben sollte:

Die Geschehnisse im Osten sind selten kritischer Erzählstoff in deutschen Familien gewesen. Mit alten Vorurteilen besetzt, sind die Klischees in die neue politische Situation übertragen worden. Von den Greueltaten der deutschen Armeen ist erst mit großer zeitlicher Verzögerung berichtet worden. Und oft geschah dies sehr widerwillig.

So kann nur ein bedingtes Grundwissen bei der älteren Generation vorausgesetzt werden. Bei Jugendlichen dürften je nach Bildungsstand partielle Kenntnisse vorhanden sein, die freilich sofort in Konkurrenz zu Gegenwartserfahrungen gebracht werden (z. B. Vietnam, Afghanistan, Libanon). Wichtig bleibt es, auf die unterschiedliche Struktur der Zielgruppe - z. B. Witwen, deren Männer im Osten gefallen sind, Vertriebene, politisch konservative Gruppen, Jugendliche mit neuem Nationalgefühl - vorbereitet zu sein. Von besonderer Bedeutung wird der Konflikt der Generationen und die Notwendigkeit eines Dialoges sein.

Für die Spurensuche gibt es keine fertigen Konzepte

Das Thema "Spurensuche" kann im Zusammenhang mit dem 50. Jahrestag des Überfalls auf die Sowjetunion auf unterschiedlichste Zielgruppen anziehend wirken. Von daher empfiehlt es sich, den Teilnehmern keine fertigen Konzepte überzustülpen, sondern in konkreten, überschaubaren Einzelschritten das Thema anzugehen. Nicht die Schuldfrage steht am Anfang, sondern die biographische Erfahrung derer, die den Krieg im Osten mitgemacht und überlebt haben. Auf der Basis gewonnener Erkenntnisse und Diskussionen sind dann Schritte zu überlegen, wie das neue Verhältnis zwischen unseren Völkern bestimmt werden kann. Da es auch zu persönlichen Begegnungen mit Menschen aus der Sowjetunion kommen wird, sind verbindliche Schritte zur Partnerschaft zu formulieren.

2. Die Spur des Vaters

Diesem Veranstaltungsvorschlag ist der Film von Christoph Boekel zugrundegelegt: *Die Spur des Vaters*, Nachforschungen über einen unbeendeten Krieg.

(ZDF 1989, 75 Minuten; als Videocasette, VHS, im Verleih: Film-, Funk- und Fernsehzentrum der Evangelischen Kirche im Rheinland, Lenaustraße 41, 4000 Düsseldorf 30, Telefon: 02 11/6 39 82 22)

Zum Inhalt

Der Film schildert eine Vater-Sohn-Beziehung. Anhand der vom Vater überlassenen Kriegstagebücher, seiner Briefe an seine Frau, Fotos und Karten sucht der Sohn 46 Jahre "danach" noch einmal die Stationen auf, die sein Vater als Unteroffizier einer Panzerjägereinheit von Juli 1941 bis Dezember 1941 von Ostpolen bis 60 km vor Moskau auf dem "Vormarsch" mitgemacht hat. Im Gespräch mit dem Vater, im Kommentar, aber auch in der Dokumentation von Augenzeugenberichten bekommt der Film über den biographischen Ansatz hinaus historische Dimensionen, in denen die Sinnlosigkeit des Krieges und die Verbrechen gerade dieses Vernichtungsfeldzuges auf beeindruckende Weise dargestellt werden.

Der Film besticht in seiner schlichten Information, in seiner Offenheit, ja Intimität, die sich aus den zeitbedingten Reflexionen ergeben. Er ist von dem Appell durchdrungen, alles zu tun, damit nie wieder Krieg zwischen unseren Völkern herrschen kann.

3. Spurensuche

Baustein 31

Die Spur des Vaters

Einsatz des Films in einer Einzelveranstaltung

<u>1. Schritt</u>

Vorführung des Films

<u>2. Schritt</u>

Spontane Äußerungen zum Film

Verknüpfung mit eigenen Erlebnissen, Berichten der Eltern, Großeltern, Verwandten...

<u>3. Schritt</u>

Miteinander Vorschläge erarbeiten, wie künftig ein friedliches Miteinander, ein besseres Kennenlernen zwischen Menschen aus der Sowjetunion und unserem Land möglich sind.

Baustein 32

Auf meinen und anderer Menschen Spuren

Da die Aussage des Films sehr kompakt ist, können in einer Einzelveranstaltung nur einige Anstöße gesetzt werden. Besser ist es deshalb, die Arbeit von Christoph Boekel in eine Seminarreihe einzubauen. Folgende Schritte sind denkbar:

<u>Erster Schritt</u>

Jeder Teilnehmer erhält eine weiße und eine orangefarbene Karte mit den zu ergänzenden Fragen auf der weißen Karte:

Als Teilnehmer am "Einmarsch" in die Sowjetunion bin ich folgende Route marschiert ..."

Wenn Sie selbst kein Kriegsteilnehmer waren:

Von meinem Vater/Onkel/Bruder/Cousin ... habe ich über seinen Aufenthalt in der Sowjetunion folgendes erfahren ...

Auf der orangefarbenen Karte sollen subjektive Erfahrungen, Eindrücke, Einschätzungen zum Überfall auf die Sowjetunion eingetragen werden.

<u>Zweiter Schritt</u>

Für die Weiterarbeit liegen bereit: Einsatzbefehle, Karten, Einsatz-Berichte

(siehe ERGÄNZENDE TEXTE)

Anhand der Egebnisse aus der Einzelarbeit werden auf einer Karte der Sowjetunion die Strecken besonders markiert, die von den Teilnehmern oder ihren Angehörigen im Verlauf des Einmarsches in die Sowjetunion erreicht worden sind.

(Arbeit mit der weißen Karte)

Die so gewonnene Karte der Sowjetunion wird durch Einsatzakten der deutschen Armeen ergänzt. Damit soll das Ausmaß der Besetzung visualisiert werden.

<u>Dritter Schritt</u>

Auf große Papierbogen werden in Stichworten ergänzend zu den markierten Strecken subjektive Erfahrungen, Eindrücke, Kommentare der Betroffenen oder den Teilnehmern bekannte Informationen aufgeschrieben.

(Arbeit mit den orangefarbenen Karten)

Gut ist es, wenn für diese Arbeitseinheit die Teilnehmenden Briefe, Fotos, Kartenmaterialien von Familienangehörigen und Verwandten mitgebracht haben und die Dokumente in die Zusammenstellung einbezogen werden.

<u>Vierter Schritt</u>

Die Ergebnisse aus den Schritten 2 und 3 werden in Kleingruppen sowjetischen Augenzeugenberichten gegenübergestellt.

(siehe dazu die Materialien in ERGÄNZENDE TEXTE)

So können die unterschiedlichen "Sichtweisen" zur eigenen Urteilsbildung genutzt werden.

Helme der Wehrmacht in der Ausstellung: "Heldenhafte Verteidigung der Stadt Leningrad", Leningrad 1945

Quelle: Staatliches Archiv für Fotodokumentation, Moskau

Fünfter Schritt

Jetzt kann in einer besonderen Einheit der Film: *Die Spuren des Vaters*, eingesetzt und besprochen werden.

Sechster Schritt

Auf der Basis der Aussage, daß "Kriege nicht einfach aus sind, sondern in den Seelen der Völker Spuren hinterlassen, die sich wahrscheinlich über Generationen hindurchziehen", werden in einem "Brainstorming" Impulse gesammelt, wie zukünftig das Verhältnis zwischen Deutschen und Bürgern der Sowjetunion gestaltet werden könnte. Dabei sind besonders konkrete Projekte ins Auge zu fassen, die von den Teilnehmern einer Gemeinde, Volkshochschulgruppe usw. auch realisiert werden können.

Am Ende sollte ein konkretes Projekt für die Weiterarbeit stehen.

(siehe Bausteine)

Das Ergebnis wird als Collage oder einfaches Tafelbild strukturiert.

7. Schritt

Das gemeinsam erarbeitete Projekt wird in Abstimmung mit den zuständigen Gremien durchgeführt.

Baustein 33

Spurensuche vor Ort

Der Überfall auf die Sowjetunion hat nicht nur dazu geführt, daß in der Sowjetunion Kriegshandlungen stattfanden, es wurden auch Millionen Bürger der Sowjetunion als sog. "Fremdarbeiter" (Zwangsarbeiter) ins Deutsche Reich gebracht und in der Kriegsproduktion bzw. in der Landwirtschaft eingesetzt. Auf diese Weise hat es auch Begegnungen zwischen der deutschen Zivilbevölkerung und Zwangsarbeiterinnen und Zwangsarbeitern aus der Sowjetunion gegeben.

(vgl. den von Aktion Sühnezeichen (Friedensdienste e.V.) angestrengten Musterprozeß für eine Entschädigung von Zwangsarbeiterinnen und Zwangsarbeitern – siehe ERGÄNZENDE TEXTE; vgl. Publikation von Aktion Sühnezeichen/Friedensdienste e.V., Jebensstraße 1, 1000 Berlin 12)

Erster Schritt

Gruppengespräch

– Wo sind in unserer Stadt/Gemeinde Fremdarbeiter/Zwangsarbeiter eingesetzt worden?

– Wo waren die Unterkünfte der Zwangsarbeiter in unserer Stadt/Gemeinde?

– Wo sind Zwangsarbeiter in unserer Stadt/Gemeinde verurteilt, mißhandelt, gefangen gehalten, beerdigt worden?

– Wo sind hierüber Aufzeichnungen erhalten (Stadt/Gemeinde-Archiv?)

(vgl. Bericht über das ELDE-Haus in Köln "Die Zeichen an der Wand" und "Leben-Vivre-Zisn", Filme von Ludwig Metzger, WDR

– Wo sind Zeitzeugen, die sich an Fremdarbeiter/Zwangsarbeiter erinnern (Sammeln von Namen, Schicksalen, ihrer Herkunft, ihrem Verbleib)?

Der erste Abschnitt muß möglicherweise in verschiedenen Arbeitsschritten erfolgen.

Zweiter Schritt

– Welche Möglichkeiten bestehen, zu den ehemaligen (überlebenden) Fremdarbeitern/Zwangsarbeitern Kontakt aufzunehmen? (Partnerschaft, Ehrenbürgerrecht, Einladung zum Besuch)?

Dritter Schritt

Bildung einer Arbeitsgruppe unter Mitwirkung von Vertretern verschiedener Institutionen in der Gemeinde/Stadt. Sie alle sollen sich an der "Spurensuche" vor Ort beteiligen (Schule, Verein, Kirche, Partei...) Dies könnte durch die Ausschreibung eines Wettbewerbs "attraktiv" gemacht werden.

Vierter Schritt

Öffentlichkeitsarbeit

Die Spurensuche vor Ort soll von einer gezielten Öffentlichkeitsarbeit begleitet werden. Sobald die Arbeitsgruppe und die konkreten Arbeitsvorhaben festgestellt sind, soll darüber in der örtlichen Presse berichtet werden. Bei Veranstaltungen im Verein, in der Schule, in der Kirchengemeinde, bei Straßenfesten soll durch Büchertische und eigene Veranstaltungen auf die "Spurensuche" hingewiesen werden. In der Öffentlichkeit soll der zwangsverpflichteten Fremdarbeiter aus der Sowjetunion gedacht werden, Biographien der Betroffenen, aber auch das Verhalten der deutschen Zivilbevölkerung sollten eingehend analysiert und dokumentiert werden. Soweit dies noch möglich ist, sollten Begegnungen vor Ort mit ehemaligen "Fremdarbeitern" aus der Sowjetunion versucht werden. Hierzu könnte auch eine Städte- bzw. Gemeindepartnerschaft gehören.

Jörn-Erik Gutheil

Pskov

Die Leidensgeschichte einer europäischen Stadt in Rußland und Ihre Heimatstadt – Ein Vergleich

Vorbemerkungen

Zur Spurensuche ganz besonderer Art möchte dieses Kapitel anregen. Ging es im vorausgehenden Kapitel darum, nach Spuren in der eigenen Lebensgeschichte, in der von Eltern und Bekannten zu suchen, die der Krieg hinterlassen hat, nach Spuren von Kriegsgefangenen- und Fremdarbeiterlagern in ihrer Umgebung, soll das Suchen jetzt in einem Vergleich zwischen zwei europäischen Städten geschehen, der Stadt, in der Sie leben und der Stadt Pskov in der russischen Föderation nahe zur Grenze der baltischen Staaten.

Warum haben wir gerade *Pskov* ausgewählt?

Mehrere Gründe waren dafür ausschlaggebend:

a) Pskov, mit dem deutschen Namen Pleskau, ist eine alte europäische Stadt.

b) Als Grenzstadt war sie vielen Anfeindungen ausgesetzt.

c) Hier stießen in den Kämpfen immer wieder die russisch-orthodoxe, die römisch-katholische und die protestantischen Kirchen aufeinander. Das trug in besonderem Maße zum Leiden der Stadt bei.

d) Im Zweiten Weltkrieg hat sie sowohl durch Kampfhandlungen als auch durch die Besetzung mehr gelitten als die meisten der anderen Städte.

e) Viele Städte Europas, ihre Menschen, ihre kulturellen Einrichtungen, haben im Zweiten Weltkrieg Entsetzliches durchmachen müssen. Der Vergleich läßt Parallelen und Unterschiede deutlich werden.

I. Die Stadt Pskov von ihren Anfängen bis zum Jahr 1945

1. Die Geschichte der Stadt von 862 – 1941

Pskov ist eine der ältesten Städte Rußlands bzw. des Territoriums, das heute zur Sowjetunion gehört. In diesem Gebiet siedelten die slawischen Stämme der Krivitschen schon lange, bevor der Warägerfürst Rurik seine Hauptstadt Nowgorod gründete. Archäologische Ausgrabungen erbrachten in Begräbnishügeln Ackergeräte, Metallwaffen, Glas- und Steinartikel sowie gut entwickelte Schiffsmodelle und Schlitten. Die Funde werden auf das 5. und 6. Jahrhundert datiert. Die Menschen des alten Pskov erbauten ihre Städte auf einem Hügel nahe dem Zusammenfluß der Welikaja und der Pleskowaja. Der kleinere Fluß *(Pleskowaja = die Plätschernde)* gab der Stadt den Namen Pleskau, der später in Pskov geändert wurde.
Urkundlich erwähnt wird Pskov zum ersten Mal in einer alten Chronik *("Erzählungen der vergangenen Jahre")*. Dort wird berichtet, daß die Fürsten Sivers und Travar im Jahre 862 die Städte Pskov und Iborsk zu ihren Residenzen machten.
Nach dem Tode des Fürsten Travar fiel die Stadt an Nowgorod und galt als ihre wichtigste Grenzbefestigung. Doch nach verhältnismäßig kurzer Zeit gewann sie ihre Unabhängigkeit zurück.
In dieser Epoche entstand das Kiewer Reich, das seine größte Ausdehnung vom 10. bis zum 12. Jahrhundert hatte. Es reichte von Pskov über Nowgorod im Norden bis fast ans Schwarze Meer im Süden. Nach Nowgorod wurde der Enkel des bedeutenden Fürsten Wladimir Monomach entsandt. Dieser – Wjessolod Gawriil – wurde von den Nowgorodern vertrieben. Aus Trotz nahm ihn die Pskover Bevölkerung auf. Nach seinem Tode wurde 1138 die Stadtregierung durch die Wjetsche *(Bürgerversammlung)* übernommen. Sie behielt ihre Bedeutung bis ins 15. Jahrhundert und stellte eine relativ demokratische Regierungsform dar.

1202 wurde westlich des Pskover Gebietes der Schwertbrüderorden gegründet, der sich 1237 mit dem Deutschen Ritterorden vereinigte.

Quelle: "Die Wehrmacht", Berlin 1941

Beide erhielten ihre Legitimation durch Kaiser und Papst als Kreuzfahrer zur Bekämpfung und Bekehrung der Heiden. In dieser vereinigten Ordensmacht war der Pskover Bevölkerung ein mächtiger und aggressiver Nachbar entstanden, obwohl die Stadt längst christianisiert war. 1240 fiel Pskov an den Orden, wurde aber schon zwei Jahre später durch Alexander Njewskij befreit. 1242 konnte dieser mit Hilfe der Pskover die Ordensritter auf dem zugefrorenen Peipus-See vernichtend schlagen. *(Dieses Ereignis wird 1992 - 750 Jahre danach - in Pskov groß gefeiert. Ein Denkmal wird errichtet)* Doch auch in der Folgezeit war die Grenzregion ständig schmerzlichen Überfällen ausgesetzt. Durch Aufstellung von Verteidigungswehren, zu denen alle Familien ohne Ansehen ihres Standes gehörten, versuchte die Bevölkerung Widerstand zu leisten.

Von 1266 - 1299 regierte Dowmont Timofeij - ein Litauer und Katholik - das Pskover Land. Er stellte sich gegen den Orden und verstand es, die gesamte Bevölkerung für sich einzunehmen, indem er der Wjetsche ihre Macht beließ und den Kampf gegen den Orden als gemeinsames Anliegen unter dem Symbol der Heiligen Dreifaltigkeit führte *(Dreifaltigkeitskathedrale)*. Durch ihn gewann Pskov größere Eigenständigkeit gegenüber Nowgorod und näherte sich Litauen an. Doch bedroht blieb die Stadt weiterhin. Die nächsten einhundert Jahre waren durch ständige kleinere und größere Grenzverletzungen und Raubüberfälle gekennzeichnet.

Im 14. Jahrhundert wird Moskau zum Großfürstentum. Sein Bedürfnis, sich auszudehnen, bewirkt eine latente, aber auch offen ausgetragene Gegnerschaft zu Nowgorod. Das führt zur Annäherung zwischen Pskov und Moskau. Trotzdem wird Pskov schließlich Opfer der Expansionspolitik Moskaus. Ab 1400 ernennt der Großfürst von Moskau den jeweiligen Fürsten von Pskov. 1510 wird die Stadt völlig in das moskowitische Reich eingegliedert. Die Wjetsche verliert ihre Macht.

Während des Livländischen Krieges (1558 - 1583) wird Pskov durch die Truppen des polnischen Königs Stephan Batory fünf Monate lang belagert, kann sich aber ohne Unterstützung durch Moskau behaupten. Aus dieser Zeit gibt es Aufzeichnungen, die von dem unermüdlichen Einsatz der Bevölkerung einschließlich der Frauen und Kinder erzählen. In diesen Berichten wird auch deutlich, wie sehr die Verteidigung auch dem orthodoxen Glauben gilt: Die polnischen römisch katholischen Angreifer werden immer wieder als "Heiden" bezeichnet.

Zum letzten Mal vor den Ereignissen in unserem Jahrhundert wird Pskov im großen nordischen Krieg (1700 - 1721) zum Zentrum kriegerischer Auseinandersetzungen. Danach verliert es seine Bedeutung. Als Handelszentrum zu den baltischen Staaten und zur Ostsee wird es von Petersburg abgelöst. An das frühere Gesicht erinnert nur noch die Passage im Zarentitel: "Fürst von Pleskau"

Unter zaristischer Verwaltung wird die Lage der Bevölkerung immer schwieriger. Gutsbesitzer werden eingesetzt bzw. genauer: ihnen wird Land verliehen, das vorher im Besitz der Bauern war. Die Bauern werden zu Leibeigenen. Handwerker und Händler verdienen weniger, da ein Leibeigener kaum Geld in der Hand hat, Landadel und Großgrundbesitzer aber ihren Bedarf weitgehend in den großen Zentren decken. Die daraus entstehende Unzufriedenheit entlädt sich wiederholt in Aufständen und örtlichen Protesten. Die unhaltbaren Zustände führen schließlich im gesamten russischen Reich zur ersten Revolution 1905.

Während des 1. Weltkrieges liegt Pskov nicht im Frontgebiet. Es beherbergt aber den militärischen Stab der Nordfront und nimmt sehr viele Flüchtlinge auf. Im Februar 1917 unterzeichnet Zar Nikolaus II dort seine Abdankungsurkunde. Da Pskov Stabsquartier ist, entwickeln sich dort heftige Kämpfe zwischen den Revolutionären und den noch zarentreuen Regimentern. Hier und in Narva wird die Rote Armee gegründet.
In den folgenden Jahren wird Pskov und das Gouvernement durch ständige Kampfhandlungen zwischen der Roten Armee und den internationalen Verbänden beeinträchtigt. Nach der Stabilisierung der Sowjetmacht nach 1921 wird Pskov zum Zentrum der flachs- und holzverarbeitenden Industrie der Russischen Republik.

2. Die Eroberung der Stadt 1941
in *deutschen* und *sowjetischen* Berichten

Der Großraum Pleskau wird im Wehrmachtsbericht vom Montag, dem 7. Juli 1941, erstmals erwähnt:
Luftbombardements haben sich gegen feindliche Truppen "ostwärts des Peipus-Sees" gerichtet.
Am Sonntag, dem 13. Juli, heißt es:
"Witebsk ist seit dem 11. Juli in unserer Hand. Ostwärts des Peipus-Sees sind deutsche Panzerverbände im Vorgehen auf Leningrad."
Schon mit dieser Meldung ist unterstrichen, daß das Schicksal der Stadt Pleskau und des sie umgebenden Raumes sehr eng mit dem Schicksal der großen Stadt Leningrad verzahnt ist (und auch bis 1944 verzahnt bleibt.)
Erst im Laufe des 6. August hielt es das Oberkommando der Wehrmacht für richtig, in "Sondermeldungen" eine zusammenfassende Schilderung der deutschen Operationen auch im nördlichen Frontabschnitt zu geben. In diesem Zusammenhang wird auch der Fall von Pleskau ("nach kurzem, hartem Kampfe") erwähnt, die Stadt selbst erstmalig genannt:
"In kühnem Ansturm gelang es der unter Führung des Generalobersten Busch stehenden Armee und der in ihrem Abschnitt kämpfenden Panzergruppe des Generalobersten Höppner, die stark ausgebauten und zäh verteidigten Stellungen südlich des Peipus-Sees zu durchbrechen. Ostrow, Porchow und Pleskau fielen nach kurzem, hartem Kampfe."

Damit verschwindet der Raum Peipus-See/Pleskau aus der Berichterstattung des Oberkommandos der Wehrmacht.

(Aus Wehrmachtsberichten)

Am 22. Juni 1941 begann in Pskov die Mobilmachung. Vom 25. Juni an wurden Maschinen und Vorräte abtransportiert. Die Evakuierung der Bevölkerung begann am 3. Juli.
Intensive Vorbereitungen zur Verteidigung der Stadt begannen am 28. Juni: Die Verteidigungslinie am Ufer des Welikajaflusses wurde bezogen. Am 3. Juli unternahmen die Angreifer den ersten Versuch, diese Linie zu durchbrechen. Doch in einem sowjetischen Gegenangriff gelang es, den Feind, der schon durchgebrochen war, hinter die Verteidigungslinie zurückzuwerfen.
Am 5. Juli vertrieb die Rote Armee die Gegner aus den nördlichen Stadtteilen von Ostrow. Doch sie konnte die Stadt nicht halten. Am 8. Juli begannen sowjetische Armeeeinheiten, sich auf die neuen Verteidigungslinien zurückzuziehen.
Die Sprengung der Eisenbahnbrücke verhinderte, daß die Stadt im Sturm genommen wurde. Am 9. Juli sind die Verteidiger gezwungen, Pskov zu verlassen. Dadurch wurde Leningrad ernstlich bedroht.

(Aus "Pskov" 1981)

3. Die Zeit der Okkupation

in *deutschen* Berichten

Aus Ereignismeldung Nr. 71 vom 2. September 1941:
... Die Tätigkeit der Partisanen hat im Gebiet der Einsatzgruppe A trotz aller ergriffenen Maßnahmen eine weitere Verstärkung erfahren. Zu ihren beliebtesten Angriffszielen gehören nicht nur Einzelfahrzeuge, sondern auch ganze Wagenkolonnen auf den Rollbahnen Pleskau-Luga und Pleskau-Porchow.
Die Schlupfwinkel der Partisanen sind vor allem die Wald- und Sumpfdörfer zwischen den genannten Rollbahnen, die zum größten Teil durch Fahrzeuge nicht zu erreichen sind. ... Eine Unterstützung der Partisanen durch die Zivilbevölkerung konnte nicht mehr in dem Umfange festgestellt werden wie bei Beginn des Auftretens von Partisanenbanden. Das hängt teilweise damit zusammen, daß die Partisanen gegen die russische Bevölkerung brutal vorgehen und in vielen Fällen zur Verproviantierung die letzte Kuh aus dem Stall holen. Auf der anderen Seite fürchtet die Bevölkerung das scharfe Vorgehen der deutschen Sicherungskräfte, zumal die Sicherheitspolizei dazu übergegangen ist, Zivilerkunder als angebliche Partisanen in die Dörfer zu schicken, um hinterher, bei festgestellter Begünstigung, exemplarische Strafen gegen die betreffenden Dörfer zu verhängen. Diese Methode hat sich sehr schnell herumgesprochen, so daß von der Zivilbevölkerung grundsätzlich jede verdächtige Person gemeldet wird. ...
Da der um sich greifenden Partisanenbewegung nur mit drakonischen Maßnahmen begegnet werden kann, wurden gefangene Partisanen, die deutsche Soldaten getötet hatten, öffentlich erhängt. Es handelte sich vorerst nur um drei Fälle. ...

Aus Tätigkeits- und Lagebericht Nr. 6 der Einsatzgruppen der Sicherheitspolizei und des SD (Berichtszeit: 1. – 31.10.1941); IfZ, Fa 213/3:

... Die Tätigkeit der bolschewistischen Partisanen im Bereich der Einsatzgruppe A hat eine gewisse Beruhigung erfahren. Trotzdem wurde die nachrichtendienstliche Aufklärung durch Entsendung von Zivilerkundern, Heranziehung der Dorfältesten und Bevölkerung weiter ausgebaut. ... Aus einem erfaßten Tätigkeitsbericht einer Partisanengruppe ist zu entnehmen, daß man auf seiten der Partisanen im Hinblick auf die einsetzende kalte Jahreszeit damit rechnet, sich nicht über Mitte November halten zu können. ...

in *sowjetischen* Berichten

Von mehr als 60 000 Einwohnern Pskovs blieben nach der Besetzung durch die deutschen Truppen nur 10- 12 000 zurück. Es waren zum größten Teil ältere Menschen.
Das Aufklärungs- und Divisionskommando "Zeppelin" sowie die Sicherheitspolizei SD 'Nordrußland' machten Jagd auf die Bevölkerung. Für die Isolierung verdächtiger Personen wurde das spezielle KZ im Dorfe Moglino eingerichtet.
Neben anderen Besatzungsbehörden wurde auch ein "Arbeitsamt" eröffnet. Seine wesentliche Aufgabe bestand darin, Zwangsarbeiter für Deutschland zu erfassen. Arbeitspässe wurden dafür eingeführt. Zur Zwangsarbeit verpflichtet wurden Männer von 14 – 65 und Frauen von 14 – 60 Jahren.

Allein im Jahre 1942 wurden aus dem Gebiet von Pskov 8 306 Menschen nach Deutschland als Zwangsarbeiter verschleppt.

Geraubt wurden die Kunstwerke. Im Jahre 1942 organisierten die Deutschen in Pogankiny Polaty (ein weltberühmtes Baudenkmal) den Ausverkauf der antiken Ikonen, Kunstwerke und Bilder. Käufer waren deutsche Offiziere.

Kriegsgefangenenlager befanden sich an der Stadtgrenze: in Tschserech, Kresty, Korytowo, Promsezizy, in Sowchos Rodina und in der Nähe des Werkes Proletarij. Mehrere hunderttausend Gefangene wurden hier getötet. Im Lager "Stalag-372" waren es 75 000, in Kresty 65 000, in Peski 50 000, auf dem Mironizkoje-Friedhof 30 000 Gefangene usw.
"Allein in den Todeslagern im Gebiet Pskov wurden 371 755 Menschen ermordet. Die Städte waren zerstört. Ganze Dörfer waren zusammen mit ihren Einwohnern verbrannt worden: Krassucha, Saretschje, Dobrowitki, Samoschje, Sewo, Stega ...
Diese Namen stehen für viele. Allein im Bezirk Pskov wurden 325 Dörfer von insgesamt 400 dem Erdboden gleichgemacht."
(Aus J. Moroskina: "Pskov", Raduga Verlag, Moskau 1984, S. 17)

"Auf Pskover Boden gab es über 55 000 Partisanen, die sich in den jahrhundertealten Wäldern dieser Gegend verbargen ... Mit dem Namen Nikolai Wassiljew ist die legendäre Geschichte der Partisanenregion, der "Waldrepublik" verbunden.,

... Man schrieb das Jahr 1941, das für die Sowjetunion schwerste Kriegsjahr. Die feindlichen Armeen versuchten nach Moskau vorzudringen. Da entstand im tiefen Hinterland der Hitlerfaschisten, in den Wäldern des Pskover (damals Leningrader) und des Kalininer Gebiets die Waldrepublik, eine 9 600 km² große Partisanenregion, welche die Partisanen der Brigade von Wassiljew vom Feinde befreite. 400 große und kleine Dörfer lebten nach den Gesetzen der Sowjetmacht. Von hier aus wurde ein Wagenzug, bestehend aus 223 Fuhrwerken mit Lebensmitteln, der die Frontlinien durchbrach, in das belagerte Leningrad geschickt ... *(Aus J. Moroskina: "Pskov" S. 16)*

Als im Herbst 1943 die Faschisten den Befehl gaben, die russischen Dörfer massenhaft zu verbrennen und die Bevölkerung aus den Gebieten wegzutreiben, verließen die Menschen vieler Dörfer ihre Häuser und zogen in die Wälder. 16 000 begaben sich so in den Schutz der Partisanen.

4. Die Befreiung der Stadt 1944

in *deutschen* Berichten

Anfang Februar 1944 taucht die Stadt Pskov erneut in den Wehrmachtsberichten auf und kommt bis zum September 1944 immer wieder darin vor. Die zweite, offenbar ungleich härtere Kampfphase ist auch zu berücksichtigen, wenn wir uns das Kriegsschicksal der Stadt Pleskau und des sie umgebenden Gebietes verdeutlichen wollen.
Die Entwicklung deutet sich im Bericht vom 1. Februar 1944 bereits an:
"In den weiter andauernden schweren Abwehrkämpfen zwischen Ilmensee und Finnischem Meerbusen drangen die Sowjets in verschiedenen Abschnitten weiter vor."
Bald erreichte das Kampfgeschehen auch den uns besonders interessierenden Kampfraum Pleskau/Peipus-See. Am 10. Februar wird gemeldet:
"Zwischen Ilmen- und Peipus-See setzten sich unsere Verbände in einzelnen Abschnitten zur Verkürzung der Front befehlsmäßig ab."

Damit war eine klassische Formulierung für das Rückzugsgeschehen gefunden.

***in sowjetischen* Berichten**

Am 25. Februar 1944 drangen die sowjetischen Truppen bis in die Nähe von Pskov vor. Die Stadt galt für die Deutschen als der Schlüssel zu Leningrad und zu den baltischen Ländern. Deshalb mußte sich die Rote Armee mehr als vier Monate auf den Angriff "Panther-Sturm" vorbereiten.

Am 21. Juli 1944 drang die Rote Armee in die Stadt Ostrow ein. Am 23. Juli befreite sie Pskov.

"Im Sommer 1944, als die Okkupanten aus der Stadt und ihrer Umgebung vertrieben waren, bot Pskov einen furchtbaren Anblick. Gähnende, leere Fensterhöhlen, Ruinen, Ziegelschamott, Glasscherben, trostlose Stahlbetonberge ...
Nur 18 Häuser in der Stadt waren unversehrt. (143 Menschen wurden am ersten Tag nach der Befreiung in der Stadt registriert. Nach einem Monat waren es wieder 6 283).
Die Hitlerfaschisten hatten auch die alten Baudenkmäler nicht verschont. Halb zerstört, ohne Kuppeln und Dach, rauchgeschwärzt vom Feuer und von Geschossen wirkten sie tot. Doch ebenso wie die anderen sowjetischen

Anfang März nähern sich die Kampfhandlungen der Stadt selbst.
Am 3. März heißt es:
"Während südöstlich Pleskaus feindliche Angriffe scheiterten, sind an der Narwa noch heftige Kämpfe mit den angreifenden Sowjets im Gange."

Von diesem Zeitpunkt an verschwinden die Meldungen von Kämpfen im Gebiet des Peipus-Sees nicht mehr aus dem Wehrmachtsbericht.

Bald wird Pleskau sowohl aus südöstlicher Richtung als auch vom Norden her bedroht, wenn auch "zäher Widerstand" anzuzeigen scheint, daß man die Lage in diesem Raum noch in der Hand hat:
"Auch nördlich Pleskaus und bei Narwa scheiterten von Panzern und Schlachtfliegern unterstützte Angriffe der Sowjets am zähen Widerstand unserer Grenadiere. Eigene Gegenangriffe verliefen erfolgreich."
Am 10. und 11. März lassen die Berichte erneut eine sehr ansteigende Feindaktivität vermuten:
Am 10. März heißt es: "An der Front zwischen Nowo Slokolnika und Pleskauer See scheiterten stärkere von Panzern und Schlachtfliegern unterstützte feindliche Angriffe in heftigen Kämpfen nach Abschuß von 29 feindlichen Panzern. Örtliche Einbrüche wurden durch sofortige Gegenstöße bereinigt oder abgeriegelt."
Am 11. März wird gemeldet: "Im Norden der Ostfront griffen die Bolschewisten nordwestlich Newel, im Raum von Ostrow, bei Pleskau und bei Narwa mit starken, von Panzern und Schlachtfliegern unterstützten Kräften an."

Der Gegner hat hier wohl eine Angelstellung der deutschen Front im Auge, wenn er (wie der Bericht vom 12. März es nennt) so "verbissen" gegen die deutsche Front anrennt:
"Auch nordöstlich Ostrow, bei Pleskau und an der Narwafront behaupteten unsere Truppen ihre Stellungen gegen den an zahlreichen Stellen verbissen angreifenden Feind."

In der zweiten Aprilhälfte dann verlagerte sich der Schwerpunkt sowjetischer Offensivtätigkeit in den Raum südwestlich Narwa. Auch im Mai und weit in den Juni hinein bleibt es im Raum südlich Pleskaus relativ ruhig.
Mit dem 24. Juni setzt die Kampftätigkeit aber hier neu ein und findet täglich ihr Echo im Wehrmachtsbericht.
In den Berichten ab Mitte Juli werden die Ortsangaben über den Kampfraum sehr vage.
Am 14. Juli wird gemeldet: "Südlich Dünaburg sowie zwischen Düna und Peipus-See wurden

Städte, die in den Kriegsjahren zerstört worden waren, erhob sich Pskov aus Ruinen. Anfang 1945 lebten in der Stadt bereits 100 000 Menschen, wobei ihre Wohnstätten kaum als menschwürdig bezeichnet werden konnten. Sie vegetierten in Erdhütten, Kellern, uralten Katakomben und ehemaligen Luftschutzkellern dahin. Auf Beschluß der kommunistischen Partei und der Sowjetregierung vom 1. November 1945 gehörte Pskov zu den 15 Städten, die in erster Linie wieder aufgebaut werden sollten."

(Aus "Pskov" a.a.O. S. 17)

zahlreiche Angriffe der Bolschewisten unter Abriegelung örtlicher Einbrüche zerschlagen."

Am 23. Juli meldet der Wehrmachtsbericht: "Zwischen Dünaburg und dem Peipus-See wurden starke Infanterie- und Panzerkräfte der Bolschewisten unter Abschuß von 50 Panzern im wesentlichen abgewiesen. In zwei Einbruchstellen sind noch heftige Kämpfe im Gange. Nach Zerstörung aller kriegswichtigen Anlagen wurden die Ruinen von Ostrow und Pleskau geräumt."

Mit dieser Meldung verschwinden die wichtigen Angelpunkte der deutschen Verteidigung, Ostrow und Pleskau, aus den Kampfberichterstattungen. Als geographische Angabe bleibt der Kampfraum "Pleskauer See" bis Anfang September präsent.

II. Die Geschichte Ihrer Stadt von den Anfängen bis 1945

Diesen Materialteil müssen Sie selbst zusammenstellen bzw. von Teilnehmern erarbeiten lassen.

Wichtig dazu sind

– historische Berichte bis 1939

– Schilderungen über das Leiden Ihrer Stadt im Krieg

(In den veröffentlichten Wehrmachtsberichten können Sie dazu wichtige Unterlagen finden. Auszüge stellt Ihnen auch das Militärischgeschichtliche Forschungsamt in Freiburg zur Verfügung. Anschrift: Militärgeschichtliches Forschungsamt, Grünwälderstr. 10 - 14, 7800 Freiburg)

Pleskau, 1941

Quelle: Bundesarchiv Koblenz

III. Pskov und meine Heimatstadt

Ein Vergleich

> **Baustein 34**

Die beiden Städte bis zum Zweiten Weltkrieg

1. SCHRITT:

Die Geschichte beider Städte

In je einem Kurzvortrag wird die Geschichte der beiden Städte dargestellt. Sie kann mit Dias unterlegt werden.

(Für Pskov siehe dazu J. Moroskina: "Pskov" Raduga Verlag, Moskau 1984)

Besonders herauszuarbeiten sind:

- Was war für die Entwicklung beider Städte maßgebend?

- Wodurch wurde sie gefördert, wodurch wurde sie gehemmt bzw. zurückgeworfen?

- Welche Rolle spielte dabei die geographische Lage?

- Welche Rolle spielten die Konfessionen?
(Beachte für Pskov: Bei den Kämpfen der russisch-orthodoxen Bevölkerung von Pskov mit dem deutschen Ritterorden, mit der römisch-katholischen Kirche Polens und Litauens, mit den protestantischen Schweden ging es immer wieder darum, "die Heiden" zu bekehren.)

Es empfiehlt sich, die Schwerpunkte auf einem Arbeitsblatt einander gegenüberzustellen.

2. Schritt (Arbeit in Gruppen):

Wodurch unterscheiden sich die beiden verglichenden Städte in ihrer Geschichte?

Was bedeutet das für ihr Schicksal?

3. Schritt:

Einbringen der Ergebnisse im Plenum

> **Baustein 35**

Pskov und meine Heimatstadt im Krieg

1. Schritt:

Kurzinformation über das Schicksal der Heimatstadt in diesem Zeitraum.

Gibt es dazu deutsche und ausländische Quellen?

Beide sollten miteinander verglichen werden.

2. Schritt:

Die Eroberung der Stadt Pskov 1941

Die Zeit der Okkupation

Die Befreiung der Stadt 1944

Die Teilnehmenden erhalten die Texte von den deutschen und sowjetischen Berichten mit folgender Aufgabenstellung:

- Worin unterscheiden sich die Darstellungen?

- Wie lassen sich die Unterschiede begründen?

- Welche Möglichkeiten gibt es, die Propaganda zu durchschauen und zur Wirklichkeit vorzustoßen?

- Wo stehen wir heute vor einer ähnlichen Aufgabe?

3. Schritt:

Stellen Sie das Schicksal beider Städte in einem Vergleich zusammen.

Wo ergeben sich Ähnlichkeiten?

Wo liegen Unterschiede?

Worin sind sie begründet?

Baustein 36

Verständigung durch Partnerschaft

1. Schritt:

Stellen Sie Möglichkeiten zusammen, um heute zur Verständigung zu finden.

Beispiele:

Lesen der Literatur der "anderen Seite"

Herausarbeiten des Trennenden und der Gemeinsamkeiten

Besuchs- und Studienreisen in die Sowjetunion;

Einladungen

2. Schritt:

Brückenbau durch Städtepartnerschaft

- Zur speziellen Partnerschaft mit der Stadt Pskov kann die Stadt Neuss Auskunft geben

(Stadtverwaltung Neuss, Presse- und Informationsamt, Postfach 101452, 4040 Neuss)

- Über Städtepartnerschaften allgemein informiert die deutsch-sowjetische Freundschaftsgesellschaft

(Arbeitsgemeinschaft der Gesellschaften Bundesrepublik Deutschland - UdSSR e.V., Steinstr. 48, 4600 Dortmund 1)

Dieter Bach
Hans Joachim Barkenings
Elisabeth Boose

Russische Zivilbevölkerung vor der deutschen Ortskommandatur, 1942
Quelle: Bundesarchiv Koblenz

Wer Gottes Position bezieht, kann eigene Positionen aufgeben

Gedenkgottesdienst zum 22. Juni 1941

Vorbemerkungen

Bei der Erarbeitung dieser Bausteine sind wir ausgegangen vom Formular der "Bittgottesdienste für den Frieden in der Welt" (1987-89). Diese Gottesdienste werden in vielen Gemeinden gefeiert, so daß auf diese Weise an Bekanntes angeknüpft werden kann.

Wir verstehen unser Angebot als wirkliche Bausteine, das heißt,

- sie können ergänzt und verändert werden,

- es können Teile herausgenommen und mit anderen Elementen zu etwas Neuem zusammengesetzt werden.

Innenraum eines zerstörten Klosters in Swjatogorsk, 1944
Quelle: Staatliches Archiv für Fotodokumentation, Moskau

Baustein 37

Eröffnung

Bußgeläut

Gebets-Stille

Psalmlied (ohne Vorspiel)

Eingangswort

Liturg:
Liebe Schwestern und Brüder in Christus

Sprecher:
Mit dieser geschwisterlichen Anrede hat Metropolit Filaret aus der orthodoxen Kirche der Sowjetunion Christen in der Bundesrepublik begrüßt, die im Jahr 1988 zu einem Festgottesdienst aus Anlaß der Tausendjahrfeier der Taufe Rußlands zusammengekommen waren.

Liturg:
Liebe Schwestern und Brüder in Christus

Sprecher:
Diese geschwisterliche Anrede haben wir uns nicht verdient; sie ist uns geschenkt worden. Sie ist uns gewährt worden, weil Christen dem Wort des Apostels geglaubt haben:

Liturg:
Gott war in Christus und versöhnte die Welt mit sich selber und rechnete ihnen ihre Sünden nicht zu und hat unter uns aufgerichtet das Wort von der Versöhnung. (2. Kor. 5,19)

Liturg:
Liebe Schwestern und Brüder in Christus

Sprecher:
Diese geschwisterliche Anrede öffnet uns Herz und Mund. Sie erleichtert es uns, unsere Schuld vor Gott und den Menschen, besonders vor den Menschen der Sowjetunion auszusprechen.

Baustein 38

Offene Schuld

Sprecher:
Es bleibt wahr: Deutschland hat den Krieg gegen die Sowjetunion als Eroberungskrieg begonnen und als Vernichtungskrieg geführt. Die Sowjetunion sollte als Staat ausgelöscht werden. Überheblichkeit und Rassenwahn trafen ihre Bürger. Ihnen war das Schicksal zugedacht, den Eroberern Sklavendienste zu leisten. Ganze Gruppen von Menschen wurden systematisch ermordet. Die von Deutschen den Menschen der Sowjetunion angetanenen Frevel sind bis dahin unvorstellbar gewesen.

Liturg:
*Vertrauen in Gottes Vergebung schenkt Kraft zur wahrhaftigen Erinnerung, zur Umkehr, zum neuen Anfang.
(Darum laßt uns zu Gott, der Quelle der Versöhnung rufen:*

Gemeinde:
Herr, erbarme Dich)

Sprecher:
Es bleibt wahr: Unsere Kirchen haben damals durchweg zum Unrecht geschwiegen. Sie lehnten das System der Sowjetunion ab; sie konnten aus einem scheinbar christlich begründeten Antikommunismus sogar den Krieg gegen die Sowjetunion billigen. An der Ostfront wurden andere, verbrecherische Maßstäbe akzeptiert. Es ist Schlimmeres geschehen, als wir wissen wollten.

Liturg:
*Vertrauen in Gottes Vergebung schenkt Kraft zur wahrhaftigen Erinnerung, zur Umkehr, zum neuen Anfang
(Darum laßt uns zu Gott, der Quelle der Versöhnung rufen:*

Gemeinde:
Herr erbarme Dich)

Sprecher:
Es bleibt wahr: Unsere Kirche hat vor Christen aus der Ökumene 1945 in Stuttgart ihre Schuld bekannt. Aber eigenes Leid und erlittenes Unrecht lenkten den Blick von der eigenen Schuld auf die Schuld der anderen ab. Ursache und Folgen wurden verwechselt. Aufrechnen von Schuld und Verdrängen von Schuld ermöglichten eine immer maßloser werdende moralische

und politische Dämonisierung der Sowjetunion: Sie wurde zum Reich der Finsternis erklärt. Das Gebot Jesu Christi, auch die Feinde zu lieben, wurde rigoros außer Kraft gesetzt.

Liturg:
*Vertrauen in Gottes Vergebung schenkt Kraft zur wahrhaftigen Erinnerung, zur Umkehr, zum neuen Anfang.
(Darum laßt uns zu Gott, der Quelle der Versöhnung rufen:*

Gemeinde:
Herr erbarme Dich)

Sprecher:
Es bleibt wahr: Mit der Parole "Vernichtung durch Arbeit" wurden sowjetische Zwangsarbeiter in der deutschen Rüstungsindustrie ausgebeutet. Andere wurden durch verbrecherische Medizinexperimente getötet oder für den Rest des Lebens geschädigt. Den Überlebenden werden bis heute Entschädigungen verweigert. Das Umdenken muß beginnen, bevor die letzten Opfer gestorben sind.

Liturg:
*Vertrauen in Gottes Vergebung schenkt Kraft zur wahrhaftigen Erinnerung, zur Umkehr, zum neuen Anfang.
(Darum laßt uns zu Gott, der Quelle der Versöhnung rufen:*

Gemeinde:
Herr erbarme Dich.)

Alternativen zum **Baustein 38**

1. Alternative:

Das Darmstädter Wort
(siehe ERGÄNZENDE TEXTE)

An dieser Stelle kann der Text des "Darmstädter Wortes" verwendet werden, aufgeteilt auf einen Liturgen und mehrere Sprecher. Die Gemeinde kann auch hier mit einem "Herr, erbarme dich" – gesprochen oder gesungen – beteiligt werden.

2. Alternative:

Bilder statt Worte

Möglich wäre auch, aus diesem Arbeitsbuch oder aus anderen Materialien verfügbare, Texte und Bilder heranzuziehen, die durch wenige Worte/einen Satz kommentiert werden und Schuld plastisch werden lassen.

Dann wäre ein Moment des Schweigens, der Stille angemessen, die den Gottesdienstteilnehmern eigenes Nachdenken ermöglichen und in ein Kyrie (gesungen oder gesprochen) einmünden könnte.

Feldgottesdienst
Quelle: Bundesarchiv Koblenz

Baustein 39

Fürbitten

Herr, wir bitten dich für die Mütter, die im Krieg ihre Söhne (und Töchter) verloren haben, für die Frauen, die ihr Leben nicht mit ihrem Mann teilen durften, für die Kinder, die ihren Vater nicht kennenlernten:
Heile die Wunden, die Menschen einander geschlagen haben, wecke in uns Ehrfurcht vor dem Leben anderer, gib uns kritische Vernunft gegen die Versuchung, Leben den sogenannten höheren Zielen und Werten zu opfern.
Herr, wir bitten dich

Kyrie eleison

Herr, wir bitten dich für die Generation, die in Europa herangewachsen ist, ohne Krieg am eigenen Leibe zu erfahren:
Wecke in ihr Dankbarkeit für das Geschenk des Friedens.
Gib ihr Klugheit, den Frieden nicht aufs Spiel zu setzen.
Gib ihr Nüchternheit, den Unfrieden zu erkennen, der in jedem Menschen steckt, und gib ihr Mut, ihn nicht zur verharmlosen, sondern beharrlich zu bekämpfen.
Herr, wir bitten dich (s.o.)

Herr, wir bitten dich um Frieden unter den Völkern der Sowjetunion:
Stärke Augenmaß und politische Vernunft, damit die Reformen im Land Spannungen vermindern und mehr Gerechtigkeit schaffen.
Stärke unter uns im Westen die Bereitschaft, das unsere zu tun, damit unsere Nachbarn im Osten zur Ruhe kommen und Frieden finden.
Herr, wir bitten dich (s.o.)

Herr, wir bitten dich für die Länder, in die wir den Ost-West-Konflikt exportiert, denen wir unsere Ängste und unsere Feindschaften aufgeladen haben, die wir unsere Kriege stellvertretend haben führen lassen:
Vergib uns, daß wir sie verführt und mißbraucht haben.

Gib ihnen offene Augen für die Chancen, andere politische Ziele zu verfolgen:

– Ausgleich zu suchen und Hochmut zu überwinden,
– Recht zu suchen und Gewalt zu lassen,
– Frieden zu suchen und Nachbarn Frieden zu bringen.

Herr, wir bitten dich (s.o.)

Herr, wir bitten dich für unser deutsches Volk:

Gib uns die Einsicht, die wir brauchen, um nicht länger zu beschönigen, zu rechfertigen oder zu verdrängen, wer wir gewesen sind.

Gib uns den Mut, Frieden zu suchen und Frieden zu halten.
Wir bitten dich (s.o.)

Russische Juden, 1941
Quelle: Bundesarchiv Koblenz

Baustein 40

Wer Gottes Position bezieht, kann eigene Positionen aufgeben

Gedanken zur Predigt

Der für diesen Sonntag (22.6.1991) vorgesehene Predigttext steht im Lukasevangelium, Kapitel 6, Vers 36 – 42.

Es wäre unsachgemäß, diesen Text ausschließlich auf das Anliegen hinbiegen zu wollen, das mit dem Gedenken an den 22.6.1941 verbunden ist. Allerdings enthält der Textvorschlag doch deutliche Aspekte, die aus Anlaß der Erinnerung an den Überfall Deutschlands auf die Sowjetunion 50 Jahre danach hervorgehoben zu werden verdienen.

Wir beschränken uns hier auf Hinweise, mit denen die Möglichkeit eröffnet wird, den Text mit dem Kasus zu verbinden, die biblische Aussage zu vertiefen und zu aktualisieren.

Der Text setzt voraus, daß Leser oder Hörer wissen: Wir sind Kinder Gottes. Als solche werden sie angeredet, als solche sollen sie auch erkennbar sein. Die Imperative haben ihren Grund in diesem Indikativ der Gotteskindschaft. Da Gottes Maßstäbe anders sind, fordert Jesus die Kinder Gottes dazu auf, die übliche (Ein-)Stellung zu ändern; dabei ist Nächstenliebe noch zu wenig, Feindesliebe ist gefragt.

Daraus folgen die Aufforderungen zu Barmherzigkeit, Vergebung, Geben, Vollkommenheit und Selbsterkenntnis ebenso wie die Warnungen vor Richten, Verdammen, Blindheit, Verführung, Heuchelei ... Im Blick auf die Ereignisse vor 50 Jahren sowie deren kollektive Verdrängung oder individuelle Interpretation ihrer Folgen kann hier jeder Begriff konkret gefüllt werden. Das Thema "Versöhnung, Verständigung und gemeinsam gestaltete Zukunft" öffnet einen weiten Horizont.

Barmherzigkeit ist Gottes Vor-Entscheidung für uns; seine Vor-Gabe läßt uns zu seinen Kindern werden. Sollte es da nicht von uns heißen: ganz der Vater? Gottes Handeln entsprechen, die Maßstäbe Jesu Christi übernehmen – müßte das nicht bedeuten: Feinde lieben, Benachteiligten helfen, gesellschaftliche Veränderungen befördern und kritisch begleiten?

Wo das Richten christliche Lieblingsbeschäftigung ist, kann es nie zu Versöhnung kommen. Bevor wir über andere urteilen, müssen wir uns selbst ändern; denn dem Maßstab, den wir anderen anlegen, sind wir auch selbst unterworfen. Erkennen wir aber unsere verborgenen Lügen, unsere Scheinheiligkeit und Heuchelei, unsere Vorurteile und Selbstentschuldigungen? Dürfen wir aufrechnen, wo Gott darauf verzichtet, mit uns abzurechnen? Wehe uns, wenn uns Gott nach unseren eigenen Maßstäben mißt!

Wer verdammt, statt zu vergeben, läuft in die Irre.
Wer allein andere bekehren und bevormunden will, leugnet eigene Schuld. Wer aufrechnet, gleicht dem Pharisäer im Gleichnis (Lk 18,9-14); Kinder Gottes vergeben.
Das Reich des Bösen liegt für den Pharisäer stets auf der anderen Seite der Grenze. Liebe kennt keine Grenzen, Gottes Liebe ist grenzenlos.

Die Warnung vor blinden Blindenführern sollte gerade die Prediger und Predigerinnen hellhörig werden lassen. Hat Gott uns nicht auch die Augen geöffnet, um die Zeichen der Zeit zu sehen? Was geschieht, wenn der Kairos des Vergebens und Versöhnens übersehen wird?

Das seltsam überzeichnete Bildwort vom Splitter und Balken macht zumindest eins deutlich: Wer Schuld aufrechnet, macht dabei die eigene klein und die des anderen groß. Ob Splitter oder Balken: Sie verstellen den klaren Blick. Beide müssen fort – umgehend. Nur so ist es möglich, gemeinsame Ziele zu sehen und gemeinsame Wege zu gehen. Die Gelegenheit dazu kommt nicht oft; einmalige Situationen sollten genutzt werden.

Wer Gottes Positionen bezieht, kann eigene aufgeben. Die Nachfrage Jesu Christi befreit dazu.

Klaus Danzeglocke
Jürgen Schroer
Axel Schröder
Martin Weyerstall

"Christus reicht dir die Hand" Kreuz in der
Evangelischen Marktkirche Halle
Foto: Hans Lachmann, Düsseldorf/Urdenbach

Baustein 41

Alternativen zur Predigt

Die Vergangenheit bestimmt die Gegenwart und entscheidet mit über die Zukunft

Wenn dich nun dein Sohn morgen fragen wird ...
5. Mose 6, 2

Wenn dich Mutter, wenn dich Vater, deine Tochter oder deine Söhne fragen: Wie ist das eigentlich mit all dem, was unser Leben heute bestimmt? Wie ist das mit unserer Geschichte? Wie war das damals?

Sagst du dann: Damals? Ja weißt du, daran kann ich mich selbst nicht so recht erinnern. Damals? Da war ich selbst noch so klein. Ich war kaum geboren, zu spät geboren, als daß ich damit zu tun gehabt hätte.
Wie weit zurück in die Geschichte soll ich dir Auskunft geben?
Aber Kind, da war ich überhaupt noch nicht geboren. Diese alte Geschichte geht uns wirklich nichts mehr an. Damals soll es dunkle Flecken in unserer Geschichte gegen haben, du? Das mag sein. Aber irgendwann muß man doch aufhören, sich seiner Geschichte zu schämen. Sieh einmal, was wir geschaffen haben. Dieses Land brachten wir zum blühen. Die Städt haben wir aufgebaut, die Felder bearbeitet, die Wirtschaft angekurbelt. Wir exportieren nach Sidon, Ägypten, Saba. Wir müssen damit aufhören zurückzublicken. Die Zukunft gilt es zu gewinnen und die wollen wir gestalten.
Bis zurück in die Zeit willst du fragen, in der wir Sklaven waren?
Darüber soll ich dir Auskunft geben? Wirklich, das sind keine schönen Erinnerungen. Ich bitte dich, laß das ruhen.

Janusz Korczak, Jude, Vater der Ausgestoßenen und Waisen in Warschau, Vater des Waisenhauses im Ghetto, als die Nazis in Warschau herrschten, Janusz Korczak ging in der Geschichte seines Volkes bis in diese Zeit der Sklaverei zurück. Über die Kinder der Bibel wollte erschreiben, über Mose, David, Salomo und auch über Jesus von Nazareth wollte er, der Jude, eine Geschichte veröffentlichen. Fertig wurde nur die Erzählung von Mose, dem Kind, das damals in der Sklaverei geboren wurde. Das Todesurteil war schon vor der Geburt über dieses Kind gesprochen. Alle Jungen des Volkes sollten direkt nach der Geburt getötet werden, auch das war eine Art der Ausrottung. Es war ein schönes Kind, heißt es von Mose. Deshalb verbargen es seine Eltern, steht in der Bibel. Und wenn es nicht schön gewesen wäre, fragt Janusz Korczak? Wenn es mißgestaltet gewesen wäre? Hätten sie es dann nicht verborgen? Drei Monate verbarg Jochebeth dieses Kind vor denen, die es ermorden wollten. Ich habe kein Kind vor den Soldaten des Feindes versteckt, aber ich stelle mir vor, daß Jochebeth Mose nicht oft vor das Haus trug in jenen Tagen, als sie ihn verbarg, und deswegen kannte er die Nacht besser als den Tag. Mose hatte Jochebeth, seine Schwester Miriam, die ihn bewachte und die Tochter des Pharao, die ihn schließlich an Sohnes statt aufnahm.

"Janusz Korczak und die Kinder" Denkmal in Yad Vashem, Jerusalem
Quelle: Zeichen 1/86, Mitteilungen der Aktion Sühnezeichen/Friedensdienste

Die Kinder des Waisenhauses im jüdischen Ghetto von Warschau hatten nur Janusz Korczak, als sie in das Konzentrationslager von Treblinka gebracht wurden, in der Dunkelheit der Güterzüge, eingepfercht mit ihm. Er konnte seine Hand um sie legen. ...
Freiwillig ging er mit ihnen in die Gaskammer. Die Nacht, in die seine Kinder geführt wurden, hatte keinen Tag mehr.

Auch über Jesus von Nazareth wollte der Jude Janusz Korczak schreiben. Er kam nicht mehr dazu. Die, die sich nach dem Nazarener Christen nennen, sie ließen es nicht zu. Sie vergasten ihn und seine Kinder vorher.

Und dieser Nazarener? Er erreicht ihn nicht? Mit Stacheldraht ist er an sein Kreuz gefesselt. Er, der Leidende, neigt sich den Verurteilten zu. Sein Kreuz biegt sich unter der Anstrengung, die Hand nach den Kindern auszustrecken. Aber diese Hand greift ins Leere. Der Stacheldraht hält.

Die Ohnmächtigen unter sich: beide ohnmächtig in ihrer Liebe. der Jude und der Christ. Die Macht der Lieblosigkeit und des Hasses richtet sie hin. Und doch lebt von ihrer Liebe die Welt. Ohne die Liebe Christi wären wir nicht hier, gäbe es weder dieses Haus noch diesen Gottesdienst. Ohne Janusz Korczak hätte es für die Kinder in der Gaskammer von Treblinka niemanden gegeben, der bis zum Schluß seine Hand um sie hielt.

Nur wer zurückblickt in die Geschichte, erkennt die ständige Auseinandersetzung zwischen Haß, Brutalität, Unmenschlichkeit, in der die Liebe scheinbar immer verliert. Aber ohne das Zurückblicken bleibe ich blind in der Gegenwart und kann die Zukunft nicht gestalten. Nur wer zurückblickt, auch in Scham immer wieder zurückblickt auf die dunklen Punkte der Geschichte seines Volkes, wird reif für die Zukunft.

Ich will und kann mich von der Geschichte meines Volkes nicht trennen, einmal, weil ich verflochten bleibe in die Schuld meines Volkes, zu dem ich gehöre und gehören will, und zum anderen, weil die Geschichte wichtig ist für die Gestaltung der Gegenwart und der Zukunft.

Ich will mich von der Geschichte nicht trennen, weil ich sonst nicht sehe, was der Jude Janusz Korczak getan hat. Ich will mich von der Geschichte nicht trennen, weil ich sonst nicht erkenne, was Jesus von Nazareth für meine Gegenwart und Zukunft bedeutet. Wenn meine Kinder mich fragen, will ich mich erinnern, damit sie wissen, was war, und für sich entscheiden können, welche Bedeutung es für ihre Zukunft haben kann.

Dieter Bach

Baustein 42

Lesungen und Lieder

Die Lesungen zum 23. Juni 1991 können die Aussagen des Predigttextes vertiefen:

Joseph vergibt seinen Brüdern *(1. Mose 50,15-21)*

Gott allein ist Richter *(Römer 14,10-13)*

Mögliche andere Predigttexte:

Das erste Gebot *(2. Mose 20.2.3)*

Die fünfte Bitte des Vaterunsers *(Matth. 6,12)*

Liedvorschläge:

O komm, du Geist der Wahrheit
(EKG 108, Str. 6 u.7)

Herr, der du vormals hast dein Land
(EKG 185, Str. 1.2.3.6.7.)

Aus tiefer Not schrei ich zu dir
(EKG 195)

Sei Lob und Ehr dem höchsten Gut
(EKG 233, Str. 5.8.)

Kommt her zu mir, spricht Gottes Sohn
(EKG 245, Str.3)

In allen meinen Taten
(EKG 292)

Der Mond ist aufgegangen
(EKG 368, Str. 4 u. 5)

Gib Fried zu unserer Zeit
(EKG 389, Str.2. u. 3)

Gott Lob, nun ist erschollen
(EKG 392, Str.1-5)

O Herr, nimm unsere Schuld
(Beiheft 654)

Selig sind, die Frieden stiften
(Beiheft 656)

Unfriede herrscht auf Erden
(Beiheft 657)

Friede, Friede, Friede
(Beiheft 708)

Ein jeder braucht sein Brot, sein' Wein
(Mein Liederbuch für heute und morgen. Düsseldorf: tvd-Verlag, o.J., Nr. B 58)

Ideen zur Arbeit mit Bildern und Texten dieses Buches

Keiner muß sterben, damit wir leben können

Vorbemerkungen

Der für dieses Buch verantwortliche Arbeitskreis hat auch eine Wanderausstellung zusammengestellt zum Thema "Keiner muß sterben, damit wir leben können".

Die Ausstellung kann entliehen werden bei der

Evangelischen Akademie Mülheim/Ruhr
Uhlenhorstweg 29
W – 4330 Mülheim a. d. Ruhr
Tel.: 02 08/5 99 06-41

In einer Vielzahl von Fotos, Bild- und Textmaterialien sowie Karten versucht die Ausstellung, einen möglichst breitgefächerten Einblick in unser Thema zu geben. Die Form der Bildtafeln ermöglicht es, selbst Akzente zu setzen, auszuwählen oder Teilthemen zu behandeln. Darüber hinaus lassen sich jederzeit eigne Materialien und Beiträge einfügen.

Leider kann die Ausstellung nicht überall zum gewünschten Zeitpunkt zur Verfügung stehen. Deshalb haben wir uns bemüht, in dieses Buch Bilder und Texte der Ausstellung einzubeziehen. Bei der Auswahl wurde darauf geachtet, daß die Qualität beim Kopieren noch vertretbar ist.

Technischer Hinweis:

Es empfiehlt sich, die Bilder und Materialien zu kopieren, eventuell auch zu vergrößern. Günstig ist es dabei, die Kopien auf etwas stärkeres Papier zu übertragen. Dadurch erhält man eine Bild- und Textsammlung, mit der in verschiedenen Kreisen unterschiedlich gearbeitet werden kann.

Öffentliche Erhängung, 1941
Quelle: Bundesarchiv Koblenz

I. Zur Arbeit mit Bildern, Texten und Karten

Bild- und Texttafeln als Gesprächsanlässe

Mit einer Gruppe ins Gespräch zu kommen, ist oft schwierig. Nicht selten scheitert es an der Sprachlosigkeit, ausgelöst durch die Persönlichkeitsstrukturen der Teilnehmenden oder durch das Thema.

Bilder können helfen, eine Brücke zu bauen. Es spricht sich leichter über ein Bild als direkt von sich aus. Bilder sind auch eine Brücke zwischen der Vergangenheit, die je nach der Altersgruppe noch eigene Vergangenheit berührt oder aber im Sinne historischer Vergangenheit empfunden wird, und der Gegenwart.

Bild- und Texttafeln als Strukturierungshilfe

Mit Hilfe der Materialien und der eigenen Ergänzungen, die sich leicht in ganz verschiedene Gruppen zusammenfassen und ordnen lassen, entstehen Schwerpunkte und Akzente, die für alle Teilnehmerinnen und Teilnehmer einsichtig sind. In einer selbst erarbeiteten Form können sie auch für eine weitere Gesprächsrunde zur Verfügung stehen. Dadurch wird erleichtert, an den vorangegangenen Termin anzuknüpfen und eventuell neue Gesprächsteilnehmerinnen und Teilnehmer einzubeziehen. Einzelne Aspekte können vertieft werden.

Bild- und Texttafeln als Hilfe zur Weiterarbeit

Mit den Bildern kann weitergearbeitet werden. Einmal kann selbstgefundenes Bildmaterial eingearbeitet werden, zum andern können Texte und schriftliche Kommentare zugeordnet werden. So kann z. B. eine Wandzeitung entstehen, die nicht nur den jeweiligen Stand der Erarbeitung festhält, sondern auch die Weiterentwicklung verdeutlicht. Mit diesem Vorgehen läßt sich eine ganze Seminar- bzw. Unterrichtsreihe kommentieren und begleiten.

Bild- und Texttafeln als Hilfe für einen emotionalen Zugang.

Das Thema kann nur sinnvoll erarbeitet werden, wenn dies ganzheitlich erfolgt. Die Auseinandersetzung mit Bildern geschieht zunächst im emotionalen Bereich. Die Emotionen können in der Begegnung mit ihnen leichter in Sprache gefaßt werden. Tiefere Schichten unseres Bewußtseins werden angesprochen. Sie helfen dazu, sich über einen längeren Zeitraum hinweg mit dem Thema zu beschäftigen.

"Die Mutter Heimat ruft"
Quelle: Staatliches Archiv für Fotodokumentation, Moskau

II. Keiner muß sterben, damit wir leben können

Baustein 43

Arbeit mit mehreren Bildern und Texten

Dem Gesprächskreis werden eine Reihe von Bildern vorgelegt. Sie können im Raum ausgebreitet werden. Es soll genug Zeit bleiben, die Bilder anzunehmen. Die Teilnehmenden erhalten so Gelegenheit, sich zu erinnern, sich vielleicht mit bestimmten Situationen zu identifizieren, Parallelen zu finden, sich in das Thema einzufühlen. Das alles kann als Einstieg in ein Gespräch dienen. Das muß nach der Spontanphase durch die Leiterin bzw. den Leiter strukturiert werden. Leitfragen oder Stichworte, die sich im ersten Gesprächsdurchgang ergeben haben, können hilfreich sein. Empfehlenswert ist, Ergebnisse schriftlich festzuhalten. Sie können dazu helfen, Themen für weitere Gesprächsabende bzw. Veranstaltungen zu suchen. Eine andere Möglichkeit ist, weitere Bilder hinzuzufügen. So kann der erste Schritt getan werden, eine eigene "Ausstellung"

(Wandzeitung) zu entwickeln. Die Teilnehmerinnen und Teilnehmer können schließlich gebeten werden, Bildmaterial mitzubringen, eigene Erinnerungen in geeigneter Form festzuhalten.

Baustein 44

Aussuchen eines Bildes durch die Teilnehmenden

Eine andere Möglichkeit bietet sich mit folgendem methodischem Schritt:

Die Bilder liegen ausgebreitet im Raum. Jeder der Teilnehmenden kann ein Bild auswählen, das ihn besonders anspricht, ihn an eigene Situationen erinnert, ihn provoziert oder ärgert. Im nachfolgenden Gespräch kann jeder zu seinem Bild etwas sagen. Ähnliche Eindrücke werden gesammelt, so daß die ausgewählten Bilder in Gruppen aufgehängt und mit einer kommentierenden Überschrift versehen werden können. Auf diese Weise entstehen Themenschwerpunkte, die der Gruppe helfen, sich über das weitere Vorgehen zu verständigen.

Kursk, 1943
Quelle: Staatliches Archiv für Fotodokumentation, Moskau

Baustein 45

Auswählen eines Bildes durch die Leiterin bzw. den Leiter

Die Leiterin bzw. der Leiter wählen selbst ein Bild oder auch zwei gegensätzliche Bilder aus. Diese werden vergrößert und so aufgehängt, daß sie für jeden sichtbar sind.
Die Teilnehmenden sehen sich zunächst das Bild in Ruhe an. Möglicherweise kommt es bereits dadurch zu einem Gespräch. Es sollte darauf geachtet werden, daß zunächst viele Wortbeiträge gesammelt werden, ohne direkt darauf einzugehen. In einem Schritt sollen die Beiträge gebündelt und zusammengefaßt, vielleicht auch schriftlich festgehalten und dem Bild zugeordnet werden. Ist das für eine Gruppe zu schwierig, können auch Fragen in Form von "Lesehilfen" zu dem Bild gestellt werden, z. B. in den Formulierungen: Ich sehe ... ich denke an ... mir fällt dazu ein ... das verstehe ich nicht ... ich frage ... ich frage mich ... ich fühle ...

Das gewählte Bild läßt sich auch ansatzweise interpretieren, indem Wortassoziationen dazu erfolgen. Zum Beispiel kann jede Teilnehmerin und jeder Teilnehmer auf je verschiedenfarbige Wortkarten ein Verb, ein Adjektiv, ein Substantiv aufschreiben, das ihnen spontan zu dem Bild eingefallen ist. Die Wortkarten werden dem Bild zugeordnet.

Baustein 46

Bilder, Karten und Texte von damals – Bilder, Karten und Texte von heute

Um besonders im Kreis von Jugendlichen eine noch erkennbare Brücke zu unserer Zeit zu schlagen, empfiehlt es sich nach gründlicher Erarbeitung, Bildern, Karten und Texten von damals Bilder, Karten und Texte von heute zuzuordnen. Damit kann verdeutlicht werden, welche Strukturen gleichgeblieben sind, welche sich verändert haben. Auf die Möglichkeit, mit Hilfe der Zusammenstellungen eine eigene Ausstellung zu erarbeiten, habe ich schon hingewiesen.

Abführung einer Partisanin zum Hinrichtungsplatz
Quelle: Staatliches Archiv für Fotodokumentation, Moskau

Baustein 47

Gruppierungen bilden

Einer Gruppe kann die Aufgabe gestellt werden, die ungeordnet ausgelegten Bilder und Texte in Gruppen zu ordnen und die Gruppierungen mit Kurzkommentaren zu versehen. Dabei können Gegensatzpaare gebildet werden. Die Gruppe wird sicherlich eine andere Struktur finden, als sie der Ausstellung zugrunde liegt.

Baustein 48

Bilder und Texte zur Herausarbeitung von Teilaspekten

Bilder und Texte eignen sich auch, um bei einer vorgegebenen Auswahl auf bestimmte Teilaspekte hinzuweisen: So können z. B. Bilder unter dem Stichwort: "Der Überfall verändert Menschen" ausgesucht werden. Eigene Beschreibungen können den Bildern hinzugefügt werden. Hier ist dann auch ein Ansatz für die spätere Frage gegeben: Was können wir tun, damit Ähnliches nicht wieder geschieht?
Als weitere Aspekte bieten sich Stichworte an wie "Landschaften" und "Technik". Gerade zu diesen Bereichen lassen sich leicht Parallelen zur heutigen Zeit finden, die nicht nur im militärischen Bereich liegen.

Gerda E. H. Koch

Ergänzende Texte

Ich war ein Mörder

Ein alter Patient erzählt. Von Ernst Hart

Ich kannte ihn seit Jahren, seit 1950. Damals hatte ich das Staatsexamen kaum hinter mir, und er war einer meiner ersten Patienten in der psychiatrischen Poliklinik gewesen: verschlossen und bedrückt, Schlafstörungen, Schwindelgefühle, Ohnmachtsneigung und ähnlich uncharakteristische körperliche Befunde. Subdepressiv, larvierte, wenn nicht neurotische Depression, so lauteten die diagnostischen Erwägungen der älteren nervenärztlichen Kollegen.

Er und ich, wir waren etwa gleich alt, Ende zwanzig, beide im Krieg in Rußland, kurze Zeit bei benachbarten Divisionen, mit gemeinsamen Erinnerungen. Dies kam einmal bei den kurzen therapeutischen Gesprächen heraus. Erinnerung schlug eine Brücke, die ihn mit jahrelangen Pausen immer wieder einmal zu mir geführt hatte, obwohl weder die Diagnose klarer wurde, noch die sich an unsere Gespräche anschließende, von ihm geschilderte Besserung von mir durch die milde Pharmakotherapie so recht begründet werden konnte.

Immerhin, er war beruflich erfolgreich, und der Kontakt zu ihm stellte sich jeweils nach wenigen Minuten ein – ein Gefühl gleicher Wellenlänge, zwar nicht Voraussetzung eines ärztlichen Gespräches, aber diesem doch förderlich. Und dennoch blieb er mir undurchsichtig, zumindest diagnostisch.

Nun war er wieder da, berichtete über im Grunde befriedigende Jahre, über Kinder aus als glücklich empfundener Ehe, und doch dazwischen immer wieder, verstärkt seit kurzem, Alpträume mit Herzjagen, Schweißausbruch, tagsüber Depressionen. Also doch eine phasenhafte affektive Psychose. Nicht zu rasch wollte ich mit dem Rezeptblock heranrücken, blieb im Wechselgespräch, erinnerte – nicht sehr fachgemäß und wenig tiefschürfend – an doch auch früher durchgestandene schwere Zeiten, selbst damals ... in Rußland. Er versank in sich. Minuten schienen zu vergehen, bis er gequält den Blick erhob, ihn gleich wieder senkte, um dann durch mich hindurchzustarren: Haben Sie das gelesen von den potentiellen Mördern? Sicher hatte ich es, war von dem Urteil angerührt gewesen, beeindruckt von seiner Sachlichkeit, wissend auch um die Vielschichtigkeit in eigener Erinnerung an fast vier Jahre an der russischen Front. Mit brüchiger Stimme die Frage: Sie wissen, wie es war, Herr Doktor? Wie es wieder sein könnte? Und stokkend:

Ich war kein potentieller Mörder, ich war ein Mörder. Seit damals, vor allem seit meiner Heimkehr, schreckte ich nachts aus dem Traum, gejagt als Mörder, schuldig am Tod der Nächsten, Minuten nicht gewiß, ob Mörder, aufwachend, kaum getröstet, doch keiner zu sein, die Familie nicht ins Unglück gestürzt zu haben, und mir in meinem Innersten letztlich bewußt, Mörder gewesen zu sein. Bei der SS, auf Sonderkommandos? Nein, gewöhnlicher Soldat einer Frontdivision, mit siebzehn als Kriegsfreiwilliger dem Abitur entflohen, kaum bei der Kampftruppe, im Juni 1941 nach Rußland einmarschiert, die ersten Toten, nächtliche Überfälle auf eigene Posten, Kommissarbefehl. Selbst eben noch als Jungvolkführer erzogen, erziehend, jetzt "in Bewährung".

Eines Abends Einmarsch in die schon niedergebrannte Stadt am Njemen, eingeteilt zur Nachtwache mit Streifen zwischen den bis auf die ragenden Kamine zerstörten Häusern, den widerlichen Gestank kalten Qualmes und verbrannten Fleisches in der Nase. Es galt, die Fahrzeuge zu bewachen, den erschöpften Schlaf der Kameraden. Der Befehl war eindeutig, sofort zu erschießen, wer, dem nächtlichen Ausgehverbot trotzend, außerhalb der Trümmer und Keller auftauchte. Wir waren zur Doppelstreife eingeteilt, ich selbst, noch nicht Gefreiter, aber schon als Reserveoffiziersanwärter angesehen, gemeinsam mit einem jungen Bauernburschen, eigentlich dem Kompaniedeppen, einem dem Abiturienten als einfältig erscheinenden "Primitivling".

Geräusche vermeidend, bewegten wir uns, da tauchte aus einem Mauerschatten eine Gestalt auf, nahe einem unserer Fahrzeuge. Es ging dann schnell: Es war eine ältere Frau. Ein kurzer – scheinbarer – Verständigungsblick, wir heben das Gewehr, dem Schießbefehl folgend. Aber nur mein Schuß löste sich und zerriß den Schädel der Frau. Mein Streifenkamerad, der Primitive, Stumpfe, hatte es nicht über das Herz gebracht abzudrücken. Er blickte mich stumm an, unmerklich den Kopf schüttelnd. Am Morgen rückten wir weiter vor.

Seit 1941 verfolgt mich diese Erinnerung. Sie ist kein Alptraum, und ich weiß, daß ich schuldig bin, verblendet damals im Gehorsam. Können Sie verstehen, Herr Doktor, daß immer wieder hochkommt, was ich manchmal für Monate vergessen, glücklicherweise verdrängen konnte? Ich war die ganzen restlichen Kriegsjahre an der Front, habe die Kolonnen verhungernder russischer Gefangener an uns vorbeiziehen sehen, habe die Schrecken des Krieges, auch der Nahkämpfe, vielfach miterlebt, habe mir persönlich aber nichts vorzuwerfen gehabt. Dieses Eine aber, warum habe nicht auch ich gezögert, mich besonnen, die Frau nur ermahnt, die vielleicht ihr Kind suchte? Was nützt es mir zu wissen, nicht strafrechtlich schuldig zu sein? Bin ich denn der einzige, der solches erlebte, ein Übersensitiver?

Er wirkte erleichtert, ausgesprochen zu haben, wozu er sich früher noch nicht für fähig hielt. Und ich wußte, daß er nicht der einzige war, der sich – bereit, in sich hineinzuhören, oder gequält, ohne zu wissen, warum – von dunklen Schatten in der eigenen Vergangenheit geängstigt und bedrückt fühlte. Es war nicht der Fall der sekundären Schuldsuche aus endogener Depression, den die Psychiatrie kennt. Hier ging es um reale Schuld. Schuld kann der Arzt nicht nehmen, helfen allenfalls, damit zu leben und Konsequenzen zu ziehen. In seinem Leben nach dem Kriege hatte er sie gezogen. Beim Abschiednehmen antwortete er mir auch eher dankbar auf meine Frage, ob ich hiervon erzählen dürfe.

Quelle: Die Zeit, Juni 1990

Brennendes Öllager
Quelle: Bundesarchiv Koblenz

Alexjei Tolstoi bei den Verteidigern von Moskau, 1941
Quelle: Staatliches Archiv für Fotodokumentation, Moskau

Die andre Möglichkeit

Wenn wir den Krieg gewonnen hätten,
mit Wogenprall und Sturmgebraus,
dann wäre Deutschland nicht zu retten
und gliche einem Irrenhaus.

Man würde uns nach Noten zähmen
wie einen wilden Völkerstamm.
Wir sprängen, wenn Sergeanten kämen,
vom Trottoir und stünden stramm.

Wenn wir den Krieg gewonnen hätten,
dann wären wir ein stolzer Staat.
Und preßten noch in unsern Betten
die Hände an die Hosennaht.

Die Frauen müßten Kinder werfen.
Ein Kind im Jahre. Oder Haft.
Der Staat braucht Kinder als Konserven.
Und Blut schmeckt ihm wie Himbeersaft.

Wenn wir den Krieg gewonnen hätten,
dann wär der Himmel national.
Die Pfarrer trügen Epauletten.
Und Gott wär deutscher General.
Die Grenze wär ein Schützengraben.
Der Mond wär ein Gefreitenknopf.
Wir würden einen Kaiser haben
und einen Helm statt einen Kopf.

Wenn wir den Krieg gewonnen hätten,
dann wäre jedermann Soldat.
Ein Volk der Laffen und Lafetten!
Und ringsherum wär Stacheldraht!

Dann würde auf Befehl geboren.
Weil Menschen ziemlich billig sind.
Und weil man mit Kanonenrohren
allein die Kriege nicht gewinnt.

Dann läge die Vernunft in Ketten.
und stünde stündlich vor Gericht.
Und Kriege gäb's wie Operetten.
Wenn wir den Krieg gewonnen hätten –
zum Glück gewannen wir ihn nicht!

Anmerkung: Dieses Gedicht, das nach dem Weltkrieg 'römisch Eins' entstand, erwarb sich damals, außer verständlichen und selbstverständlichen Feindschaften, auch unvermutete Feinde. Das "zum Glück" der letzten Zeile wurde für eine Art Jubelruf gehalten und war doch eine sehr, sehr bittere Bemerkung. Nun haben wir schon wieder einen Krieg verloren, und das Gedicht wird noch immer mißverstanden werden.
"Kästner für Erwachsene" S. Fischer Verlag, 1966 c) Atrium-Verlag
S. 196

Versöhnung mit den Völkern der Sowjetunion

Von Werner Krusche

Auf einem wissenschaftlichen Kongreß der EKD in Kiel im Jahre 1984 hatte ich in einem Vortrag: "Schuld und Vergebung – der Grund christlichen Friedenshandelns"[1], den Satz gesagt, die Ausblendung der besonderen Schuld von uns Deutschen gegenüber den zur Vernichtung bestimmt gewesenen Völkern der Sowjetunion sei der verhängnisvollste und folgenschwerste Vorgang in der deutschen Nachkriegsgeschichte.

Dieser Satz hat eine von mir damals nicht vorauszusehende Bewegung ausgelöst. In einzelnen Landeskirchen in der BRD entstanden Arbeitskreise[2]. Akademietagungen[3] beschäftigten sich mit diesem Thema, auf den Kirchentagen in Frankfurt (M.) und in Berlin 1987 gab es eine eigene Arbeitsgruppe: "Versöhnung mit den Völkern der Sowjetunion", und schließlich kam es 1988 anläßlich der Tausendjahrfeier der Taufe Rußlands zu einem gemeinsamen Wort der Evangelischen Kirche in Deutschland und des Bundes der Evangelischen Kirchen in der DDR.

In diesem an die Gemeinden gerichteten Wort heißt es: "Es bleibt wahr: Deutschland hat den Krieg gegen die Sowjetunion als Eroberungskrieg begonnen und als Vernichtungskrieg geführt. Die Sowjetunion sollte als Staat ausgelöscht werden. Überheblichkeit und Rassenwahn trafen ihre Bürger. Ihnen war das Schicksal zugedacht, den Eroberern Sklavendienste zu leisten. Ganze Gruppen von Menschen wurden systematisch ermordet. Die von Deutschen den Menschen der Sowjetunion angetanen Frevel sind bis dahin unvorstellbar gewesen. Unsere Kirchen haben damals zum Unrecht durchweg geschwiegen ... Die Wunden sind nicht verheilt".[4]

Nikolai Portugalow, Deutschland-Experte im ZK der KPdSU, schreibt in einem Beitrag in dem eben erschienen Buch mit dem Titel "Frieden mit der Sowjetunion – eine unerledigte Aufgabe", was er empfunden hat, als er dieses gemeinsame Wort las: "Endlich! Endlich regt sich was auf diesem Felde, worauf man mehr als 40 Jahre gewartet hat. Bei mir, der ich mein ganzes Berufsleben – also bald 40 Jahre – der deutschen Problematik gewidmet habe, schlug – ich kann das ruhig sagen – beim Lesen dieses Dokuments das Herz hoch. Ich habe gleich daran gedacht, daß hier an dem Faden weitergesponnen wird, der gleich nach dem Kriegsende mit der berühmten Stuttgarter Schulderklärung angefangen hat und später in der unvergessenen Denkschrift der EKD zur Ostpolitik fortgesetzt worden ist. Die evangelische Kirche in den beiden deutschen Staaten scheint die Zeichen der Zeit wieder einmal als erste gespürt und richtig interpretiert zu haben".[5] "Endlich! Endlich nach 40 Jahren", schreibt Portugalow.

I.

Warum erst jetzt? Warum so spät? Was hat die Deutschen daran gehindert, von einer besonderen Schuld gegenüber der Sowjetunion zu sprechen?

Die Gründe sind in den beiden deutschen Staaten unterschiedliche. In der BRD hat eine ganz besonders unheilvolle Rolle das Feindbild von der Sowjetunion als einem prinzipiell unterdrückerischen, bösartigen, welteroberungssüchtigen Systems gespielt. Entscheidend dafür war die Anfang der 50er Jahre propagierte Totalitarismustheorie – die Theorie des kalten Krieges –, wonach Nazismus und Kommunismus nichts anderes sind als zwei Spielarten ein und derselben Erscheinung – eben: des Totalitarismus, derjenigen Form politischer Herrschaft, die einen totalen Verfügungsanspruch über die von ihr Beherrschten stellt und durchsetzt. Der rote Totalitarismus sei genauso schlimm, wie der braune es war.

Nirgendwo in Europa hat diese Theorie so durchgeschlagen wie in der BRD: Da wird einem Volk, das einen Weltkrieg entfesselt und total verloren hat, das wegen beispielloser Verbrechen verfemt und verachtet war, von den westlichen Siegern gesagt: Es gibt nicht nur ein totalitäres, also verbrecherisches, Regime, sondern zwei. Das erste – das braune – ist erledigt. Gegen das zweite – das rote –, gegen das viele von euch ja schon im Osten gekämpft haben, müssen wir uns jetzt gemeinsam wehren und schützen. Das angebliche Churchill-Wort machte die Runde, man habe das falsche Schwein geschlachtet.

"Das Aufatmen, die psychische Entlastung, die von dieser Botschaft ausging, war der entscheidende Vorgang unserer Nachkriegsgeschichte".[6] Von deutscher Schuld – gar gegenüber der Sowjetunion – war unter diesen Umständen keine Rede mehr.

Die Gleichsetzung des Kommunismus mit dem Nazismus hat in der BRD die Einsicht in unsere besondere Schuld gegenüber den Völkern der Sowjetunion und damit eine echte Umkehr verhindert. Durch die jetzige innersowjetische Kritik am Stalinismus fühlen sich die Unbelehrbaren auch noch bestätigt: Jetzt sprechen die "Russen" doch selber von den Verbrechen der Stalinzeit; da ist es doch geradezu absurd, von deutscher Schuld zu sprechen. Die Rehabilitierung von Opfern des Stalinismus verstehen sie als Rehabilitierung des Nazismus.[7]

Kampf um die Halbinsel Kertsch, 1942
Quelle: Bundesarchiv Koblenz

Moskauer bauen Barrikaden
Quelle: Staatliches Archiv für Fotodokumentation, Moskau

In der DDR lief die Entwicklung ganz anders. Hier wurde zwischen Deutschen und Faschisten unterschieden, und es waren die Faschisten, die den verbrecherischen Krieg gegen die Sowjetunion geführt hatten. Da erklärt wurde, in der DDR sei der Faschismus ausgerottet, brauchten sich die Menschen in der DDR, die den Krieg mitgemacht oder unterstützt hatten – und das waren ja doch fast alle –, nicht betroffen zu fühlen. Wer wollte sich denn die Jacke anziehen, ein Faschist gewesen zu sein? Die Faschisten waren auf einmal verschwunden – offenbar in die BRD. Die, die aktiv gegen den Faschismus gekämpft und nun die Macht in der DDR übernommen hatten, hatten mit dieser Unterscheidung von Deutschen und Faschisten im Blick auf sich selber natürlich recht, nicht aber im Blick auf die Mehrzahl der Bevölkerung, die auf diese Weise eine billige Absolution empfing.

Da außerdem in allen offiziellen Äußerungen der DDR die ewige, unverbrüchliche Freundschaft mit der Sowjetunion beschworen wurde, war für die Menschen in der DDR schwer einzusehen, wieso sie eine besondere Schuld gegenüber der Sowjetunion haben sollten. Schuld hatten die Nazis. Auch hier sahen sich die Deutschen auf einmal auf der Seite der Sieger – nur eben auf der anderen Seite der inzwischen verfeindeten Sieger.[8]

Für die Menschen in der DDR kam noch etwas anderes hinzu, was es ihnen erschwerte, eine besondere Schuld gegenüber den Völkern der Sowjetunion anzuerkennen: Sie hatten die Trecks der aus Ostpreußen, Pommern und Schlesien Geflüchteten oder Vertriebenen erlebt und gehört, was bei dem Vormarsch der Roten Armee an Plünderungen, Vergewaltigungen, an Mordbrennerei geschehen war, sie hatten dann selbst in der sowjetischen Besatzungszone Gewalt und Unrecht erlebt. Das verführte dazu, Schuld gegen Schuld aufzurechnen und die eigene Schuld durch die der anderen als abgegolten anzusehen.

Dabei wurden freilich zwei entscheidende Dinge übersehen:[9] 1. Alles, was wir an Leid und Unrecht von den "Russen" erfahren haben, ist die Folge des von uns angefangenen Krieges. Nichts von alledem wäre geschehen, hätten wir nicht die Sowjetunion überfallen. Wir haben empfangen, "was unsere Taten verdienen" (Lk 23,41), wobei freilich schwer einzusehen blieb, warum besonders die Bevölkerung der DDR die Folgen des doch von allen Deutschen verschuldeten Krieges zu tragen hatte. 2. Alles, was wir an Leid und Unrecht von den "Russen" erfahren haben, steht in überhaupt keinem Verhältnis zu dem, was wir den Russen angetan haben. Hätten sie Gleiches mit Gleichem vergolten, wäre die Nachkriegszeit sehr anders verlaufen.

Was wir als Christen zur Frage der Schuld zu sagen haben, ist schlicht dies: Uns geht immer nur die eigene Schuld an, nicht die der anderen. Wie sie mit ihrer Schuld umgehen, ist ihre Sache. Wir haben sie ihnen jedenfalls nicht vorzurechnen oder gar gegen die eigene aufzurechnen. Schuld wird nicht aufgehoben durch den Hinweis auf die Schuld der anderen, sondern allein durch die Inanspruchnahme der Gnade Christi. Nur der Anblick des gekreuzigten Christus, der alle Schuld der Welt vollständig und bedingungslos auf sich genommen und sie so aus der Welt geschafft hat, läßt den Blick in die Abgründe der eigenen Schuld zu und läßt ihn aushalten. Ohne die Gnade Christi muß die eigene Schuld bestritten, verdrängt oder verharmlost werden.

Es hat uns Deutschen nicht gutgetan, daß die Siegermächte im Westen und Osten so kurze Zeit nach dem totalen Zusammenbruch – weil sie uns wieder brauchten – uns Schuldiggewordene auf ihre jeweilige Siegerseite gezogen und uns so eine verhängnisvolle Absolution erteilt haben – eine Absolution ohne Schuldeinsicht und ohne Schuldbekenntnis.

II.

Warum so spät, haben wir gefragt. Das hängt mit einer zweiten Frage zusammen: *Warum besonders gegenüber den Völkern der Sowjetunion?*

Ich gestehe: Mir ist erst sehr spät aufgegangen, daß wir eine besondere Schuld gegenüber den Völkern der Sowjetunion haben. Es hat lange gedauert, bis mir klar geworden ist, daß der Krieg gegen die Sowjetunion von einer anderen Qualität war als der Krieg im Westen. Ich hatte gemeint, zu der besonderen Brutalisierung des Krieges im Osten sei es erst im Verlauf der Kampfhandlungen gekommen, besonders in Reaktion auf die Aktionen der Partisanenbewegung, und die schlimmen Exzesse gegen die Zivilbevölkerung und an den Kriegsgefangenen seien nicht von der Wehrmacht, sondern von der SS und den Einsatzkommandos der Sicherheitspolizei verübt worden. Aber nachdem das Schweigen gebrochen ist und sich die Archive geöffnet haben, ist klar: Im Krieg gegen die Sowjetunion ging es nicht nur – wie im Westen – um die militärische Bezwingung des Gegners, sondern dieser Krieg war von der deutschen Führung von vornherein als Eroberungs- und Vernichtungskrieg geplant.

Ich kann aus Zeitgründen dafür nur einige ganz wenige Belege vorbringen:[10] Am 30. März 1941 – also drei Monate vor dem Überfall auf die Sowjetunion – erklärt Hitler vor 250 Generalen: "Kampf zweier Weltanschauungen gegeneinander ... Bolschewismus ist asoziales Verbrechertum. Wir müssen vom Standpunkt soldatischen Kameradentums abrücken. Es handelt sich um einen Vernichtungskampf... Der Kampf wird sich sehr unterscheiden vom Kampf im Westen. Im Osten ist Härte mild für die Zukunft. Die Führer müssen von sich das Opfer verlangen, ihre Bedenken zu überwinden".

Der Bruch mit der am Völkerrecht und an gewissen soldatischen Ehrbegriffen orientierten Kriegführung zeigt sich am deutlichsten an zwei Befehlen, die bereits vor Beginn des Krieges mit der Sowjetunion gefaßt worden sind: Der eine ist der Kommissarsbefehl vom 6. Juni 1941 (17 Tage vor Kriegsbeginn), in dem das Oberkommando der Wehrmacht anordnet, daß politische Kommissare grundsätzlich sofort mit der Waffe zu erledigen sind. Also: noch vor Beginn der Kampfhandlungen war die verfahrenslose Liquidierung einer genau definierten Gruppe der feindlichen Armee befohlen. Wie man es den Soldaten leicht machte, dem verbrecherischen Befehl zu folgen, konnte man im ersten Juni-Heft der "Mitteilungen für die Truppe" lesen: "Was Bolschewiken sind, das weiß jeder, der einmal einen Blick in das Gesicht eines der roten Kommissare geworfen hat. Es hieße die Tiere zu beleidigen, die Züge dieser zu einem hohen Prozentsatz jüdischen Menschenbilder tierisch zu nennen. Sie sind die Verkörperung des Infernalischen, Person gewordener wahnsinniger Haß auf alles edle Menschentum. In der Gestalt dieser Kommissare erleben wir den Aufstand des Untermenschen gegen edles Blut".

Der zweite Befehl ist der sogenannte Barbarossa-Erlaß des Oberkommandos der Wehrmacht vom 13. Mai 1941 (also mehr als einen Monat vor Beginn des Krieges mit der Sowjetunion): Dieser Erlaß ermächtigte die Truppe – ohne Einschaltung der Kriegsgerichte – Angriffe von Zivilpersonen gegen die Wehrmacht auf der Stelle mit den äußersten Mitteln bis zur Vernichtung des Angreifers niederzuschlagen. Gegen Ortschaften, aus denen die Wehrmacht hinterlistig angegriffen wurde, seien kollektive Gewaltmaßnahmen durchzuführen (Niederbrennung der Ortschaften, Erschießung eines Teiles der männlichen Bevölkerung). In der Gegend von Minsk sind aufgrund dieses Befehls 186 Dörfer mit ihren Einwohnern verbrannt worden.[11]

Der Krieg gegen die Sowjetunion bedeutete auch den eigentlichen Beginn des Völkermordes an den Juden. Die größte Mordaktion, die Erschießung von fast 34 000 Kiewer Juden in der Schlucht von Babi Jar, führte zu Kritik seitens einiger couragierter Offiziere der Wehrmacht. Daraufhin erließ Generalfeldmarschall von Reichenau am 10. Oktober 1941 einen Armeebefehl, in dem es u.a.

heißt: "Hinsichtlich des Verhaltens der Truppe gegenüber dem bolschewistischen System bestehen vielfach noch unklare Vorstellungen. Das wesentliche Ziel des Feldzugs gegen das jüdisch-bolschewistische System ist die völlige Zerschlagung der Machtmittel und die Ausrottung des asiatischen Einflusses im europäischen Kulturkreis. Hierdurch entstehen auch für die Truppe Aufgaben, die über das hergebrachte einseitige Soldatentum hinausgehen. Der Soldat ist im Ostraum nicht nur ein Kämpfer nach den Regeln der Kriegskunst, sondern auch Träger einer unerbittlichen völkischen Idee und der Rächer für alle Bestialitäten, die Deutschen und artverwandtem Volkstum zugefügt wurden."

Auf diesen Befehl, der im gesamten Ostheer verbreitet wurde, ist zurückzuführen, daß die Einsatzkommandos bis zum Frühjahr 1942 mindestens 535 000 sowjetische Bürger, zu 90 Prozent Juden, umbringen konnten. Die Gesamtzahl der Opfer der Einsatzkommandos beläuft sich auf etwa 2,2 Millionen Menschen.

Neben den Juden traf die sowjetischen Kriegsgefangenen das härteste Schicksal. Etwa 5,7 Millionen Rotarmisten gerieten in die Gewalt der Wehrmacht. Davon kamen in der Gefangenschaft etwa 3,3 Millionen um (= 57 %; von den deutschen Gefangenen in der Sowjetunion starben etwa 38 %). Auf das Schicksal der 2,4 Millionen zur Arbeit in der deutschen Kriegsindustrie zwangsverschleppten russischen Zivilisten soll wenigstens hingewiesen sein. Erwähnt werden muß auch die erbarmungslose Ausplünderung der Nahrungsquellen des Ostens. Wenn die deutsche Bevölkerung bis Ende 1944 keinen ausgeprägten Hunger leiden mußte, dann nur, weil die polnische und russische Bevölkerung den ganzen Krieg hindurch hungern mußte. Besonders schlimm war das Schicksal der großen Städte. Daß in Leningrad während der deutschen Belagerung etwa 900 000 Menschen verhungert sind, ist bekannt. Schlimmer wäre es noch gekommen, hätte die Wehrmacht die Stadt eingenommen. Schon am 8. Juli 1941 hat Generalstabschef Halder notiert: Feststehender Entschluß des Führers ist es, Moskau und Leningrad dem Erdboden gleichzumachen, um zu verhindern, daß Menschen darin bleiben, die wir dann im Winter ernähren müssen.

Mit dem Rückzug der deutschen Truppen ging noch einmal eine furchtbare Orgie der Zerstörung über das Land. Ergebnis am Ende des Krieges: 17 000 zerstörte Städte, 70 000 zerstörte Dörfer, 20 Millionen Tote (im Vergleich dazu USA: 300 000 Tote, kein zerstörtes Haus).

Ich habe das so verhältnismäßig ausführlich dargestellt, weil sich in uns irgend etwas dagegen sträubt, dies anzunehmen. Aber wir müssen zur Kenntnis nehmen: Es ist Schlimmeres geschehen, als wir wissen wollen. Dies einzugestehen, ist ein sehr schmerzhafter und demütigender Vorgang, besonders für meine Generation – ich war selbst bis zu meiner Verwundung im Sommer 1942 am Feldzug in der Sowjetunion beteiligt –; denn dies schließt ja das Eingeständnis des eigenen Versagens, eigener Feigheit, eigener Blindheit ein und den Verzicht darauf, das eigene beschämende Verhalten verständlich, erklärbar und also entschuldbar zu machen.

Man fragt sich, warum es über 40 Jahre brauchte, bis unsere Evangelische Kirche unsere besondere Schuld gegenüber der Sowjetunion und ihren Menschen eingestanden hat. Der Grund ist der auch in ihr wirksam gewesene und noch wirksame Antikommunismus und Antisowjetismus. Daß Hitler auch in den Reihen treuer Glieder unserer Kirchen Sympathie fand, kam daher, daß man in ihm den Retter vor dem atheistischen Bolschewismus sah.

Der Geistliche Vertrauensrat der Deutschen Evangelischen Kirche sandte am 30. Juni 1941 ein Telegramm an Hitler: "Sie haben, mein Führer, die bolschewistische Gefahr im eigenen Land gebannt und rufen nun unser Volk und die Völker Europas zum entscheidenden Waffengang gegen den Todfeind aller Ordnung und aller abendländisch-christlichen Kultur auf ... Die Deutsche Evangelische Kirche ist mit allen ihren Gebeten bei Ihnen und unseren unvergleichlichen Soldaten, die nun mit so gewaltigen Schlägen daran gehen, den Pestherd zu beseitigen, damit in ganz Europa unter Ihrer Führung eine neue Ordnung entstehe und aller inneren Zersetzung, aller Beschmutzung des Heiligsten, aller Schändung der Gewissensfreiheit ein Ende gemacht werde".*12* Ähnliches gab es auch auf katholischer Seite zu vernehmen.

Es ist klar, daß es Kirchen, in denen so geredet worden war, besonders schwerfiel, von einer besonderen Schuld gegenüber den Völkern der Sowjetunion zu sprechen, zumal das, was in der Sowjetunion unter der Herrschaft Stalins geschah und damals in der DDR offiziell kritiklos bewundert wurde, zu zeigen schien, daß die Charakterisierung des Bolschewismus durch die Kirchen nicht einfach aus der Luft gegriffen war.*13*

III.

Warum so spät? Warum besonders gegenüber den Völkern der Sowjetunion, haben wir gefragt. Wir fragen jetzt: *Warum überhaupt noch?*

Im Historikerstreit in der BRD ist vor ein paar Jahren das Wort von der "Schuldbesessenheit" der Deutschen gefallen. Es müsse endlich

Schluß sein mit der sogenannten Vergangenheitsbewältigung und mit deutschen Schuldbekenntnissen. Und man kann ja fragen, ob es nicht geradzu masochistisch sei, immer wieder an so lang zurückliegende Schuld zu erinnern, an der doch allenfalls die heute über 65jährigen beteiligt gewesen sind. Was für einen Sinn es haben soll, die Jüngeren mit einer Schuld zu konfrontieren, mit der sie nichts zu tun haben?

Die Frage wäre berechtigt, wenn unser Volk seine besondere Schuld gegenüber der Sowjetunion eingestanden und die Menschen in der Sowjetunion um Vergebung gebeten hätte. Aber dies ist eben nicht geschehen. Darum war das gemeinsame Wort der Evangelischen Kirche in der BRD und der DDR jetzt so notwendig, und es wird notwendig, daß die Glieder der Gemeinden es sich innerlich zu eigen machen. Schuld, die verdrängt, bestritten, verharmlost, als abgegolten erklärt wird – unter die man also selber einen Strich zieht –, ist damit ja nicht aus der Welt geschafft, sondern behält ihre bindende Gewalt und holt die Schuldigen immer wieder ein. Die Selbst-Rechtfertigung bindet den Schuldigen gnadenlos mit seiner Schuld zusammen, so daß er von ihr nicht loskommt. Nur das Bekenntnis der Schuld und die Hoffnung auf Versöhnung macht den Weg frei zu neuen Anfängen.

Diejenigen unter uns, die 65 Jahre und älter sind, werden sich hier ernsthafte Fragen nicht ersparen dürfen, sofern sie ihnen bislang ausgewichen sind. Die Jüngeren unter uns, die damals noch Kinder oder noch gar nicht geboren waren, können und sollen nicht mit der Schuld ihrer Väter und Großväter belastet werden. Sie sind nicht schuldig an dem, was geschehen ist, aber sie treten in eine Schuldgeschichte und eine Haftungsgemeinschaft ein, aus der sie nicht einfach aussteigen können. Sie können und dürfen nicht so tun, als ginge sie das alles nichts mehr an. Das dürfen sie schon um derer willen nicht, die noch unter dem leiden, was ihren Müttern, ihren Vätern und Brüdern von Menschen unseres Volkes angetan worden ist.

Gerade weil es bei den Menschen in der Sowjetunion erstaunlicherweise keinerlei Haßgefühle gegen die Deutschen gibt,[14] werden wir uns darüber klar sein müssen, daß das alles andere als selbstverständlich ist. Für die Nachkriegsgenerationen wird es entscheidend darauf ankommen, wie sie mit der geschichtlichen Schuld unseres Volkes umgehen und was aus ihr für sie folgt – für ihren Umgang mit den Menschen in der Sowjetunion und für ihr politisches Verhalten.

Propaganda an einem Fabrikgebäude in Riga
Quelle: Bundesarchiv Koblenz

Explodierter Eisenbahnwagen, vernichtet durch Partisanen
Quelle: Staatliches Archiv für Fotodokumentation, Moskau

IV.

Warum gerade jetzt?

Versöhnung im strengen theologischen Sinn gibt es nur da, wo die im Kreuz Jesu Christi geschehene Versöhnung Gottes mit der Welt geglaubt und angenommen wird, also nur in der Kirche Jesu Christi. Da streckt der, an dem Unrecht geschehen ist, dem schuldig Gewordenen die Hand entgegen und erklärt ihm, daß die Schuld um Christi willen nicht mehr zwischen ihnen steht. Wir sind der Russischen Orthodoxen Kirche von Herzen dankbar, daß sie uns die Hand zur Versöhnung entgegengestreckt hat.

In dem erwähnten gemeinsamen Wort unserer Kirchen heißt es: "Unvergessen bleibt, wie die Russische Orthodoxe Kirche unseren Kirchen nach dem Krieg mit der Bereitschaft zur Vergebung begegnet ist. Christen in der Sowjetunion haben immer wieder aufs neue versichert, daß für sie die leidvolle Vergangenheit nicht mehr zwischen uns steht". Ich freue mich, daß Erzbischof German an diesem Gespräch teilnimmt – sozusagen als sichtbares Zeichen unseres Versöhntseins.

Der Versöhnung in der Kirche Jesu Christi entspricht auf dem Feld des Politischen, im Verhältnis zwischen den Völkern die "Vernarbung": "Die Kirche erfährt im Glauben die Vergebung aller ihrer Sünden und einen neuen Anfang durch Gnade; für die Völker gibt es nur ein Vernarben der Schuld in der Rückkehr zur Ordnung, zum Recht, zum Frieden." (D.Bonhoeffer)[15] Und dieser Prozeß der Vernarbung, der in der Zeit des kalten Krieges immer wieder behindert wurde, hat jetzt durch die von Michail Gorbatschow eingeleitete Friedens- und Reformpolitik eine bisher nicht dagewesene Chance erhalten. Die Signale des Friedenswillens der gegenwärtigen sowjetischen Führung haben in den westlichen Bevölkerungen – gerade auch in der BRD – das primitive antikommunistische Vorurteil gegenüber der Sowjetunion als eines verschlagenen und aggressiven Monstrums zerbröckeln lassen und der künstlich geschürten Bedrohungsangst den realen Boden entzogen.

Damit ist eine neue Situation geschaffen, die wir nützen müssen, damit der Prozeß der Vernarbung entscheidend vorankommt. Ich denke dabei an folgendes:

1. Eigene Leiderfahrungen im richtigen Licht sehen lernen:

Das gibt es ja immer noch, daß Kriegsteilnehmer erzählen, wie es ihnen in der Gefangenschaft ergangen ist, oder daß Frauen von dem berichten, was ihnen auf der Flucht oder nach dem Einmarsch der Roten Armee angetan worden ist. Wo dies geschieht, sollten ihnen die Nachgeborenen freundlich, aber bestimmt sagen: Solange ihr nicht von dem unvergleichlich Schlimmeren sprecht, was den Menschen in der Sowjetunion von Deutschen angetan worden ist, solange ihr noch Folge und Ursache verwechselt, möchten wir solche Geschichten von euch nicht mehr hören. Erst wenn ihr sagt: Uns ist viel Schlimmes angetan worden, so daß es uns in unseren Träumen noch verfolgt – aber wir wissen auch, warum – sind wir bereit, euch zuzuhören.

2. *Trauern lernen oder törichten Überlegenheitsgefühlen entgegentreten:*
Wir Deutschen haben es offensichtlich nicht verkraften können, von denen, die wir als Untermenschen abqualifiziert hatten, so elend besiegt worden zu sein. Diese Kränkung unseres nationalen Selbstbewußtseins hat die Fähigkeit zu trauern verhindert. Als Kompensation für diese schwere Demütigung dienten dann Witze über die Primitivität russischer Soldaten, wie sie mit unseren zivilisatorischen Selbstverständlichkeiten nicht zu Rande kamen, und überhebliche Urteile über die Rückständigkeit der Sowjetbevölkerung. Den Weg der Versöhnung gehen heißt: weder bei sich noch bei anderen solche dummen Überlegenheitsgefühle zu dulden und sich und anderen die gründliche Beschäftigung mit der reichen russischen Kultur, insbesondere mit der klassischen und der zeitgenössischen Literatur abzuverlangen. Wer da nichts aufzuweisen hat, sollte von den Nachgeborenen nicht als kompetenter Gesprächspartner angesehen werden.

3. *Das Feindbild Sowjetunion demontieren helfen:*
In unseren Gesprächen im Westen werden wir denen entgegentreten, die Mißtrauen schüren, die immer noch von der Aggressionsbereitschaft der Sowjetunion reden, um damit die bleibende Notwendigkeit der nuklearen Abschreckung zu begründen. Wir werden einseitige Abrüstungsschritte der Sowjetunion als Signale einer grundsätzlichen Abrüstungsbereitschaft begrüßen und alle von dort kommenden Vorschläge – z.B. den Stopp aller unterirdischen Atomtests, die Null-Lösung für Kurzstreckenraketen – unterstützen. Es gilt, für die Ablösung des militärischen Sicherheitsdenkens durch ein Konzept politischer Sicherheitspartnerschaft einzutreten.

4. *Dem primitiven, christlich unterfütterten Antikommunismus entgegentreten* und sich statt dessen um eine sachliche, argumentative Auseinandersetzung mit Theorie und Praxis des kommunistischen Gesellschaftssystems zu bemühen, wobei besonders folgende Spitzenargumente auf ihr Recht hin zu befragen sind:
(1) Die Erklärung der Weltrevolution als das Ziel sowjetischer Außenpolitik bedeute deren grundsätzliche Aggressivität. (2) Die offizielle Interpretation der friedlichen Koexistenz als Mittel des Klassenkampfes verhindere einen wirklichen Frieden zwischen Staaten mit unterschiedlicher Gesellschaftsordnung. (3) Der dem Kommunismus inhärierende Atheismus enthalte eine ständige Bedrohung der Glaubens- und Gewissensfreiheit und also die Verweigerung eines fundamentalen Menschenrechtes.

Hier kann das SPD/SED-Papier über Gemeinsame Sicherheit und den Wettstreit der Systeme Erhebliches beitragen. Wir sollten das, was in der Sowjetunion im Prozeß des Neuen Denkens vor sich geht, mit höchster Aufmerksamkeit verfolgen, was die Forderung nach uneingeschränkter Information einschließt. Die Parole von früher: "Von der Sowjetunion lernen heißt siegen lernen", müßte heute lauten: "Von der Sowjetunion lernen heißt neu denken lernen". Wer auf das Scheitern der Reformpolitik Gorbatschows spekuliert oder diese gefährdet, muß doch von allen guten Geistern verlassen sein.

5. *Die Kontakte zu Bürgern der Sowjetunion intensivieren:*
Es ist schade, daß für die meisten von uns in der DDR die deutsch-sowjetische Freundschaft nicht wirklich erfahrbar geworden ist. Wir hätten uns gewünscht, mit Angehörigen der in der DDR stationierten sowjetischen Einheiten und deren Familien Kontakt aufnehmen und sie zu uns einladen zu können. Es ist zu keiner wirklichen Kommunikation gekommen, und so sind sie uns leider fremd geblieben. Vielleicht muß dies ja nicht so bleiben. Zweifellos würde der obligatorische Unterricht in der russischen Sprache sein Mauerblümchendasein verlieren, wenn die Gelegenheit bestünde, das Gelernte auch zu praktizieren. Wo Kontakte möglich sind, sollten gerade junge Menschen sie zu persönlichen Freundschaften ausbauen.

6. *Die besondere Chance und Verantwortung von uns Christen wahrnehmen:*
In den ökumenischen Begegnungen unserer Kirchen mit der Russischen Orthodoxen Kirche sind tief beglückende Erfahrungen geistlicher Gemeinschaft und geschwisterlicher Liebe gemacht worden. Die Möglichkeiten von Einzel- oder Gruppenreisen in die Sowjetunion sollten intensiv wahrgenommen und immer mit Besuchen der Kirchen verbunden und zu Begegnungen mit orthodoxen und Evangeliumschristen genutzt werden. Wir haben da viel an geistlicher Bereicherung zu erwarten und viel von der Liebe der Gläubigen zu ihrer Kirche und ihrer Opferbereitschaft für sie zu erlernen. Auch die Begegnungen mit den orthodoxen Gemeinden in unserem Lande sollten wir weiter pflegen und ihr gottesdienstliches Leben verstehen lernen. Alles, was an Gemeinschaft zwischen unseren Kirchen und ihren Gliedern geschieht, befördert

den Prozeß der Verständigung und gibt dem Verhältnis unserer Völker Tiefe, und in ihm leuchtet etwas auf von der Zukunft der neuen, Gott lobenden Menschheit.

Anmerkungen

1. Abgedruckt in: Die Zeichen der Zeit, 1988, H. 12.

2. Vgl. die Thesenreihe "Versöhnung und Frieden mit den Völkern der Sowjetunion", hrsg. von den Arbeitsgemeinschaften Solidarische Kirche Westfalen und Lippe in Verbindung mit dem Arbeitskreis Evangelische Erneuerung in Bayern, der Ev. Akademikerschaft in Deutschland, der Kirchlichen Bruderschaft in Württemberg und der Solidarischen Kirche im Rheinland u.a., Gütersloh 1987. H. Lenhard, Versöhnung mit den Völkern der Sowjetunion (in: Offene Kirche 4/87).

3. Zum Beispiel Evangelische Akademie Mülheim/Ruhr: Mißtrauische Nachbarn. Möglichkeiten und Hindernisse auf dem Weg der Verständigung Sowjetunion – Bundesrepublik Deutschland Begegnungen 6/87); Versöhnung mit den Völkern der Sowjetunion. Ein Expertengespräch (Begegnungen 6. 1/87).

4. Abgdruckt im Mitteilungsblatt des Bundes der Evangelischen Kirchen in der DDR Nr. 1/2-1988.

5. N. Portugalow, Versöhnung mit den Völkern der Sowjetunion, in: Frieden mit der Sowjetunion – eine unerledigte Aufgabe. hrsg. v.D. Goldschmidt, Gütersloh 1989, S.402ff.

6. E. Eppler, Die Totalitarismustheorie und ihre Wirkung auf unser Verhältnis zur Sowjetunion, ebd. S. 508ff.

7. S. Becker, Der Umgang der Deutschen in der Bundesrepublik mit Krieg und Verbrechen in der Sowjetunion, ebd. S.371.

8. Dieselbe, a.a.O.S.363f.

9. Vgl. dazu K. v.Bismarck, Offizier der deutschen Wehrmacht in der Sowjetunion 1941-1945. Begegnungen in der Sowjetunion nach 1945. ebd. S.320f.

10. Vgl. dazu: Chr. Streit, Der Krieg Deutschlands gegen die Sowjetunion 1941/45 (in: Solidarische Kirche Westfalen-Lippe Nr. 47/1985).
11. In Weißrußland waren es 627 Dörfer, vgl. P.Kohl. "Warum haben die das getan"? – Auf der Spur der Heeresgruppe Mitte. Sowjetische Augenzeugen berichten, in: Frieden mit der Sowjetunion S.375ff.

12. W. Niemöller, Die evangelische Kirche im Dritten Reich.
1956, S.393. Vgl. auch G. Brakelmann, Protestantische Positionen im Kampf gegen den Bolschewismus am Vorabend des Dritten Reiches, in: Frieden mit der Sowjetunion. S.214ff.

13. H. Lenhard,„... keine Zweifel an der Richtigkeit dieses Krieges". Christen und Kirchen im Krieg gegen die Sowjetunion, ebd. S.254ff.

14. F. v.Lilienfeld, Versöhnung aus der Sicht der Kirchen in der Sowjetunion, ebd. S.301.310.

15. D.Bonhoeffer, Ethik, hrsg. v.E.Bethge, 1953, S.52ff

Das Darmstädter Wort

Ein Wort des Bruderrates der Evangelischen Kirche in Deutschland zum politischen Weg unseres Volkes

1. Uns ist das Wort der Versöhnung der Welt mit Gott in Christus gesagt. Dies Wort wollen wir hören, annehmen, tun und ausrichten. Dies Wort wird nicht gehört, nicht angenommen, nicht getan und nicht ausgerichtet, wenn wir uns nicht freisprechen lassen von unserer gesamten Schuld, von der Schuld der Väter wie von unserer eigenen, und wenn wir uns nicht durch Jesus Christus, den guten Hirten, heimrufen lassen auch von allen falschen und bösen Wegen, auf welchen wir als Deutsche in unserem politischen Wollen und Handeln in die Irre gegangen sind.

2. Wir sind in die Irre gegangen, als wir begannen, den Traum einer besonderen Sendung zu träumen, als ob am deutschen Wesen die Welt genesen könne. Deutlich haben wir dem schrankenlosen Gebrauch der politischen Macht den Weg bereitet und unsere Nation auf den Thron Gottes gesetzt. – Es war verhängnisvoll, daß wir begannen, unseren Staat nach innen allein auf eine starke Regierung, nach außen allein auf militärische Machtentfaltung zu begründen. Damit haben wir unsere Berufung verleugnet, mit den uns Deutschen verliehenen Gaben mitzuarbeiten im Dienst an den gemeinsamen Aufgaben der Völker.

3. Wir sind in die Irre gegangen, als wir begannen, eine "christliche Front" aufzurichten gegenüber notwendig gewordenen Neuordnungen im gesellschaftlichen Leben der Menschen. Das Bündnis der Kirche mit den das Alte und Herkömmliche konservierenden Mächten hat sich schwer an uns gerächt. Wir haben die christliche Freiheit verraten, die uns erlaubt und gebietet, Lebensformen abzuändern, wo das Zusammenleben der Menschen solche Wandlung erfordert. Wir haben das Recht zur Revolution verneint, aber die Entwicklung zur absoluten Diktatur geduldet und gutgeheißen.

4. Wir sind in die Irre gegangen, als wir meinten, eine Front der Guten gegen die Bösen, des Lichtes gegen die Finsternis, der Gerechten gegen die Ungerechten im politischen Leben und mit politischen Mitteln bilden zu müssen. Damit haben wir das freie Angebot der Gnade Gottes an alle durch eine politische, soziale und weltanschauliche Frontenbildung verfälscht und die Welt ihrer Selbstrechtfertigung überlassen.

5. Wir sind in die Irre gegangen, als wir übersahen, daß der ökonomische Materialismus der marxistischen Lehre die Kirche an den Auftrag und die Verheißung der Gemeinde für das Leben und Zusammenleben der Menschen im Diesseits hätte gemahnen müssen. Wir haben es unterlassen, die Sache der Armen und Entrechteten gemäß dem Evangelium von Gottes kommendem Reich zur Sache der Christenheit zu machen.

6. Indem wir das erkennen und bekennen, wissen wir uns als Gemeinde Jesu Christi freigesprochen zu einem neuen, besseren Dienst zur Ehre Gottes und zum ewigen und zeitlichen Heil der Menschen. Nicht die Parole: Christentum und abendländische Kultur, sondern Umkehr zu Gott und Hinkehr zum Nächsten in der Kraft des Todes und der Auferstehung Jesu Christi ist das, was unserem Volk und inmitten unseres Volkes vor allem uns Christen selbst nottut.

7. Wir haben es bezeugt und bezeugen es heute aufs neue: "Durch Jesus Christus widerfährt uns frohe Befreiung aus den gottlosen Bindungen dieser Welt zu freiem, dankbarem Dienst an seinen Geschöpfen." Darum bitten wir inständig: Laßt die Verzweiflung nicht über Euch Herr werden, denn C h r i s t u s ist der Herr. Gebt aller glaubenslosen Gleichgültigkeit den Abschied, laßt Euch nicht verführen durch Träume von einer besseren Vergangenheit oder durch Spekulationen um einen kommenden Krieg, sondern werdet Euch in dieser Freiheit und in großer Nüchternheit der Verantwortung bewußt, die alle und jeder einzelne von uns für den Aufbau eines besseren deutschen Staatswesens tragen, das dem Recht, der Wohlfahrt und dem inneren Frieden und der Versöhnung der Völker dient.

Darmstadt, 8. August 1947

Der Kommissarbefehl

Nachdem Hitler schon in seiner Rede vom 30. Mai 1941 erklärt hatte, Kommissare und GPU-Leute seien Verbrecher und müßten als solche behandelt werden, wurde am 6. Juni 1941 (17 Tage vor Kriegsausbruch) vom OKW der Kommissarbefehl erlassen, in dem unter anderem angeordnet wurde:
"Politische Kommissare sind grundsätzlich sofort mit der Waffe zu erledigen ... Diese Kommissare werden nicht als Soldaten anerkannt; der für Kriegsgefangene völkerrechtlich geltende Schutz findet auf sie keine Anwendung. Sie sind nach durchgeführter Absonderung zu erledigen."

(Zitiert nach Wigbert Benz: "Der Rußlandfeldzug", S. 50)

Der Kriegsgerichtsbarkeitserlaß

Bereits am 13. Mai 1941 (mehr als einen Monat vor Beginn des Krieges) vom Chef des Oberkommandos der Wehrmacht, von Keitel, verabschiedet, ordnete er an:

"I.1 Straftaten feindlicher Zivilpersonen sind der Zuständigkeit der Kriegsgerichte und der Standgerichte bis auf weiteres entzogen.

2 Freischärler sind durch die Truppe im Kampf oder auf der Flucht schonungslos zu erledigen.

3 Auch alle anderen Angriffe feindlicher Zivilpersonen gegen die Wehrmacht, ihre Angehörigen und das Gefolge sind von der Truppe auf der Stelle mit den äußersten Mitteln bis zur Vernichtung des Angreifers niederzukämpfen ...

4 ... gegen Ortschaften, aus denen die Wehrmacht hinterlistig oder heimtückisch angegriffen wurde, werden ... kollektive Gewaltmaßnahmen durchgeführt ...

5 Es wird ausdrücklich verboten, verdächtige Täter zu verwahren ...

(Eine Schuld, die nicht erlischt ... S. 33 f.)

Im Kessel von Cholm, 1941/42
Quelle: Bundesarchiv Koblenz

16 Thesen der Evangelischen Kirche im Rheinland

Zur historisch-politischen Belastung und Perspektiven auf dem Weg der Versöhnung mit den Völkern der Sowjetunion

Thesen 1 – 6
Historische und politische Belastungen

1. Verständigung und Versöhnung können immer nur aus der Erinnerung erwachsen, die nichts beschönigt und verdrängt. Unabdingbare Voraussetzung von Verständigung und Versöhnung mit den Menschen in der Sowjetunion ist das Wissen um die außerordentlich schweren historischen Belastungen des beiderseitigen Verhältnisses im Verlauf unseres Jahrhunderts. Wir gedenken in Ehrfurcht der Leiden und der Opfer, die eine unheilvolle Politik über die Menschen auf beiden Seiten gebracht hat, und suchen neue Wege des Miteinanders in der Gestaltung einer friedlichen Zukunft.

2. Als bis heute fortwirkende Belastung des gegenseitigen Verhältnisses erweisen sich der Überfall des nationalsozialistischen Deutschlands auf die Sowjetunion im Juni 1941 und die nachfolgende, mehr als dreijährige deutsche Besatzungsherrschaft über ausgedehnte Teile des Vielvölkerreiches und rund ein Drittel seiner damaligen Einwohnerschaft. Das Land wurde nicht nur wirtschaftlich ausgeplündert und vielfach als "verbrannte Erde" zurückgelassen. Noch schlimmer war, daß seine Bevölkerung einer Unterdrückungs- und Vernichtungswillkür mit der Begründung unterworfen wurde, es handele sich überwiegend um Angehörige minderwertiger Rassen, um "Untermenschen". Das furchtbare Ergebnis war: 20 Millionen sowjetische Kriegstote, darunter ein sehr hoher Anteil an Zivilisten.

3. Bei dem Stichwort "Kriegsgefangenschaft" denken sehr viele von uns an Sibirien, an den Ural, an die Halbinsel Kola, an die Ukraine, wo nach der deutschen Niederlage Millionen deutscher Soldaten als Kriegsgefangene in armseligen Barackenlagern hausen und bei dürftiger Verpflegung Schwerstarbeit verrichten mußten. Über eine Million von ihnen starben. Die letzten Zehntausend durften erst mehr als ein Jahrzehnt nach Kriegsende heimkehren. Vergessen, verdrängt oder weithin unbekannt ist, daß von den mehr als 5 1/2 Millionen sowjetischen Soldaten, die ab Sommer und Herbst 1941 in deutsche Kriegsgefangenschaft gerieten, bis zum Kriegsende mindestens 2,6 Millionen umkamen, Tausende von ihnen unter den Schüssen befehlsmäßig handelnder Mordkommandos, die meisten aber deshalb, weil man die Gefangenen verhungern ließ. Viele Grabstätten, bekannt oder unbekannt, gepflegt oder verwahrlost, zeugen von diesem traurigen Ende sowjetischer Kriegsgefangener.

4. Bei dem Stichwort "Kriegsleiden der Zivilbevölkerung im Osten" denken sehr viele von uns an diejenigen, die ab Winter 1944/45 aus ihrer ostdeutschen Heimat flüchten mußten, evakuiert, vertrieben oder zwangsausgesiedelt wurden, sowie an die deutschen Zivilpersonen, die unmittelbar vor oder bei Kriegsende Repressalien, Haß- und Racheakten von Soldaten der vordringenden Roten Armee ausgesetzt waren. Vergessen, verdrängt oder weithin unbekannt ist, daß ab Frühjahr und Sommer 1942 insgesamt 2,8 Millionen Zivilisten aus den besetzten Gebieten der UdSSR zur Zwangsarbeit in das deutsche Reichsgebiet verschleppt wurden, um hier, gemäß der "Untermenschen"-Theorie der Nationalsozialisten durch ein Brustetikett als "Ostarbeiter" gekennzeichnet, physisch ausgebeutet und moralisch diskriminiert zu werden. Viele von ihnen starben entkräftet.

5. Zur historischen Last gehört gewiß auch das leidvolle Schicksal der nationalen Minderheit der Deutschen in der Sowjetunion im und nach dem Zweiten Weltkrieg. Ihre Deportation aus den angestammten Siedlungsgebieten im europäischen Teil Rußlands und Verbannung nach Mittelasien und Sibirien sowie in Industriegebiete des Urals war indessen erneut eine unmittelbare Antwort auf den deutschen militärischen Überfall.

6. Diese Zusammenhänge müssen ebenso strikt beachtet werden, wie es unerläßlich ist, zwischen Vorher und Nachher, zwischen Ursache und Folgen, Aktion und Reaktionen zu unterscheiden, wenn wir zu einem Geschichtsbild gelangen wollen, das frei ist von Ressentiments, von Zorn, von Tabuisierungen und Legendenbildungen aller Art. Nur wenn uns das gelingt, wird aus der Erinnerung dauerhaft und glaubwürdig Verständigung und Versöhnung erwachsen.

Thesen 7 – 14
Hindernisse heute und Perspektiven auf dem Weg der Versöhnung

7. Zu den Hindernissen der Verständigung heute zählen u. a.
- der Systemantagonismus mit gegensätzlichen Vorstellungen über die Organisation von Gesellschaft, gestützt auf unterschiedliche Werte und ordnungspolitische Zielsetzungen,
- die weltpolitische Blockbildung und mit ihr die Festschreibung des Status quo in Europa.

8. Aus den sechziger Jahren erwachsen und bis heute nicht völlig überwunden ist das Hindernis, das im deutschlandpolitischen Grunddissens zwischen der Sowjetunion (sowie der DDR) und der Bundesrepublik besteht.
Die eine Seite verfolgte zielstrebig eine Status-quo-Politik. Sie war verbunden mit der Absicht, die DDR international anerkennen und West-Berlin einen Sonderstatus zukommen zu lassen.
Die andere Seite ging von dem Vorbehalt eines Friedensvertrages aus, d. h. einer friedlichen Revision der Grenzen im Interesse der Nation und der Freiheit.

9. Ein positiver Wandel in den Beziehungen trat mit dem Abschluß des Moskauer Vertrages (Gewaltverzicht und Anerkennung des politischen Status quo in Europa) vom 12. August 1970 ein. Es war ein tiefgreifender Einschnitt in der bilateralen Beziehungsgeschichte, der die wichtigsten Voraussetzungen für den Beginn einer echten Normalisierung, verbesserten Kooperation und für die so notwendige Versöhnung schuf.

10. Nach wie vor trennen Mauern von Vorurteilen und Abgründe von Nichtwissen die Menschen in beiden Staaten. Dabei ist kein nennenswerter Haß aufeinander zu spüren, und es gibt heute auch wohl keine wirkliche Angst mehr voreinander. Nicht zuletzt offiziöse oder kolportierte Feindbilder haben aber die meisten Menschen hier wie drüben daran gehindert, den anderen in seiner Welt hinreichend zu begreifen, ihn in seinen unterschiedlichen Wertvorstellungen ernst zu nehmen sowie seine Abhängigkeiten und Sorgen zu verstehen.

11. Im Sicherheitsbereich sind beide Staaten – nicht selten aus zum Teil unterschiedlichen Gründen – Fehleinschätzungen zum Opfer gefallen. Die häufig emotionsgeladene Diskussion über das Kräfteverhältnis in Ost und West gleicht einem Verwirrspiel. Beide Seiten gehen entsprechend ihrer Interessenlage von unterschiedlichen Bedrohungsvorstellungen aus. Nur wenn es gelingt, diese der innenpolitischen Alibi-Funktion zu entkleiden und sie gemeinsam besser zu überprüfen, kann man zu einem sinnvollen Ausgangspunkt für ernsthafte Rüstungskontrollverhandlungen gelangen. Dann ließen sich wahrscheinlich nicht nur offiziös propagierte Bedrohungsbilder korrigieren, sondern es ließe sich auch im erhöhten Maße gegenseitiges Vertrauen und die Anerkennung wechselseitiger Friedensfähigkeit schaffen.

12. Die gegenwärtige Entwicklung kann mittelfristig zu einer Wende in den multilateralen und bilateralen Beziehungen führen. Sie gibt dem friedlichen Wettbewerb unter Wahrung der eigenen Identität eine Chance. Die wechselseitige Zuerkennung der Friedensfähigkeit, das Suchen "nach einem gemeinsamen Nenner" insbesondere in der Sicherheitspolitik – und damit das Vertrauen als Grundlage menschlichen Zusammenlebens – können eine wesentliche Stärkung erfahren.

13. Die Beziehungen zwischen unseren beiden Staaten könnten sich im Interesse einer europäischen Friedensordnung auf einer höheren Stufe der Glaubwürdigkeit weiterentwickeln, wenn sich beide als Partner und Konkurrenten im Wettstreit um eine humanere Gesellschaft der Zukunft und um eine echte Verständigung unter den Völkern begreifen und das auch durch konkrete Schritte beweisen würden.

14. Solche konkreten Schritte, die teilweise schon begonnen wurden, sind etwa
- bessere Begegnungsmöglichkeiten für Einzelne und Gruppen, u. a. durch Aufhebung der Visumspflicht und ausreichende Devisenkontingente.
- volle Öffentlichkeit für die Literatur und Kultur in und zwischen beiden Ländern,
- Einrichtung einer gemeinsamen Historikerkommission zur Erforschung und Bewertung vor allem der Geschichte des 20. Jahrhunderts,
- Ausweitung des Schüler-, Studenten- und des allgemeinen Jugendaustausches mit beiderseitiger staatlicher Förderung.

Die Chancen, die sich dafür in der Ära Gorbatschow mehr als je zuvor bieten, müssen von allen Beteiligten entschieden ergriffen und genutzt werden.

Es ist zu hoffen, daß solche Schritte auch zum Abbau von Vorurteilen in Medien und Literatur, Geschichtsbüchern und Wehrkunde auf beiden Seiten führen.

Thesen 15 und 16
Die Verantwortung der Christen

15. Die christlichen Kirchen in beiden Ländern, die seit langem in ökumenischer Zusammenarbeit verbunden sind, können und sollten einen besonderen Beitrag zur Verständigung und Versöhnung leisten. Im Hören auf die Botschaft ihres gemeinsamen Herrn stellt sich ihnen die Aufgabe, Versöhnung zu predigen und Verständigung durch Erinnerung zu fördern. Gedenktage an das tausendjährige Christentum in Rußland oder an den Beginn des Hitlerkrieges genügen nicht, auch nicht gelegentliche Delegationsreisen. Ein ständiger Dialog auf allen Ebenen und unter allen Gliedern ist nötig.

16. Der einzelne Christ kann, ob persönlich oder durch seine Gemeinde oder Gruppe, dazu viel beitragen. Die Fülle der Möglichkeiten reicht von der Suche nach Spuren verschütteter Vergangenheit im eigenen Land über notwendige Diskussionsanstöße in Gemeinde und Kirchenkreis bis zu Reisen in das andere Land. Wer sich solcher Mühe unterzieht, wird bald erkennen, daß der Suchende, Drängende und Besuchende zum Beschenkten wird.

7. Dezember 1988

Flehende Frau
Quelle: Bundesarchiv Koblenz

Leben und Überleben im Kinderlager Voerde 1944/45

Wie andere Firmen auch, beschäftigte die Firma Krupp in Essen während des 2. Weltkrieges Zwangs- und Fremdarbeiterinnen aus den sog. Ostgebieten in der Rüstungsproduktion. In Essen waren dies – neben polnischen Arbeiterinnen – vor allem Frauen und Männer aus der Ukraine.

Als der Platz für diese Menschen in Essen nicht mehr ausreichte, ließ die Firma Krupp im Jahr 1943 als eines von insgesamt fünf großen Außenlagern für Fremdarbeiter das Gemeinschaftslager Voerde planen und errichten. Das Lager Voerde lag damals außerhalb des unmittelbar durch Bombenangriffe gefährdeten Gebietes und es lag günstig zur Bahnlinie. Das Lager Vorde – im Volksmund Buschmannshof genannt, so wird das Gebiet bis heute bezeichnet – war im Durchschnitt immer mit rund 1 100 Ostarbeiterinnen belegt. Ende Oktober waren es sogar über 1 600 Menschen, die in der Essener Gußstahlfabrik für einen geringen Lohn arbeiten mußten. Diese Daten gehen aus genauen Aufstellungen der Firma Krupp hervor, die im Sommer 1990 erstmals im Essener Krupp-Archiv eingesehen werden durften. Das Archivmaterial und die Unterlagen aus dem Nürnberger Prozeß vom Sommer 1947 geben auch Auskunft über das Leben im Lager.

Bekannt und in manchen Hinsicht auch berüchtigt wurde das Lager Voerde, weil es dort eine Kinderstation für die Säuglinge und Kleinkinder ukrainischer Arbeiterinnen gab. Viele der Frauen wurden schwanger, da sie zumeist mit ihren Familien zusammen nach Deutschland geholt worden waren. Soweit die Kinder nicht (mit dem ausdrücklichen Einverständnis der Frauen) abgetrieben wurden, brachten die Frauen aus der Ukraine ihre Babies im werkseigenen Arnoldhaus der Firma Krupp in Essen zur Welt. Wegen steigender Geburtenzahlen ab Anfang 1944 entschloß man sich, eine eigene Kinderstation in Essen einzurichten. Ende April 1944 – noch bevor die Station bezogen werden konnte – wurde sie bei einem Fliegerangriff total zerstört. Daher entschlossen sich leitende Krupp-Ärzte, die Kinderstation in das Außenlager Voerde zu verlegen, das damals kurz vor der Belegung mit Fremdarbeitern stand. Geplant für die Aufnahme von mehr als 130 Kindern, wurde die inzwischen eingerichtete Kinderstation mit mehreren Transporten aus dem Essener Arnoldhaus belegt. Die Pflege der Kinder übernahm deutsches Lagerpersonal – darunter auch ausgebildete Kinderschwestern, ihnen halfen Mädchen und Frauen aus der Ukraine, darunter einige Mütter von Lagerkindern. Im Regelfall durften die Mütter bis zu 6 Wochen nach der Entbindung bei ihren Kindern bleiben, dann mußten sie zurück in die Rüstungsproduktion nach Essen, konnten aber an Wochenenden ihre Kinder im Lager Voerde besuchen.

Das Lager Voerde bestand vom 22.05.1944 bis zum 02. März 1945. Während dieser neun Monate sind 99 Säuglinge und Kleinkinder aus dem Lager an verschiedenen Todesursachen verstorben. Die Namen der Kinder, ihrer Eltern, Geburts- und Todesdaten sowie die Todesursachen sind aufgrund der Eintragungen in den Sterbebüchern des Standesamtes Voerde bekannt.

Am auffälligsten ist die hohe Sterblichkeitsrate ab Mitte Oktober 1944 bis zum Jahresbeginn 1945. Vier dieser Kinder kamen bei einem Bombenangriff im Februar 1945 ums Leben, die Eintragung darüber lautet: "gefallen" – aus heutiger Sicht eine wohl mehr als makabre Bezeichnung für den Bombentod eines Säuglings. 19 Kinder starben an Lungentuberkolose und Lungenentzündungen. Der weitaus größte Teil der Säuglinge und Kleinkinder aber wurde im sog. "Hungerwinter" 1944/45 durch Epidemien wie Diphterie, Masern, Scharlach und Diarrhöe hinweggerafft. Gegen die Durchfallkrankheiten, die sog. "gelben Stühle", war alles ärztliche Bemühen vergebens. An diesen "gelben Stühlen" litten nur die allerkleinsten Kinder zwischen 1 und 6 Monaten. Gerade bei Kleinkindern, die noch kaum Abwehrkräfte entwickeln konnten, mußte diese Krankheit zum Tode führen.

Alle Kinder wurden auf dem "Franzosenfriedhof" im Voerder Ortsteil Friedrichsfeld beigesetzt. Man kann dort heute noch die Gräberreihen mit den Namen der Kinder sehen. Am 8. Mai, am 1. September oder am Volkstrauertag legen Mitglieder der Friedensgruppe Voerde dort Blumen zum Gedenken nieder. Ebenso führen sie Besucher aus der Sowjetunion und andere interessierte Menschen auf den Friedhof und in das ehemalige Lagergelände. Dort steht seit dem 5. September 1987 ein Mahnmal, das an das Leiden und Sterben der Kinder aus dem Lager Voerde erinnert und die heute lebenden Kinder und Erwachsenen darauf hinweist, was an diesem Ort einmal geschehen ist. Zugleich legt dieses Mahnmal den Finger in die immer noch nicht verheilte Wunde der Zwangsarbeit.

Im März kamen amerikanische Truppen an den Niederrhein und auch nach Voerde. Das Lager Voerde war schon Ende Februar 1945 vollständig evakuiert worden. Die ca. 90 überlebenden Säuglinge und Kleinkinder wurden ab März 1945 in die Krupp-Lager Dorsten und Essen-Bergerhausen gebracht. Ihre Spur – auch die der Voerder Lagerkinder – verliert sich erst, als im März und April 1945 britische und amerikanische Besatzungstruppen die Krupp-Lager einnehmen. Man darf also annehmen, daß einige "Kinder vom Buschmannshof" die ihnen angetanen Greuel und Leiden des Krieges überlebt haben.

Marlies Wellmer, Friedensgruppe Voerde

Verzeichnis der Mitarbeiterinnen und Mitarbeiter

Dr. Dieter Bach,
Direktor der Evangelischen Akademie Mülheim/Ruhr

Hans-Joachim Barkenings,
Studentenpfarrer an der Gesamthochschule/Universität Duisburg

Martin Bauer,
Pfarrer, Evangelische Kirchengemeinde, Emmerich

Elisabeth Boose,
Empfangssekretärin der Evangelischen Akademie Mülheim/Ruhr

Klaus Danzeglocke,
Beratungs- und Studienstelle für Gottesdienst, Düsseldorf

Wolfgang Frank,
stellvertretender Chefredakteur des Evangelischen Pressedienstes, Düsseldorf

Otto Frederick,
Oberstudienrat, Heinrich-Hobmannschule, Bonn-Bad Godesberg

Jörn-Erik Gutheil,
Landeskirchenrat der Evangelischen Kirche im Rheinland, Düsseldorf

Gerrit Heetderks,
Studienleiter des Evangelischen Erwachsenenbildungswerkes Nordrhein, Düsseldorf

Ute Kinne,
Oberstudienrätin des Max-Planck-Gymnasiums, Gelsenkirchen

Gerda E. H. Koch,
Studienleiterin der Gemeinschaft Evangelischer Erzieher, Duisburg

Klaus Kohl,
Pfarrer der Johannes-Kirchengemeinde, Bonn-Bad Godesberg

Karl-Heinz Kunkel,
Studienrat des Adalbert-Stifter-Gymnasiums, Castrop-Rauxel

Werner Lauff,
Superintendent i. R., Remscheid

Heiner Lichtenstein,
Redakteur des WDR, Köln

Folker Nießalla,
Richter am Familiengericht, Duisburg

Margot Nohr,
Didaktische Leiterin der Janusz-Korczak-Gesamtschule, Bottrop

Klaus Rudolph,
Landespfarrer für Erwachsenenbildung, Düsseldorf

Klaus Schneider,
Pfarrer der evangelischen Kirchengemeinde Krefeld-Nord

Axel Schröder,
Pfarrer der Evangelischen Kirchengemeinde Dinslaken

Jürgen Schroer,
Oberkirchenrat i. R., Düsseldorf

Dorothee Stender,
Referentin für Organisation und Verwaltung der Evangelischen Akademie Mülheim/Ruhr

Hans Thies,
Buchdruckermeister, Wassenberg

Werner Völker,
Pfarrer für übersynodale Jugendarbeit, Köln

Marlies Wellmer,
Lehrerin, Voerde

Martin Weyerstall,
Pfarrer der Beratungsstelle für Gottesdienstfragen, Wuppertal

Zum 50. Jahrestag des Überfalls auf die Sowjetunion
erscheinen im Peter Hammer Verlag:

DEUTSCHE BRIEFE VON DER OSTFRONT 1941–1945
aus sowjetischen Archiven

ca. 300 Seiten, gebunden
Erscheint März 1991

Martin Schröter
HELD ODER MÖRDER
Bilanz eines Soldaten Adolf Hitlers
Mit einem Vorwort von Anatolij Frenkin (UdSSR)

ca. 168 Seiten, broschiert
Erscheint März 1991

Bitte Katalog anfordern:
Peter Hammer Verlag, Postfach 20 04 15, 5600 Wuppertal 2

Neu im Peter Hammer Verlag:

Heike Liebsch
Dresdner Stundenbuch
Protokoll einer Beteiligten vom Herbst 1969
ca. 188 Seiten, broschiert

Ursula August-Rothardt/Dieter Kinkelbur (Hg)
Für eine Kultur der Gerechtigkeit
Positionen des christlich-sozialistischen Dialogs
ca. 200 Seiten, broschiert

Alsonso Salazar
Totgeboren in Medellin
Ein Report
ca. 168 Seiten, broschiert

Marie Veit
Theologie muß von unten kommen
Ratschläge an die Linke
Vorwort von Dorothee Sölle
ca. 148 Seiten, broschiert

K. L. Hübener/E. Karnofsky/P. Lozano (Hg)
Weißbuch Lateinamerika
– Eigenes und Fremdes –
ca. 200 Seiten, broschiert

Milan Opočenský (Hg)
Sprung über die Mauer
Ein Hromádka-Lesebuch
ca. 460 Seiten, broschiert

Christel Beilmann
Eine katholische Jugend in Gottes und dem Dritten Reich
Briefe, Berichte, Gedrucktes 1930–1945
Kommentare, 1988/89
400 Seiten, broschiert

Klaus Ebert (Hg)
Thomas Müntzer im Urteil der Geschichte
Von Martin Luther bis Ernst Bloch
280 Seiten, broschiert

Uwe Birnstein
„Gottes einzige Antwort..."
Christliche Fundamentalisten im Vormarsch
220 Seiten, broschiert

Katalog anfordern:
PETER HAMMER VERLAG, Postfach 20 04 15, 5600 Wuppertal 2